Dutch
for self-study

Dutch
for self-study

Nederlands
voor anderstaligen

Hinke van Kampen / Ruud Stumpel

Prisma Woordenboeken en Taaluitgaven
Postbus 2073
3500 GB Utrecht

Auteurs: drs. H.H. van Kampen en drs. R.J.T. Stumpel, afd. Nederlands Tweede taal, Faculteit der Letteren van de Vrije Universiteit Amsterdam
Illustraties: Katinka Hofstede, La Sedia, Bilthoven
Geluidsproductie en -regie: drs. N.A. Rademaker, NRM Produkties B.V.
Stemmen: Paula Majoor, Maria Lindes, Donald de Marcas, Reinier Heydemann
Studio Van Schuppen Digital Audio Recording, Veenendaal; Ivo van Groningen, RCS, Wilnis

Eerste druk 1995
Negende, herziene druk 2008

Omslagontwerp: K. Hoeve , Amsterdam, dsgn.frm.amsterdam
Vormgeving en zetwerk: studio Xammes, Vijfhuizen
Druk: Bercker, Kevelaer

ISBN 978 90 274 5711 0
NUR 620

www.prisma.nl

Inhoud / Contents

Inleiding / Introduction

Learning Dutch without a teacher

If you can't find the time to attend a teacher's course, or if such a course isn't available to you, you can learn the basics of Dutch with *Dutch for self-study*. *Dutch for self-study* is a course for beginners. The only prerequisite is some reading knowledge of English. English instructions and translations guide you to at least level A1 of the CEFR (Common European Framework of Reference for Languages).*

Brief characterisation

Dutch for self-study is an elementary Dutch course consisting of a book and two audio CD's developed for individual self-study. Its method follows the so-called communicative approach to language learning. *Dutch for self-study* covers nine different themes spread over 18 lessons. Each lesson provides examples of everyday language use, mainly in the form of dialogues (on CD and in print), notes on language use, vocabulary lists and brief grammar notes.

Dutch for self-study will help you communicate in Dutch in practical, everyday situations. If you want to interact with somebody, it's crucial that you're able to **understand** what he or she is saying to you. That's why *Dutch for self-study* includes **two CD's** containing all the texts from the book and exercises to train your listening comprehension and pronunciation. The dialogues will provide you with examples of how to accept an invitation, how to ask about the price of something, how to apologize and so on.

In *Dutch for self-study* you'll find the **1000 most useful words in the Dutch language**.1 All words are presented in context and in translation. There is plenty of opportunity for practice. In addition, you'll find all the **language functions** you need for a basic level of Dutch.2 This means you'll learn what to say when somebody says 'bedankt' ('thanks') to you, or how to say you like somebody - or not, if you don't!

You'll find information on grammar separated from the lessons. This way you can consult the **grammar section** easily for revision. The **word list** in the back of the book includes the 1000 most useful Dutch words, the page number where they are presented for the first time and a translation into English.

How to use this course

Dutch for self-study consists of 18 lessons. Each lesson has the following structure:

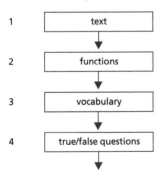

1   text

2   functions

3   vocabulary

4   true/false questions

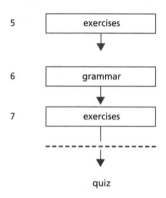

5	exercises
6	grammar
7	exercises
	quiz

Each lesson contains about three exercises having this structure (1-7), followed by a quiz. You simply start each lesson with nr. 1 and work your way down to the last number of the lesson. While doing so you should follow the instructions and references. Don't skip any part of the lesson! The symbol ◀ indicates when you need to use a CD.

Texts
The beginning of each unit is a text (1) which presents new words, new expressions and/or grammatical structures. You'll find conversations and a few texts, mainly for reading purposes. Some texts show you how the Dutch express themselves in different situations; others also give you more explicit information about Holland. The first thing you do is to familiarize yourself with both the meaning of the text and the way it sounds. This means that you have to be able to recognize all the words and understand the meaning of the entire text while listening to the CD. There are several ways to reach this goal. Here we will describe the way preferred by most learners.

step 1   First read the text and try to understand the meaning of the language. Consult the information about language functions and vocabulary. (Numbers 2 and 3 of the schedule on page 7) Lessons 1 - 3 contain fairly close translations of the texts. You could use a dictionary, if necessary.

step 2   Listen to the CD and compare what you hear with the written text in the book. You will discover great differences between the way the Dutch language is spoken and written. You may also attempt to repeat the lines aloud for yourself. For your convenience you could use the pause-button on your CD player. We recommend strongly that you listen and read along many times before proceeding to step 3.

step 3   Cover up the text in the book with a piece of paper and listen to the CD, line by line. After each line, stop the CD and repeat for yourself (or write down) all the words you recognized, then remove the piece of paper and check whether you correctly recognized and understood all the words in the line you just heard.

Language functions
Under most texts you'll see 'the Dutch way of saying it' (language functions) followed by the English equivalent and examples from the texts. It's important that you carefully study and memorize these functions. All language functions are indicated with the symbol 🄵 (2).

Vocabulary

The Vocabulary (**3**) contains all the new words you encounter in the texts and their translation into English. You're informed about the plural form of nouns, whether you should use the article *het* or *de* with a particular noun, and the forms a verb takes in the past tense. You should study all new words.

Some Dutch phrases are impossible to understand in a simple word-by-word translation. A translation of these phrases has been included in the Vocabulary.

True or false?

The texts are followed by 'true-or-false' questions (**4**). Follow the instructions in your book and listen to the CD. Each text in your book is given two numberings: the first is for the order **in the book**, the second (C-numbers) for the order **on CD**. '17 / C6' therefore refers to number 17 in the book, which corresponds with C6 on CD. This separate numbering makes it easier for you to find the proper section on CD. You may listen as many times as you like - without looking at the text - until you have found the answer. The answers to the questions are in the Answer Keys on pages 258-270. If you missed the correct answer, listen again or try to find out why you missed it by reading the text in your book.

Grammar

While working through the different units in a lesson you'll find references to numbers in the Grammar Section in the back of your book (**6**). Read the information in the Grammar Section carefully and try to understand the rules. Sometimes it helps to try to state a rule in your own words.

Other sections, like the ones on numbers or pronouns, you should simply memorize.

Exercises and other tasks

Exercises and other tasks (**5,7**) are to consolidate your newly acquired information. You'll practise what you would say in certain situations (functions), new words, reading, understanding spoken language, pronunciation and grammar. Follow the instructions and check your answers with the answer keys to the exercises on pages 290-301.

Quiz

The quiz gives you feedback on whether you are ready to move on to the next lesson or not. You should be able to answer the questions easily. Check your answers with the Key to the quiz on pages 290-301. If you don't feel confident about proceeding, go through the lesson again.

Hinke van Kampen and Ruud Stumpel 2007

---

*   Council of Europe (2001), Common European Framework of Reference for Languages: learning, teaching, assessment. Cambridge: Cambridge University Press.)

C1 Hoe gaat het met je?

Hans Visser, his wife Hanneke and his mother are walking in Amsterdam. He spots Michel Lecomte, a friend.

1 ◀ Text • Hoe gaat het met je?

Hans Visser	Hé, dat is Michel! Hallo Michel!
Michel Lecomte	Hans! Wat leuk.
Hans Visser	Hoe gaat het met je?
Michel Lecomte	Goed! En met jou?
Hans Visser	Ook goed.
	Mag ik je even voorstellen?
	Dit is Hanneke, mijn vrouw.
Michel Lecomte	Michel.
Hanneke Stroop	Hanneke.
Hans Visser	En dit is mijn moeder.
Mevrouw Visser	Mevrouw Visser.
	Hoe maakt u het?
Michel Lecomte	Goed, dank u.
Hans Visser	Leuk je te zien, Michel.
	Ga je mee wat drinken?
Mevrouw Visser	Ik ga nu naar huis.
	Veel plezier en tot ziens.
Michel Lecomte	Dag mevrouw.
Hans / Hanneke	Dag moeder.

2 Translation • How are you?

Hans Visser	Hey, that is Michel! Hello Michel!
Michel Lecomte	Hans! How nice.
Hans Visser	How are you?
Michel Lecomte	Fine. And you?
Hans Visser	Fine as well.
	May I introduce you?
	This is Hanneke, my wife.
Michel Lecomte	Michel.
Hanneke Stroop	Hanneke.
Hans Visser	And this is my mother.
Mrs. Visser	Mrs. Visser.
	How do you do?
Michel Lecomte	Fine, thank you.
Hans Visser	Nice to see you, Michel.
	Are you coming for a drink?
Mrs. Visser	I'm going home now.
	Have fun. Goodbye.
Michel Lecomte	Goodbye, Mrs. Visser.
Hans / Hanneke	Bye, mother.

3 ⑤ Greeting people

Goedemorgen. (*Good morning.*)	– Goedemorgen Hans.
	– Dag Michel. (*Hello Michel.*)
Goedemiddag (*Good afternoon.*)	– Goedemiddag meneer De Vries.
	– Dag mevrouw Visser.
Goedenavond. (*Good evening.*)	– Goedenavond.
	– Dag meneer.

Dag. (*Hello.*)	– Dag meneer Stroop.
	– Goedemorgen Joop.
Hallo. (*Hello, Hi.*)	– Hallo Michel.
	– Dag Hans.

4 ❶ Addressing somebody
Voornaam (*First name*)
Meneer/Mevrouw (+ achternaam) (*Mr./Mrs. and Ms. + last name*)

– Hallo Michel.
– Dag mevrouw.

5 ❶ Taking leave
Dag. (*Bye.*)
Tot ziens. (*Goodbye, see you later.*)
Tot morgen. (*See you tomorrow.*)

6 Vocabulary

dat	that
is	*from* 'zijn'
zijn	to be
wat leuk!	how nice!
leuk	nice
en	and
ook	too, also
mijn vrouw	my wife
de moeder [-s]	mother
dank u	thank you
leuk je te zien	nice to see you
zien	to see
ga je mee?	are you coming (along)?
wat	something
drinken	to drink
ik ga	I am going
nu	now
naar huis	(to) home
veel plezier	have fun

7 ◀ True or false?
Text C1 'Hoe gaat het met je?'
First read the statements. Then listen.

1 Hanneke is Hans Visser's wife   true/false
2 Michel Lecomte has met Hanneke Stroop before.   true/false
3 All of them are having a drink.   true/false

8 ◀ Text / C2 • Een feestje *(A party)*

Johan	Hoe gaat het met u, meneer Dikkers?
	(How do you do, Mr. Dikkers?)
Meneer Dikkers	Uitstekend, en met jou, Johan?
	(Fine, and how are you, Johan?)
Mevrouw Baas	Goedenavond Kees, hoe is het?
	(Good evening Kees, how are you?)
Kees	Goed, en met jou?
	(Fine, and how are you?)
Teun	Dag mevrouw Kortrijk, hoe maakt u het?
	(Hello Mrs. Kortrijk, how do you do?)
Mevrouw Kortrijk	Prima, Teun, en hoe is het met jou?
	(Fine, Teun, and how are you?)
Victor	Victor.
Eva	Eva.

9 ❻ When meeting people
question
- **Hoe gaat/is het met je/jou/u?** *(How are you?)*
- **Hoe gaat/is het (ermee)?** *(How are you?)*
- **Hoe maakt u het?** *(How do you do? [formal])*

- Hoe gaat het met u, meneer Dikkers?

answer
- **Goed.** *(Fine.)*

- **Goed, dank je/dank u.** *(Fine, thank you.)*
- **Prima, en met jou/u?** *(Fine, and how are you?)*
- **Uitstekend.** *(Fine. [formal])*
- Uitstekend, en met jou, Johan?

10 ❻ Introducing oneself
First and last name
- Hanneke Stroop.
- Michel Lecomte.

First name [informal]
- Victor.
- Eva.

Last name [men, formal] **mevrouw + last name** [women, formal]
- Dikkers.
- Mevrouw Visser.

11 ⊕ Introducing someone else
Mag ik je/u (even) voorstellen? (Dit is) ....
(*May I introduce ... to you.*)
- Mag ik je even voorstellen? Dit is Hanneke, mijn vrouw.
- Michel

Dit is ... . (*This is* ... .) [informal]
- En dit is mijn moeder.
- Mevrouw Visser. Hoe maakt u het?

12 Vocabulary

een	a(n)
het feestje [-s]	party

◀ 13 Who is meeting who?

Listen to C2 and fill in the names.

1 Johan is meeting .....
2 Mevrouw Kortrijk is talking to .....
3 Victor wants to know ..... name.

14 Matching
Sometimes more than one answer is correct.

1 Mag ik je even voorstellen?
Dit is Henk, mijn man.
2 Hoe maakt u het?
3 Hoe gaat het met je?
4 Hoe gaat het met u?
5 Hans.

a Goed, en u?
b Liesbeth.
c Goed, en met u?
d Karel Smit.
e Goed, en met jou?

1 = d, b
2 =
3 =
4 =
5 =

15 Fill in:
huis / leuk / moeder / ook / plezier

1 He, hallo! Wat .....!
2 Dit is mijn .....
3 Ik ga naar .....
4 Ik .....
5 Veel ..... en tot ziens.

16 Fill in:
dag / dank u / drinken / feestje / tot ziens / vrouw

1 Dit is mijn .....
2 – Hoe gaat het met je?
   – Goed, ...
3 Ik ga naar huis. ....., Hans.
4 Ga je mee wat .....?
5 Hé, Hanneke! Hallo!
   – ..... Michel.
6 Ga je naar een .....?

17 Grammar
See for the conjugation of a *verb* Grammar Section 1.
Personal pronouns subject: see Grammar Section 1.
Personal pronouns object: see Grammar Section 2.

– Hoe gaat het met *je*?   How are *you*?
– Goed. En met *jou*?   Fine. And *you*?

See Grammar Section 3.

FORMAL/INFORMAL
In Dutch **u** is used for older people, superiors and people you don't know. If you use **u**, say 'mevrouw' or 'meneer'. Use **je** in all other situations.

18 Study and memorize Grammar Section 1, 2 and 3.

19 Which of the parts in *bold* type indicate *plural*?
1 **Dit is** Hanneke.
2 **Zij gaat** naar huis
3 **Wij drinken** wat.
4 **Hij heet** Hans
5 **Ik ga** naar mijn moeder.
6 **Zien jullie** dat?
7 **Zij drinken** ook wat.
8 **Zie je** dat?
9 **Zij zien** Michel.

20 Fill in:
het / ik / jij / jou / u

1 Mag ..... je even voorstellen? Dit is Johan.
2 – Hoe gaat ..... met je?
   – Goed, en met .....?
3 – Dag, meneer Van Dam, hoe maakt ..... het?
4 – Goed, Johan, en .....?

21 ◄ C3 • Look at the text and listen
Underline the sentences you hear.

Example:

Hans Visser	Hé, dat is Michel! <u>Hallo Michel!</u>
Michel Lecomte	Hans! Wat leuk.
Hans Visser	Hoe gaat het met je?
Michel Lecomte	Goed! En met jou?
Hans Visser	Ook goed.
	Mag ik je even voorstellen?
	Dit is Hanneke, mijn vrouw.
Michel Lecomte	Michel.
Hanneke Stroop	Hanneke.
Hans Visser	En dit is mijn moeder.
Mevrouw Visser	Mevrouw Visser.
	Hoe maakt u het?
Michel Lecomte	Goed, dank u.
Hans Visser	Leuk je te zien, Michel.
	Ga je mee wat drinken?
Mevrouw Visser	Ik ga nu naar huis.
	Veel plezier en tot ziens.
Michel Lecomte	Dag mevrouw.
Hans / Hanneke	Dag moeder.

22 ◄ C4 • How many words do you hear?
Example:

Hoe gaat het met je?   The answer is 5.

23 ◄ C5 • *a* as in *dat* or *aa* as in *gaat*
When you hear a as in *dat*, write a 'x'. When you hear **aa** as in *gaat* don't write anything.

Example: dag **x**
1 2 3 4 5 6 7 8

24 ◄ C6 • Listen to C1 'Hoe gaat het met je'
Rewind the tape. Listen again to C1 and repeat each sentence.
You may use the pause–button if you like.

25 ◀ Text / C7 • Drie jaar geleden

Hans Visser met Michel Lecomte three years ago. They meet again and strike up a conversation.

Hans Visser	Dat is lang geleden, zeg.
Michel Lecomte	Ja, drie jaar, denk ik.
	Waar woon je?
Hans Visser	Hier, in Amsterdam.
Michel Lecomte	Waar precies?
Hans Visser	In de Beethovenstraat.
Michel Lecomte	Welk nummer?
Hans Visser	Achttien.
Michel Lecomte	O, daar woon ik vlakbij!
	Ik woon op de Mozartkade.
Hans Visser	Werk je ook in Amsterdam?
Michel Lecomte	Ja, ik werk hier bij een bank.
Hanneke Visser	Jij komt niet uit Nederland, hè?
	Waar kom jij vandaan?
Michel Lecomte	Nee, ik kom uit Frankrijk.
	Maar ik woon al vijf jaar in Nederland.
Hanneke Visser	Je spreekt goed Nederlands!
Michel Lecomte	Dank je wel.

26 Translation • Three years ago

Hans Visser	Say, it's been a long time!
Michel Lecomte	Yes, three years, I think.
	Where do you live?
Hans Visser	Here, in Amsterdam.
Michel Lecomte	Where exactly?
Hans Visser	In the Beethovenstraat.
Michel Lecomte	What number?
Hans Visser	Eighteen.
Michel Lecomte	Oh, that's close to where I live!
	I live in the Mozartkade.
Hans Visser	Do you work in Amsterdam as well?
Michel Lecomte	Yes, I work here at a bank.
Hanneke Visser	You aren't from the Netherlands, are you?
	Where are you from?
Michel Lecomte	I am from France.
	But I have been living in the Netherlands for five years.
Hanneke Visser	You speak Dutch very well!
Michel Lecomte	Thank you.

27 ❻ Inquiring about where someone lives

Waar woon je? / Waar woont u? *(Where do you live?)*
Woon je / Woont u in ...? *(Do you live in ...?)*

- Waar woon je?
- Hier in Amsterdam.

28 ❻ Inquiring about origin

Waar kom je / komt u vandaan? *(Where do you come from?)*
Kom je / Komt u uit ....? *(Are you from ....?)*

- Waar kom jij vandaan?
- Ik kom uit Nederland.

29 Vocabulary

drie jaar	three years
het jaar [jaren]	year
geleden	ago
zeg	say
lang	long
ja	yes
denken	to think
wonen	to live
hier	here
in	in
precies	exactly
de	the
de (Beethoven–)straat [straten]	street
welk	which
het nummer [–s]	number
achttien	eighteen
o	oh
daar	there
vlakbij	close by
werken	to work
bij een bank	at a bank
de bank [–en]	bank
komen	to come
niet	not
..., hè?	..., right?/..., are you?/ ..., do you? etc.
nee	no
Frankrijk	France
maar	but
al	already
vijf	five
Nederland	the Netherlands, Holland
spreken	to speak
goed	good, well
Nederlands	Dutch

30 ◀ True or false?

Text C7 'Hoe gaat het met je?'
First read the statements. Then listen.

1	Hans and Michel haven't seen each other for three years.	true/false
2	Both Hans and Michel live in Amsterdam.	true/false
3	Michel works in a factory.	true/false
4	Michel has been living in the Netherlands for five years.	true/false

31 Matching
Sometimes more than one answer is correct.

1	Waar woon je?	a	Nee, in Rotterdam.	1 =
2	Woon je in Amsterdam?	b	Ik kom uit Engeland. En u?	2 =
3	Op welk nummer woont u?	c	Nee, ik kom uit Amerika.	3 =
4	Waar komt u vandaan?	d	In Amsterdam.	4 =
5	Kom je uit Nederland?	e	Op nummer 20.	5 =

32 Matching
opposites:

1	ja	a	dat	1 = d
2	hier	b	ik ga	2 =
3	ik kom	c	tot ziens	3 =
4	dit	d	nee	4 =
5	hallo	e	daar	5 =

33 Fill in:
gaat / straat / werkt / woont

1 Dit is Nico Hofstra. Hij ..... bij een bank in Rotterdam.
2 Maar hij ..... in Amsterdam.
3 Hij woont in een leuke .....
4 Het ..... goed met Nico.

34 Fill in:
ja / jaar / lang / Nederland / Nederlands / niet

1 Michel woont al vijf ..... in Nederland.
2 Hij spreekt goed .....
3 Hoe lang woon jij in .....?
4 Een jaar is niet .....
5 Nee, dat is het ook .....
6 – En, komt u ook uit Nederland?
  – .....

35 Fill in:
daar / denk / goed / maar / spreekt / vlakbij

1   ..... u Nederlands?
2   Hij woont in Utrecht, ... ik.
3   Michel woont ..... de Beethovenstraat.
4   Nummer 5 is niet hier ..... daar.
5   Het gaat ..... met mijn moeder.
6   Hij woont ..... al vijf jaar.

36 ◀ C8 How many words do you hear? (Use the pause button)

37 Grammar
Word order: see Grammar Section 4 part A.

38 Underline subject and verb in the following sentences
Example: Ik woon op de Mozartkade.

1   Waar woon je?
2   Ik woon daar vlakbij
3   Werk je ook in Amsterdam?
4   Ja, ik werk hier bij een bank.
5   Jij komt niet uit Nederland, hè?
6   Waar kom je vandaan?
7   Nu ga ik naar huis.
8   Ja, drie jaar, denk ik.

39 ◀ Text / C9 Tellen (Counting)
First read the text. Then listen.

Ik tel tot 20. Luister goed.
1 een 2 twee 3 drie 4 vier 5 vijf 6 zes 7 zeven 8 acht 9 negen 10 tien
11 elf 12 twaalf 13 dertien 14 veertien 15 vijftien 16 zestien 17 zeventien
18 achttien 19 negentien 20 twintig

Ik tel tot 25.
21 eenentwintig 22 tweeëntwintig 23 drieëntwintig 24 vierentwintig
25 vijfentwintig

Ik tel tot honderd.
10 tien 20 twintig 30 dertig 40 veertig 50 vijftig 60 zestig 70 zeventig
80 tachtig 90 negentig 100 honderd

40 Vocabulary

tellen	to count
tot	(up) to
luisteren	to listen
goed	[here:] carefully

41 Fill in:
luistert / tot / tellen

A   Ik tel ..... vijf:
    Een twee, drie, vier, vijf.
    Nu jij.
B   Een, twee, vier, vijf.
A   Nee, je ..... niet goed.
B   Een, twee, drie, vier, vijf.
A   Ja, dat is goed.
    Nu ..... we tot tien.

42 Grammar
Ik woon al *vijf* jaar in Nederland.

For numbers, see also Grammar Section 5.

43 Finish the following sequences. Say them out loud.
1   een, twee, drie, ... twintig.
2   eenenveertig, tweeënveertig ..... vijftig.
2   tien, twintig, ... honderd.
3   twintig, negentien, ... een.
4   zeventig, eenenzeventig, ... tachtig.
5   een, drie, vijf, ... eenendertig.

44 ◀ C10 • ie as in *drie*
When you hear ie as in *drie*, write a 'x'.

1 2 3 4 5 6 7 8 9 10

QUIZ

Part 1   What would you say?

1   Hoe gaat het met je?
    a   Goed, dank je.
    b   Goedemiddag.
    c   Hanneke Stroop.

2   Woon je hier in Amsterdam?
    a   Ja, in de Chopinstraat.
    b   Ja, op nummer 78.
    c   Nee, uit Engeland.

3   Waar komt u vandaan?
    a   En jij?
    b   Uit Frankrijk.
    c   U komt uit Nederland.

4   Hé Michel!
   a Goed, en met u?
   b Hanneke! Wat leuk!
   c Prima, dank je.

5   Ik ga nu naar huis. Tot morgen.
   a Dag.
   b Goedemorgen.
   c Hallo.

Part 2   Fill in:
bank / het / jou / leuk / voorstellen / wat / welk

1   A   Wat ..... je te zien, Hans.
2   B   Ja! Ga je mee ..... drinken?

3   A   Mag ik je even .....? Dit is Henk, mijn man.
   B   Johan Smit.

4   A   Ik werk al acht jaar bij de ....., in de Bachstraat.
5   B   Op ..... nummer precies?

6   A   Hoe gaat ..... met je?
7   B   Goed, en met .....?

Part 3   Complete the sentences.
Example: Zij komt .....
             Zij komt *uit Nederland.*

1   Dit ..... Victor.
2   ..... komt uit Frankrijk.
3   ..... nu in Amsterdam.
4   Hij gaat ..... een feestje.
5   En dat ..... lang geleden!

Part 4 ◀ *Listen to text C7 'Drie jaar geleden'.*
Complete the sentences.

Hans Visser	Dat is lang geleden, zeg.
Michel Lecomte	Ja, drie ....., denk ik.
	Waar woon je?
Hans Visser	Hier ..... Amsterdam.
Michel Lecomte	Waar precies?
Hans Visser	In de Beethovenstraat.
Michel Lecomte	..... nummer?
Hans Visser	Achttien.
Michel Lecomte	O, daar woon ik .....!
	Ik woon op de Mozartkade.
Hans Visser	Werk ..... ook in Amsterdam?
Michel Lecomte	Ja, ik werk ..... bij een bank.
Hanneke Visser	Jij komt niet ..... Nederland, hè?
	Waar kom jij vandaan?
Michel Lecomte	....., ik kom uit Frankrijk.
	Maar ik .....al vijf jaar in Nederland.
Hanneke Visser	Je ..... goed Nederlands!
Michel Lecomte	Dank je wel.

2 / C1 • Mailen en bellen

Tom Kalf and his sister Rianne are looking for an Internet cafe .
Tom Kalf stops a lady who is passing by.

1 ◀ Text • Mailen en bellen

Tom Kalf	Kunt u me helpen, mevrouw?
	Waar kan ik internetten?
Mevrouw	Precies achter u is een internetcafé.
Rianne Kalf	O, wat dom van ons. Dank u wel.
Mevrouw	Geen dank.

Rianne Kalf	Weet jij het e-mailadres van Iris?
Tom Kalf	Ja, dat staat in mijn agenda.
	O jee, en die ligt thuis.
Rianne Kalf	We kunnen haar moeder bellen.
	Zij weet het e-mailadres van Iris.
Tom Kalf	Ja, maar dat telefoonnummer staat óók in mijn agenda.
Rianne Kalf	Je kunt Inlichtingen bellen. Dat is 0900 – 8008.
Tom Kalf	Goed.

Telefoniste	KPN Inlichtingen, goedemiddag.
Tom Kalf	Kunt u mij een telefoonnummer in Arnhem geven?
	Van mevrouw de Cruif, Kruisstraat 7.
Telefoniste	Kunt u de naam spellen?
Tom Kalf	C, R, U, I, F.
Telefoniste	Ogenblikje.
	Dat is 026 – 562 60 96.
Tom Kalf	Dank u wel.

Tom Kalf	Nou, die is in gesprek.
Rianne Kalf	Dan bel je haar straks maar.
	Of je stuurt een sms'je.

2 Translation • Sending an e-mail and making a call

Tom Kalf	Could you help me, please?
	Where can I access the Internet?
Lady	There's an Internet cafe right behind you.
Rianne Kalf	Oh, how silly of us. Thank you.
Lady	You're welcome.

Rianne. Kalf	Do you know Iris' e-mail address?
Tom Kalf	It's in my diary.
	Oh no! I left it at home.
Rianne Kalf	We could call her mother.
	She knows Iris' e-mail address.
Tom Kalf	Yes, but her number is in my diary as well.
Rianne Kalf	You could call the Directory Enquiries number.
	That 's 0900 – 8008.
Tom Kalf	Allright.

Operator	Good afternoon. Director Enquiries.
Tom Kalf	Could you give me a phone number in Arnhem, please?
	Mrs. de Cruif, Kruisstraat number 7.
Operator	Could you spell that name, please?
Tom Kalf	C, R, U, I, F.
Operator	Just a moment.
	It's 026 – 562 60 96.
Tom Kalf	Thank you.
Tom Kalf	Oh, it's engaged.
Rianne Kalf	You can call her later, then.
	Or send her a SMS message.

3 Expressing gratitude and reaction

Dank je / u (wel). (*Thank you (very much*).)
Bedankt. (*Thanks*.)
- Precies achter u is een internetcafé.
- O, wat dom van ons. Dank u wel.
- Geen dank.

Graag gedaan. (*You're welcome*.)
Geen dank. (*You're welcome*.)

4 ❻ Spelling

Kun je / kunt u (...) spellen? (*Can you spell (...), please?*)
Hoe spel je dat? (*How do you spell that?*)

- Kunt u die naam spellen?
- C, R, U, I, F.

5 Vocabulary

mailen	to send an e-mail
bellen	to make a call
kunnen	can (see Grammar Section 8)
helpen	to help
kan	*from* 'kunnen'
internetten	to access the Internet
precies	right
achter	behind
het internetcafé [-'s]	Internet cafe
dom	silly, stupid
van	of
weet	*from* 'weten'
weten	to know
het e-mailadres [-sen]	e-mail address
staan	to stand (*here*: is)
de agenda [–'s]	diary, calendar
o jee!	oh no! oh dear!

die	it (see Grammar Section 11)
liggen	to lie, to be situated (*here*: is)
thuis	at home
Inlichtingen	information (here: Directory Enquiries)
de telefoniste [–s]	operator (female)
KPN	a Dutch telephone company
geven	to give
die	that
de naam [namen]	name
spellen	to spell
(een) ogenblikje	just a moment
nou	well
die	she
in gesprek	engaged
het gesprek [–ken]	talk, conversation
dan	then
bellen	to phone, to call
straks	later
of	or
stuurt	*from* 'sturen'
sturen	to send
het sms'je [–s]	SMS message

6 ◀ True or false?

Text C1 ' Mailen en bellen'.
First read the statements. Then listen.

1	Tom Kalf is using his laptop.	true/false
2	Rianne Kalf knows Mrs. de Cruif's telephone number by heart.	true/false
3	The operator isn't sure how to spell Cruif.	true/false
4	Mrs. de Cruif is probably at home.	true/false

7 Fill in:

bellen / helpen / naam / straks / internetcafé

1 Kan ik hier Internetten? Ja, het ..... is vlakbij.
2 De Cruif? Hoe spel je die .....?
3 Ik ga nu niet naar huis, maar .....
4 Kunt u me .....? Wat is het nummer van KPN Inlichtingen?
5 Ik kan Kees niet .....: hij is nu niet thuis.

8 Fill in:
agenda / dank je wel / geven / graag gedaan / stuurt / thuis

1 De naam van Iris de Cruif staat in de ..... van Tom Kalf.
2 Kunt u me het e-mailadres van Hans Visser .....?
3 – Hier is een agenda. Is die van jou?
  – Ja, ...
4 Hans is niet hier: hij is .....
5 Tom Kalf ..... een sms'je naar mevrouw de Cruif.
6 – Dit is het nummer van Sonja.
  – Dank je wel.
  – .....

9 Fill in:
achter / dom / ogenblikje / spel / weet

1 Mijn agenda ligt ..... de telefoon.
2 ..... je het nummer van Inlichtingen?
3 – Kun je mij het nummer van Rianne Kalf geven?
– Een ..... Dat is 6192857.
4 O, wat ..... van mij: mijn agenda ligt thuis.
5 – Ik woon in de Van Woustraat.
  – Van eh, ... Woestraat? Hoe ..... je dat?

10 ◀ C2 Look at the text and listen
Underline the sentences you hear.

Tom Kalf	<u>Kunt u me helpen, mevrouw?</u>
	<u>Waar kan ik internetten?</u>
Mevrouw	Precies achter u is een internetcafé.
Rianne Kalf	O, wat dom van ons. Dank u wel.
Mevrouw	Geen dank.
Rianne Kalf	Weet je het e-mailadres van Kees?
Tom Kalf	Ja, dat staat in mijn agenda.
	O jee, en die ligt thuis.
Rianne Kalf	We kunnen haar moeder bellen.
	Zij weet het e-mailadres van Iris.
Tom Kalf	Ja, maar dat telefoonnummer staat óók in mijn agenda.
Rianne Kalf	Je kunt Inlichtingen bellen. Dat is 0900 – 8008.
Tom Kalf	Goed.
Telefoniste	KPN Inlichtingen, goedemiddag.
Tom Kalf	Kunt u mij een telefoonnummer in Arnhem geven?
	Van mevrouw de Cruif, Kruisstraat 7.
Telefoniste	Kunt u die naam spellen?
Tom Kalf	C, R, U, I, F.

Telefoniste	Ogenblikje.
	Dat is 026 – 562 60 96.
Tom Kalf	Dank u wel.
Tom Kalf	Nou, die is in gesprek.
Rianne Kalf	Dan bel je haar straks maar.
	Of je stuurt een sms'je.

11 ◀ C3 *o* as in *dom* or *oo* as in *woon*?

When you hear **o** as in *dom* write a 'x'. When you hear **oo** as in *woon*, don't write anything.

1 x 2 3 4 5 6 7 8 9 10

12 ◀ C4 Listen to C1 ' Mailen en bellen' and repeat each sentence

13 ◀ Text / C5 Letters en klanken

Het woord 'spel' bestaat uit vier klanken: s p e l en vier letters: s p e l . Het Nederlandse alfabet heeft 26 letters:

a, b, c, d, e, f, g, h, i, j, k, l, m, n, o, p, q, r, s, t, u, v, w, x, ij, z.
Op de letter **ij** staan twee punten. Je zegt: *ij*.

14 Translation • Letters and sounds

The word 'spel' consists of four sounds: s p e l and four letters: s p e l.
There are 26 letters in the Dutch alphabet:

a, b, c, d, e, f, g, h, i, j, k, l, m, n, o, p, q, r, s, t, u, v, w, x, ij, z.

There are two dots on the letter **ij**. You say: *ij*.

15 Vocabulary

de letter [–s]	letter
de klank [–en]	sound
het woord [–en]	word
bestaat uit	consists of
het alfabet	alphabet
heeft	*from* 'hebben'
hebben	have (*see Grammar Section 8*)
op	on
de punt [–en]	full stop, point (*here*: dot)
zeggen	to say

16 Fill in:
alfabet / letters / punt (2x) / woord / zeg

1	.	Dit is een .....
2	dom	Het ..... 'dom' bestaat uit drie .....
3	ABC	Dit is het .....
4	j	Op de letter 'j' staat ook een .....
5	c	Dit is de letter C. In het woord 'cent' ..... je 's'.

17 ◀ C6 Spelling
Listen and spell each word (Use the pause button). After that word, you'll hear the correct spelling. *Example*: 'dom', spell d o m

1 dit 2 is 3 wat 4 ook 5 de 6 drinken 7 waar 8 woon 9 kom 10 mijn

18 Grammar
Notice that sometimes the same sound can be spelled differently:

de n**aa**m	(*the name*)	n**a**men	(*names*)
ik w**ee**t	(*I know*)	w**e**ten	(*to know*)

For some spelling rules, see Grammar Section 6.

19 How would you find the words in bold type in a dictionary?
Example: Dan **bel** je hem straks maar. See **bellen**

1 Hij **spreekt** goed Nederlands.   .....
2 Zij **weet** het niet.   .....
3 Hoe **spel** je dat?   .....
4 Ik **stuur** Michel een sms'je.   .....
5 Mijn agenda **ligt** thuis.   .....
6 Ik **geef** jou het telefoonnummer. .....

20 ◀ Text / C7 Naar huis

Mrs. Moritz, a German tourist, is helping a Dutch child who seems to have lost his way.

Mevrouw Moritz	Hallo, hoe heet je?
Paul van Riel	Paul.
Mevrouw Moritz	En hoe oud ben je?
Paul van Riel	Vijf. Bijna zes.
Mevrouw Moritz	En waar woon je?
Paul van Riel	Bij mijn vader en moeder.
	Mijn zus woont daar ook.
Mevrouw Moritz	Zo, gezellig.
	Maar ik bedoel eigenlijk: wat is je adres?
	In welke straat woon je?
Paul van Riel	Venenlaan.
Mevrouw Moritz	Welk nummer?

Paul van Riel	88.
Mevrouw Moritz	Welk nummer?
	Wil je wat langzamer praten, alsjeblieft?
Paul van Riel	88.
Mevrouw Moritz	Kom, ik zal je even – hoe zeg je dat? –
	naar thuis brengen.
Paul van Riel	Naar huis brengen. Graag mevrouw.

21 Translation • Home

Mrs. Moritz	Hello, what's your name?
Paul van Riel	Paul.
Mrs. Moritz	And how old are you?
Paul van Riel	Five. Nearly six.
Mrs. Moritz	And where do you live?
Paul van Riel	At my father's and mother's.
	My sister lives there as well.
Mrs. Moritz	Well, that's nice.
	But what I really mean is: what is your
address?	
	In which street do you live?
Paul van Riel	Venenlaan.
Mrs. Moritz	Which number?
Paul van Riel	88.
Mrs. Moritz	Which number?
	Could you speak more slowly,
	please?
Paul van Riel	88.
Mrs. Moritz	Come, I will take you – how do you
	say that? – to house.
Paul van Riel	Take me home. Yes please.

◀ **22 Expressing difficulties in understanding / speaking Dutch**
Wil je / Wilt u wat langzamer praten, alsjeblieft / alstublieft?
(*Could you speak more slowly, please?*)
Kun je / Kunt u wat langzamer praten, alsjeblieft / alstublieft?
(*Could you speak more slowly, please?*)
Hoe zeg je dat? (*How do you say that?*)

– Wil je wat langzamer praten alsjeblieft?
– 88.

– Kom, ik zal je even – hoe zeg je dat? – naar thuis brengen.

23 Vocabulary

hoe	how
oud	old
bijna	nearly, almost
de vader [–s]	father
de zus [–sen]	sister
zo	well
gezellig	nice, enjoyable
bedoelen	to mean
eigenlijk	really
wat	what
je	your
het adres [–sen]	address
wil	*from* 'willen'
willen	to want
wil je/wilt u?	could you?
wat	a bit
langzaam	slow(ly)
praten	to talk, here: to speak
alsjeblieft/alstublieft	please
zal	*from* 'zullen'
zullen	will, shall
even	just
brengen	to bring
graag	yes, please

24 ◀ True or false?

Text C7 'Naar huis'.
First read the statements. Then listen.

1 Paul is six years old.   true/false
2 Paul has two sisters.   true/false
3 Mrs. Moritz will take Paul home.   true/false

25 Matching
Sometimes more than one answer is correct.

1	Ga je mee iets drinken?	a	R I E L.	1 =	
2	Ik zal je even helpen.	b	Ja, gezellig.	2 =	
3	Ik ga naar een feestje.	c	Graag gedaan	3 =	
4	Hier is het adres van Paul.	d	Dank je wel.	4 =	
5	Kunt u dat spellen?	e	Veel plezier!	5 =	
6	Waar kom je vandaan?	f	Graag.	6 =	
7	Dank u wel.	g	Uit Canada.	7 =	

26 Matching
Sometimes more than one answer is correct.

1	Hoe heet je?	a	080 – 48 45 723.	1 =
2	Waar woon je?	b	Nee, dan ben ik niet thuis.	2 =
3	Hoe oud bent u?	c	Op 37.	3 =
4	Op welk nummer woont u?	d	In de Gravenstraat.	4 =
5	Wat is je telefoonnummer?	e	30 jaar.	5 =
6	Kan ik je straks bellen?	f	Leo.	6 =

27 Fill in:
adres / langzamer / spreekt / uitstekend / woon / woont

1 – Hoe gaat het met je?
   – .....
2 Ik ..... in Rotterdam, maar ik werk in Amsterdam.
3 – Ik heb het telefoonnummer, maar wat is het ..... van Hans?
   – Scheldestraat 66.
4 Kees ..... al vijf jaar in Utrecht.
5 Mevrouw Van Oudshoorn woont al drie jaar in Frankrijk en ze ..... goed Frans.
6 Ik kom niet uit Nederland, wilt u wat ..... praten?

28 Fill in:
bedoel / bijna / oud / vader / zus

1 – Hoe ..... ben je?
   – Ik ben ..... 12.
2 – Hoe oud is je .....?
   – Maaike? Die is 16.
     En mijn ..... is 48.
3 – Woon je ook in de Speustraat?
   – ..... je de Spuistraat?

29 ◀ C8 How many words do you hear? (Use the pause button)

30 ◀ C9 e as in *ben* or 'ə' as in *je*?
When you hear **e** as in *ben* write a 'x.' When you hear ' ' as in *je*, don't write anything.

1 2 x 3 4 5 6 7 8 9 10

31 ◀ C10 Listen to C7 'Naar huis' and repeat

32 Grammar
The Dutch articles are: **de, het, een**.
See Grammar Section number 7.

Always memorize the article *het* or *de* together with every new noun you learn.

33 Fill in:
de / het / een / ø (nothing)

Dit is Johanna Boekstra.

1   Ze werkt in ..... Gouda.
2   Ze woont daar in ..... gezellige straat.
3   Dat is ..... Venenstraat.
4   Ze werkt in Haarlem bij ..... bank.
5   ..... adres van de bank weet ik niet.
6   Maar ..... telefoonnummer van de bank staat in mijn agenda.
7   'Boekstra' is ..... Nederlandse naam. Maar Johanna komt uit Canada.

34 Text / Een formulier (A form)

Achternaam	Holmes	
Voornamen (voluit)	Jonathan William	
Adres	**Straat**	**Huisnummer**
	Gravenstraat	326
Postcode en woonplaats	3583 BA Utrecht	
Telefoonnummer	030 25 17 242	
E-mailadres	jonathanh@hotmail.com	
Geboortedatum	25-6-1980	
Geboorteplaats	Londen	
Geboorteland	Engeland	
Nationaliteit	Engels	
Geslacht	m/v*	
	(* doorhalen wat niet van toepassing is)	

35 Vocabulary

het formulier [–en]	form
de achternaam [–namen]	surname, last name
de voornaam [–namen]	first name
voluit	in full
het huisnummer [–s]	house number
het huis [huizen]	house
de postcode [–s]	postal code, zip code
de (woon)plaats [–en]	place (of residence)
het netnummer [–s]	dialling code, area code
het abonneenummer [–s]	subscriber's number
de geboortedatum [–s]	date of birth: day / month / year
de geboorteplaats [–en]	place of birth
het geboorteland	country of origin
het land [–en]	country
de nationaliteit [–en]	nationality

het geslacht	sex
m/v = man/vrouw	male/female
de man [–nen]	man
de vrouw [–en]	woman
doorhalen wat niet van	
toepassing is	strike out whichever is not applicable

36 Now fill in your own form
Achternaam
Voornamen (voluit)
Adres   **Straat**   **Huisnummer**

Postcode en woonplaats
Telefoonnummer
E-mailadres

Geboortedatum
Geboorteplaats
Geboorteland
Nationaliteit
Geslacht   m/v*
                                       (* doorhalen wat niet van toepassing is)

QUIZ

Part 1 What would you say?

1 Kunt u dat even spellen?
   a A, B, C, D, E .....
   b Ik heet Visser.
   c Ja, K A L F.

2 Weet jij het nummer van Maaike?
   a Geen dank.
   b Hij is in gesprek.
   c Ogenblikje.

3 Ga je mee iets drinken?
   a Dank u wel.
   b Graag.
   c Veel plezier.

4 Op welk nummer woont je zus?
   a Die is 25.
   b Op 28.
   c Precies achter je.

5 Zal ik je even naar huis brengen?
   a Ja graag.
   b Leuk je te zien.
   c Tot ziens.

Part 2 Fill in:

agenda / bedoelt / bijna / gezellig / kun / stuur / telefoonnummer / woonplaats / zus

1 A Zeg, ik ..... je een e-mail, goed?
   B Uitstekend.

2 A Wat ..... u precies met 'postcode'?
3 B Die nummers en letters die bij de ..... staan.

4 A Ik woon nu ..... tien jaar in Frankrijk.
5 B En je ..... werkt daar ook?

6 A O jee! Waar heb ik het ..... van Michel?
7 B Staat dat niet in je .....?

8 A Een feestje bij jou thuis? Wat .....!
   ..... je mij je adres dan even geven?

Part 3   Matching

1	Zal ik je straks even bellen?	a	Nee, uit Nederland.	1 =
2	Mag ik je even voorstellen?	b	Johan Visser.	2 =
	Dit is Hans, mijn man.	c	27.	3 =
3	Nou, tot morgen, hè?	d	Nee, in Amsterdam.	4 =
4	Komt u uit Frankrijk?	e	Nee, dan ben ik niet thuis.	5 =
5	Hoe oud ben je?	f	Ja, dag!	6 =
6	Woont u in Rotterdam?			

Part 4   ◀ Listen to text C1 ' Mailen en bellen'. Complete the sentences.

Tom Kalf	Kunt u me helpen, mevrouw?
	Waar ..... ik internetten?
Mevrouw	Precies achter u is een ......
Rianne Kalf	O, wat dom van ons. Dank u wel.
Mevrouw	Geen dank.
Rianne Kalf	Weet ..... het e-mailadres van Kees?
Tom Kalf	Ja, dat staat ..... mijn agenda.
	O jee, en die ligt ......
Rianne Kalf	We kunnen haar moeder bellen.
	Zij ..... het e-mailadres van Iris.
Tom Kalf	Ja, maar dat telefoonnummer ..... óók in mijn agenda.
Rianne Kalf	Je kunt Inlichtingen ...... Dat is 0900 – 8008.
Tom Kalf	Goed.
Telefoniste	KPN....., goedemiddag.
Tom Kalf	Kunt u mij een telefoonnummer in Arnhem .....?
	Van mevrouw de Cruif, Kruisstraat 7.
Telefoniste	Kunt ..... die naam spellen?
Tom Kalf	C, R, U, I, F.
Telefoniste	Ogenblikje.
	Dat is ......
Tom Kalf	Dank u wel.
Tom Kalf	Nou, die is in ......
Rianne Kalf	Dan bel je haar straks maar.
	Of ..... stuurt een sms'je.

3 / C1 Welke tram?

Louis asks a woman how to get to the railway station.
She tells him to take tram number 16 or 25

1 ◀ Text • Welke tram?

Louis	Pardon mevrouw, mag ik u iets vragen?
	Waar is het centraalstation?
Mevrouw	Dat is nogal ver.
Louis	Hoe kom ik daar?
Mevrouw	U kunt het beste de tram nemen.
	Of een taxi.
Louis	Weet u ook welke tram?
Mevrouw	Zestien of vijfentwintig.
Louis	Wat zegt u, lijn tien?
Mevrouw	Nee, zestien.
Louis	Waar is de tramhalte?
Mevrouw	Daar, aan de overkant van de straat.
Louis	Dank u wel.
Mevrouw	Graag gedaan, hoor.

2 Translation • Which tram?

Louis	Excuse me! May I ask you something?
	Where is the Central Station?
Lady	That's quite a long way.
Louis	How do I get there?
Lady	You'd better take a tram.
	Or a taxi.
Louis	Do you know which tram?
Lady	16 or 25.
Louis	Excuse me, number ten?
Lady	No, sixteen.
Louis	Where is the stop?
Lady	There, across the street.
Louis	Thank you.
Lady	You're welcome.

3 ❺ Attracting attention
(Pardon) Mevrouw / Meneer! (*Excuse me!*)

- Pardon mevrouw, mag ik u iets vragen?
- Waar is het centraalstation?

4 Vocabulary

de tram [–s]	tram, streetcar
mag	*from* 'mogen (see Grammar Section 8)
mogen	may, to be allowed to
iets	something
vragen	to ask
waar	where
het centraalstation	central station
nogal	rather, quite
ver	far

het beste	the best thing
nemen	to take
de taxi [–'s]	taxi
of	or
zegt	*from* 'zeggen'
zeggen	to say
lijn 10	number 10
de lijn [–en]	line
de (tram)halte [–s]	(tram) stop
aan de overkant	at the other side, across

5 ◀ True or false?

Text C1 'Welke tram?'
First read the statements. Then listen.

1 Louis knows where the station is.   true/false
2 You can only take a bus to the station.   true/false
3 Louis asks where the stop is.   true/false

6 Rearrange the sentences in order to make a dialogue

a Daar aan de overkant.   1 = d
b Dank u wel.   2 =
c Wat zegt u? Lijn 24?   3 =
d Meneer, mag ik u iets vragen?   4 =
e Waar is de halte van lijn 25?   5 =
f Nee 25.   6 =
g Geen dank.   7 =

7 Fill in:

aan de overkant / dank u wel / ver / vragen / weet / zegt

1 A Pardon meneer, mag ik u iets .....?
2 ..... u waar de halte van lijn drie is?
3 B Ja, daar ..... in de Van Baerlestraat.
4 A O, dat is niet .....
5 B Wat ..... u?
6 A Dat is niet ver. .....

8 Fill in:

halte / iets / neem / nogal / of / pardon

1 Het station is ..... ver.
2 Ik ..... een taxi ..... ik neem de tram.
3 ..... meneer, mag ik u ..... vragen.
4 Waar is de ..... van lijn 9?

9 Grammar

The Dutch language has many irregular verbs. Some are irregular in the present tense:

Ik *ben* vijf.
Zij *is* veertig.

Both *ben* and *is* are from the verb *zijn* (to be). For the conjugation of *zijn, hebben, gaan, zullen, kunnen, willen, mogen* see Grammar Section 8.

10 From which verbs are the (finite) verbs in bold type?
Example: Ik **ben** mevrouw Moritz. *From* 'zijn'

1 Ik **wil** Paul helpen.
2 Paul **wil** naar huis maar dat **kan** niet.
3 Paul **is** vijf jaar.
4 Hij **heeft** een zus.
5 **Mag** ik u iets vragen?
6 **Kun** je wat langzamer praten?
7 **Wilt** u me naar huis brengen?
8 Ik **zal** je even naar huis brengen.
9 Mevrouw **gaat** met Paul naar Venenlaan 88.

11 Fill in:
bent / gaat / is (3x) / kunt / kan

1 A Pardon, ... dit lijn 16?
2 B Nee, mevrouw. ..... u naar het centraalstation?
   A Ja.
3 B Dan ..... u het beste lijn 25 nemen.
4 A Hoe ver ..... het?
5 B O, het ..... niet ver.
6 A Ik ..... ook een taxi nemen.
7 B Maar u ..... vlakbij het station!

12 ◀ C2 *a* as in *mag* or *o* as in *kom*?
When you hear a as in *mag* write a 'x.' When you hear o as in *kom*, don't write anything.

1 2 x 3 4 5 6 7 8 9 10

13 ◀ Text / C3 Op het centraalstation

Kathy inquires at the central station information desk about the price of a ticket to London.

Kathy Best	Hoeveel kost een kaartje naar Londen?
Lokettist	Met de trein of met boot én de trein?
Kathy Best	Met de trein.
Lokettist	Een enkele reis of een retourtje?
Kathy Best	Het spijt me, ik versta u niet.
	Kunt u dat nog een keer zeggen?
Lokettist	Een enkele reis of een retourtje?
Kathy Best	O, een retourtje.
Lokettist	Gaat u via Brussel?
Kathy Best	Ja.
Lokettist	Een ogenblikje... Dat kost eh... 129 euro.
Kathy Best	Hoeveel zegt u?
Lokettist	129 euro.
Kathy Best	En voor een kind van zes?
Lokettist	Met een kind van zes: 217 euro.
Kathy Best	Dank u.

14 Translation • At the Central Station

Kathy Best	How much is a ticket to London?
Employee	By train or by boat ánd by train?
Kathy Best	By train.
Employee	A one way or a return ticket?
Kathy Best	Sorry, I didn't understand that.
	Could you say that again?
Employee	A one-way or a return ticket?
Kathy Best	Oh, a return ticket.
Employee	Are you travelling through Brussels ?
Kathy Best	Yes.
Employee	Just a moment, please... That's 129 euro.
Kathy Best	How much?
Employee	129 euro.
Kathy Best	And for a six year old?
Employee	With a six year old: 217 euro.
Kathy Best	Thank you.

15 ❻ Non–understanding

Wat zegt u, ...? (*Sorry?*)
Kun je / Kunt u dat nog een keer / eens zeggen? (*Could you say that again?*)
Ik versta u niet. (*I don't understand*)
... zegt u? (*... did you say?*)

- Wat zegt u, lijn tien? (text 1)
- Nee, zestien.

- Kunt u dat nog een keer zeggen?
- Een enkele reis of een retourtje?

- Een enkele reis of een retourtje?
- Het spijt me, ik versta u niet.

- ... Dat kost eh ... 129 euro.
- Hoeveel zegt u?
- 129 euro.

16 Vocabulary

hoeveel	how much / many
kosten	to cost
de trein [-en]	train
met de trein	by train
de boot [boten]	boat, here: ferry
het kaartje [–s]	ticket
Londen	London
de enkele reis	single/one–way ticket
het retourtje [–s]	return/round–trip ticket
het spijt me	I am sorry
verstaan	to understand
gaan	to go
via	through
de euro [-'s]	euro
voor	for, beforeeen
kind van zes	a six year old
het kind [–eren]	child

17 ◀ True or false?

Text C3 'Op het centraalstation'
First read the statements. Then listen.

1 The employee doesn't understand Kathy's first question. true/false
2 A one-way ticket to London costs 179 euro. true/false
3 Kathy is is taking the boat to England. true/false

18 Put the following sentences in logical order

a Enkele reis? 1 =
b Pardon, mag ik u iets vragen? 2 =
c Hoeveel kost een kaartje naar Rome? 3 =
d Nee, retour. 4 =
e Hoeveel kost een kaartje naar Rome? 5 =
f Wat zegt u? 6 =

19 Fill in:
en / kost / nog een keer / of / pardon / trein

1 Ik ga met de ..... naar Berlijn.
2 Kunt u dat ..... zeggen?
3 ....., mag ik u iets vragen?
4 Hoeveel ..... een retour Madrid?
5 – Gaat u met de trein ..... met de bus?
   – Met de bus ..... met een taxi.

20 Fill in:
enkele reis / hoe / kind / nog eens / versta

1 A Hoeveel kost een ..... naar Praag?
2 B Het spijt me, ik ..... u niet.
3   Kunt u dat ..... zeggen?
   A Een enkele reis Praag. Hoeveel kost dat?
   B Voor u?
4 A Nee, voor een ..... van veertien.
5 B Sorry, ... oud zegt u?
   A Veertien jaar.

21 Fill in:
boot / euro / hoeveel / retour / trein

1 ..... kost een kaartje naar Oslo?
2 Ga je met de ..... naar Engeland?
3 Een enkele reis kost 224 euro en een ..... 129 euro.
4 Neem je de ..... naar Utrecht?
5 Een retour kost dertig .....

22 ◀ C4 Listen to 'Op het Centraal Station'
Pay special attention to the parts in **bold** type.

Kathy Best	Hoeveel kost een **kaart**je naar Londen?
Lokettist	Met de trein of met boot **én** de trein?
Kathy Best	Met de **trein**.
Lokettist	Een enkele **reis** of een retourtje?
Kathy Best	Het **spijt** me, ik **versta** u niet.
	Kunt u dat **nog** een keer zeggen?
Lokettist	Een **enkele reis** of een retourtje?
Kathy Best	O, een re**tour**tje.
Lokettist	Gaat u via **Brussel**?
Kathy Best	Ja.
Lokettist	Een **ogen**blikje... Dat **kost** eh... 129 euro.
Kathy Best	**Hoe**veel zegt u?
Lokettist	129 euro.
Kathy Best	En voor een kind van **zes**?
Lokettist	Met een kind van **zes**: 217 euro.
Kathy Best	**Dank** u.

23 ◄ C5 • g as in goed

Sometimes **ch** is pronounced as **g**: ga, goed, geven, mag, zeg, acht, ogenblik, gehuwd, gezellig, graag.

24 ◄ C6 *g* as in *ga* or *h* as in *heet*?

Fill in the appropriate letter. Do you hear **g** as in *ga* or **h** as in *heet*?
Example: da... [g]

1 ..oeveel 2 ..oed 3 no.. 4 ze..en 5 ..ier 6 ..esprek 7 ne..en 8 ..eleden 9 ...eb
10 o..enblikje

25 ◄ C7 Listen to the following words and repeat

26 ◄ Text / C8 Nog een vraag

Kathy Best is still at central station.

Kathy Best	Sorry, ik heb nog een vraag.
	Hoe laat vertrekt de trein?
Lokettist	Zes of zeven keer per dag.
	De eerste om half acht 's ochtends.
Kathy Best	Wanneer ben ik dan in Londen?
Lokettist	Om half één 's middags
Lokettist	U kunt ook om half vijf 's middags vertrekken.
	Dan bent u om negen uur 's avonds in Londen.
Kathy Best	Kunt u dat voor me opschrijven?
Lokettist	Ja zeker.
	Alstublieft.
Kathy Best	Dank u voor uw informatie.

27 Translation • One more question

Kathy Best	Sorry, one more question.
	What time does the train leave?
Employee	Six or seven times a day.
	The first one at 7.30 a.m. .
Kathy Best	So when do I get to London?
Employee	At 12.30 p.m.
	In the afternoon you can leave at 4.30.
	Then you'll be in London at 9 p.m.
Kathy Best	Could you write that down for me, please?
Employee	Of course.
	Here you are.
Kathy Best	Thank you for your information.

28 ❻ Asking about time and reaction

Q Hoe laat .....? *(What time .....?)*   A Om ..... *(At .....)*

Q Wanneer .....? *(When .....?)*   A Om ..... *(At .....)*

Q Hoe laat is het? *(What time is it?)*   A Het is ..... *(It is .....)*

- Hoe laat vertrekt de trein?
- Zes of zeven keer per dag.
De eerste om half acht 's ochtends.

- Wanneer ben ik dan in Londen?
- Om half één 's middags.

29 Vocabulary

nog een vraag	one more question
de vraag [vragen]	question
laat	late
vertrekken	to leave
de trein [-en]	train
per dag	a day
x keer	x times
de dag [dagen]	day
om ...	at ... (o'clock)
half één	half past 12
's ochtends	in the morning
de ochtend [-en]	morning
's morgens	in the morning
de morgen [-s]	morning
's middags	in the afternoon
de middag [–en]	afternoon
's avonds	in the evening
de avond [–en]	evening
's nachts	at night
de nacht [-en]	night
om negen uur	at 9
opschrijven	to write down
schrijven	to write
ja zeker	of course, sure
alstublieft	*here*: here you are
uw	your (*formal*: see Grammar Section 14)
de informatie	information

30 ◀ True or false?

Text C8 'Nog een vraag'
First read the statements. Then listen.

1	The train to London leaves four times a day.	true/false
2	Kathy has three questions.	true/false
3	Kathy forgot to bring a pen and paper	true/false

31 Matching

1	Hoe laat vertrekt de trein naar Parijs?	a	Het is elf uur.	1 = c
2	Wanneer ben ik dan in Parijs?	b	Om vijf uur 's middags.	2 =
3	Kunt u dat voor me opschrijven?	c	Om twaalf uur.	3 =
4	Hoe laat is het nu?	d	Het is elf uur.	4 =
5	Wat zegt u?	e	Ja zeker, alstublieft.	5 =

32 What would you say?

Sometimes more than one reaction is correct.

1 Hoeveel kost een enkele reis naar Parijs?
   a Het spijt me.
   b Kunt u dat nog een keer zeggen?
   c Ik versta u niet.

2 Pardon meneer, waar is de halte van lijn 2?
   a Wat zegt u?
   b Ik weet het.
   c Daar, in de Spuistraat.

3 Hoe laat vertrekt de trein?
   a Om zeven uur.
   b 's Avonds.
   c Ja zeker, alstublieft.

33 Fill in:

hoe / informatie / keer / 's avonds / vraag / wanneer / uur

1 A Ik heb een .....
   ..... vertrekt de boot?
2 B Drie ..... per dag: 's morgens, 's middags en .....
3 A Ja, maar ..... laat 's middags?
4 B Om drie .....
5 A Dank u voor uw .....

34 Fill in:
het / om / opschrijven / uur / vertrekt

1   – De trein ..... om 11.10, 12.16 en 12.37.
    – Kunt u die informatie voor me .....?
2   – Hoe laat is .....?
    – Het is negen .....
3   – Hoe laat ben je thuis?
    – ..... acht uur.

35 P.m. or a.m.?

's morgens / 's ochtends	after	6 a.m.
's middags	after	12.00
's avonds	after	6 p.m.
's nachts	after	00.00

1 zeven uur 's avonds   p.m.
2 vier uur 's middags
3 negen uur 's ochtends
4 twee uur 's nachts
5 elf uur 's morgens
6 tien uur 's avonds
7 zeven uur 's ochtends.

36 Grammar
Hoeveel kost een kaartje naar Londen?
Wat zegt u?

For some question words, see Grammar Section 9.

37 Fill in:
hoe / hoeveel / waar / wanneer / wat / welke / wie

Question	Answer
1 ..... laat is het?	Vier uur.
2 ..... ga je naar huis?	Om vijf uur.
3 ..... zeg je?	Om vijf uur.
4 ..... kom je vandaan?	Uit Rotterdam.
5 ..... trein neem je?	Dat weet ik niet.
6 ..... kost dat?	Vijf euro.
7 ..... is dat?	Mijn moeder.

38 ◀ C9 How many words do you hear?

39 🅕 C10 *ij* as in *reis* or *lijn*
'ei' is pronounced as 'ij' is.

When you hear **ij** as in *reis* or *lijn*, write a 'x.'

1 x 2 3 4 5 6 7 8 9 10

40 ◀ C11 Listen to the following words and repeat

41 ◀ C12 Listen to 'Nog een vraag'
Pay special attention to the parts in **bold** type.

Kathy Best	Sorry, ik heb **nog** een vraag.
	Hoe laat ver**trek**t de trein?
Lokettist	**Zes** of zeven keer per dag.
	De **eer**ste om half acht 's ochtends.
Kathy Best	**Wan**neer ben ik dan in **Lon**den?
Lokettist	Om half **één** 's middags
Lokettist	U kunt **ook** om half vijf **'s mid**dags vertrekken.
	Dan bent u om **neg**en uur 's avonds in Londen
Kathy Best	Kunt u dat voor me **op**schrijven?
Lokettist	Ja **zek**er.
	Alstu**blieft**.
Kathy Best	**Dank** u voor uw informatie.

◀ 42 Text / C13 • De tijd

Het is drie uur.	Het is half vier.
Het is kwart over drie.	Het is tien over half vier.
Het is vijf minuten voor half vier.	Het is kwart voor vier.

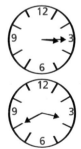

43 Vocabulary

de tijd	time
het is	it's
het uur [uren]	hour
kwart	quarter
over	over, *here*: past
half	half
voor	before; *here*: to
de minuut [minuten]	minute

44 ◀ C14 Write in numbers the times corresponding to the times read out

Example: 'zes uur': 6:00

45 Write in Dutch
1   9.30 half tien
2   7.45 .....
3   1.25 .....
4   11.55 .....
5   5.35 .....
6   3.11 .....
7   8.39 .....

46 / C15 *uu* as in *minuut*
When you hear *uu* as in *minuut*, write a 'x.'

1 x 2 3 4 5 6 7 8

47 ◀ C16 Listen to the following words and repeat

48 You are taking a train to London

You need answers to the following questions.
Find the answers in the timetable.

1 Hoe laat vertrekt de trein uit Rotterdam?
2 Wanneer is de trein in Brussel Zuid?
3 Hoe laat vertrekt de Eurostar uit Brussel?
4 Hoeveel uur is het van Rotterdam naar Londen?
5 Hoe laat ben je in Londen?

Internationale Treinplanner

Van Rotterdam Centraal naar LONDON
Vertrek: woensdag 15 05 2007 16:00
Deze dienstregeling is geldig van 10.12.06 t/m 08.12.2007

Datum	Tijd	Station
16.05.07	15:25	**Rotterdam Centraal**
	17:21	Bruxelles Midi/Brussel Zuid
	17:21	Bruxelles Midi/Brussel Zuid
	17:45	Bruxelles-Midi Eurostar
	17:59	Bruxelles-Midi Eurostar
	19:28	**London Waterloo Int.**

49 Grammar
een trein   twee trein**en**
een kaartje   twee kaartje**s**

Nouns end in **–en** or **–s** in plural.

See Grammar Section 10 for some rules and some exceptions.

50 Underline the words which indicate plural ('more than one')
treinen – boot – stations – nummers – kaartje – nachten – uur – dag – kinderen –
vaders – retour – man – agenda's – huizen – vrouw – straten –zus

Part 1   What would you say?

1   Enkele reis of retour?
   a   Naar Berlijn.
   b   Om drie uur.
   c   Wat zegt u?

2   De halte van lijn tien is aan de overkant van de straat.
   a   Dank u wel.
   b   Geen dank.
   c   Hoeveel zegt u?

3   Pardon, mag ik u iets vragen?
   a   Goed, dank u.
   b   Het spijt me.
   c   Wat zegt u?

4   Hoeveel is een retour Londen?
   a   129 euro.
   b   Om kwart voor vier.
   c   Twee keer per dag.

5   Hoe laat vertrekt de trein naar Brussel?
   a   Het is kwart voor drie.
   b   's Morgens.
   c   Tien over half elf.

Part 2   Fill in:
's avonds / hoe laat / nemen / opschrijven / versta / vraag

Louis en Kathy bij de tramhalte

1   L   Zeg, gaan we met de tram of ..... we een taxi?
2   K   ..... is het nu? O, daar is de tram! We nemen de tram.

In de tram

3   L   Ik heb nog een .....
      Hoe ga jij naar het feestje van Michel?
4   K   Het is ..... hè? Ik denk met een taxi.
5   L   Sorry, ik ..... je niet.
6   K   Met een taxi. Hé, kun je zijn adres even voor me .....?
      Ik denk dat ik het niet heb.

Part 3 *Choose the right word*

Example: A **Hoeveel** / **Waar** zegt u?   Answer: **Hoeveel**
        B 145 euro.

1 A **Mag** / **Heb** ik uw kaartje even zien?
   B Alstublieft.

2 A **Waar** / **Wanneer** ga je naar toe?
   B Naar Rotterdam.

3 A **Ben** / **Kun** je 's ochtends naar de bank komen?
   B Nee.

4 A **Wat** / **Welke** tram kan ik nemen naar het station?
   B Lijn 10 en 16.

5 A En **wie** / **hoe** is dat?
   B Dat is Hanneke, mijn zus.

6 A Hoe laat **ga** / **zul** je naar de boot?
   B Om zeven uur.

Part 4 ◀ *Listen to text C3 'Op het centraalstation'. Complete the sentences.*

Kathy Best	Hoeveel kost een kaartje naar Londen?
Lokettist	Met de ..... of met boot én de trein?
Kathy Best	Met de trein.
Lokettist	Een enkele ..... of een retourtje?
Kathy Best	Het spijt me, ik ..... u niet.
	Kunt u dat nog een ..... zeggen?
Lokettist	Een enkele reis of een retourtje?
Kathy Best	O, ... retourtje.
Lokettist	Gaat u via Brussel?
Kathy Best	Ja.
Lokettist	Een ...... Dat kost eh... 129 euro.
Kathy Best	Hoeveel zegt u?
Lokettist	129 ..... .
Kathy Best	En ...... een kind van zes?
Lokettist	Met een kind van zes: 217 euro.
Kathy Best	Dank ......

4 / C1 In de trein

Steven Crooke enters the train from the station at Schiphol airport.
He spots a free seat next to Joep Joldersma.

1 ◀ Text • In de trein

Steven Crooke	Is deze plaats vrij?
Joep Joldersma	Ja hoor, ga gerust zitten.
	Je mag hier alleen niet roken.
Steven Crooke	O, sorry.
Joep Joldersma	Waar kom je vandaan?
Steven Crooke	Uit Canada.
	Ik kom net uit het vliegtuig.
	Ik heb twaalf uur gevlogen.
Joep Joldersma	Zei je twaalf uur?
Steven Crooke	Ja.
Joep Joldersma	Tjonge, dat is een lange reis.
	En wat ga je doen in Nederland?
Steven Crooke	Nou, familie bezoeken, naar museums, oude kerken bekijken, je kent dat wel.
	Weet jij nog een leuk museum?
Joep Joldersma	Ik ken alleen het Rijksmuseum en het Van Goghmuseum.
Steven Crooke	Die zijn in Amsterdam, hè?
Joep Joldersma	Mm.
Steven Crooke	Waar ga jij naar toe?
Joep Joldersma	Naar Den Haag, naar mijn broer.
Steven Crooke	Hoe heet dit station?
Joep Joldersma	Leiden.
Steven Crooke	O, dan moet ik hier uitstappen.
	Goede reis.
Joep Joldersma	Hé, je koffer!
Steven Crooke	Bedankt!

2 ❻ Inquiring whether one knows or doesn't know something / someone.

Weet je/weet u ...? (*Do you know ...?*)
Ken je/kent u ...? (*Do you know ...?*)

Weten (*to have the knowledge of something*)
Weet jij iets van vliegtuigen? (*Do you know anything about planes?*)

Kennen (*to be acquainted with someone / something*)
Ken je Joep? (Do you know Joep?)
Ik ken die plaats goed. (I know that place well.)

- Weet jij een leuk museum?
- Ik ken alleen het Rijksmuseum en het Van Goghmuseum.

3 Vocabulary

Dutch	English
deze plaats [–en]	this seat
vrij	free
ja hoor	sure
ga gerust zitten	do sit down
zitten	to sit
gaan zitten	to sit down
je mag hier alleen niet roken	only, you're not allowed to smoke here
roken	to smoke
net	just
het vliegtuig [–en]	plane
twaalf uur	twelve hours
gevlogen	*from* 'vliegen'
vliegen	to fly
zei je ...?	did you say ...?
tjonge	my word! wow!
de reis [reizen]	trip, *here*: flight
doen	to do
de familie	relatives
bezoeken	to visit
het museum [musea/museums]	museum, art gallery
de kerk [–en]	church
bekijken	to look at
je kent dat wel	you know
weten	to know, to have the knowledge of
kennen	to know, to be acquainted with
waar ga jij naar toe?	where are you going?
de broer [–s]	brother
moeten	to have to
uitstappen	to get off
goede reis!	have a nice trip!
hé!	hey! hello!
je	your
de koffer [–s]	suitcase
bedankt	thanks

4 ◀ True or false?

Text C1 'In de trein'
First read the statements. Then listen.

1 Joep is going to Leiden.   true/false
2 Steven has some relatives in Holland.   true/false
3 Steven forgets to get out.   true/false

5 Matching

1	Ken jij mevrouw Visser?	a	Zei je Dan of Daan?	1 =		
2	Zei je het Rijksmuseum?	b	Ja. Je mag hier niet roken.	2 =		
3	Kent u Leiden?	c	Ja, die ken ik. Ze woont vlak bij mij.	3 =		
4	Ken je Daan?	d	Nee, niet goed. Ik kom uit Canada.	4 =		
5	Hé, zei je iets?	e	Nee, het Van Goghmuseum.	5 =		
6	Goede reis!	f	Bedankt!	6 =		

6 Fill in:
broer / familie / plaats / reis / trein / uit / ver / zitten

1 A Is deze ..... vrij?
2 B Gaat u gerust .....
    Waar gaat u naar toe?
  A Naar Groningen.
3 B Dat is een lange .....
4 A Nou, ik kom ..... Canada.
    Twee uur met de ..... is voor ons niet .....
5 B Ik heb nog ..... in Canada, een .....
  A Waar precies?
  B In Vancouver.

7 Fill in:
bekijken / bezoekt / roken / vliegt / uitstappen / zitten

1 Deze plaats is niet vrij: je mag hier niet .....
2 Dit vliegtuig ..... van Amsterdam naar Sydney.
3 Kun je de Westerkerk .....?
4 Steven ..... zijn familie in Hoorn.
5 In een museum mag je niet .....
6 A Moet ik hier .....?
  B Nee, hier niet. Dit is Utrecht.

8 Fill in:
bekijken / doen / kent / koffer / vrij

1 A Is deze plaats .....?
2 B Ja, dit is mijn ..... Ga gerust zitten.
  A Gaat deze trein naar
    Maastricht?
3 B Ja. ..... u Maastricht?
  A Nee.
4 B Dan moet u zeker de St. Servaeskerk .....
5 A Dat zal ik .....

9 Fill in:

lange / naar toe / net / vandaan / ver

1 A En waar komt u .....?
2 B Ik kom ..... van de boot uit Zweden.
3 Zweden is niet ..... maar met de
  boot is het een ..... reis.
4 A Waar gaat u .....?
  B Naar Rotterdam.

10 Grammar

Is *deze* plaats vrij?
Hoe heet *dit* station?

For demonstratives see Grammar Section 11.

11 Underline the words which are neutral ('het' words)

dat station / die plaats / die koffer / dat vliegtuig / dit museum / deze tram / die kerk / dit kaartje / deze koffer / dat kind

12 Fill in:

deze / die / dit / dat

There are two possibilities in each gap.

1 Is ..... plaats vrij?
2 Nee, maar ..... plaats wel.
3 Gaat ..... trein naar het centraalstation?
4 Ken je ..... museum?
5 Hoe oud is ..... kerk?
6 Hoe heet ..... kind?
7 ..... telefoonnummer is van Joep en ..... is van Ria.

13 ◀ C2 • ee as in *twee*

When you hear **ee** as in twee write a 'x'.

1 2 3 4 5 6 7 8 9 10

14 ◀ C3 Listen to the following words and repeat

15 ◀ C4 Repeat the questions and listen to the answers

16 ◀ Text / C5 Met de fiets
Anna calls her friend Sandra to invite her along on a bicycle trip.

Sandra	Met Sandra Rowland.
Anna	Met Anna. Hoe is het?
Sandra	Goed. En met jullie?
	Hebben jullie een leuke vakantie gehad?
Anna	Ja, we hebben veel gedaan: gefietst, gewandeld.
	We hebben lekker gegeten.
	En veel gezien.
	Maar dat is een lang verhaal.
	Dat vertel ik je later wel eens.
	Zeg, wij gaan vrijdag fietsen.
	Ga je mee?
Sandra	Waar gaan jullie heen?
Anna	We gaan naar Monnickendam.
Sandra	O, leuk! Daar ben ik nog nooit geweest.
Anna	Ken je de zus van Jan?
Sandra	Annelies? Natuurlijk.
Anna	Die gaat ook mee.
Sandra	O, ik kan niet mee!
	Ik heb geen fiets.
Anna	Dan huur je een fiets op het station.
Sandra	Ik weet het nog niet.
	Ik bel je morgen nog wel.

17 ❻ Asking (about destination)
Waar ga je /gaat u heen / naartoe? (*Where are you going?*)

– Waar gaan jullie heen?
– We gaan naar Monnickendam.

– Waar ga jij naar toe?
– Naar Den Haag, naar mijn broer. (Text 1)

18 ❻ Stating whether one knows or doesn't know something
Ik weet het. (*I know.*)
Ik weet het niet. (*I don't know.*)

– Dan huur je een fiets op het station.
– Ik weet het nog niet.

19 Vocabulary

de fiets [–en]	bike
de vakantie [–s]	vacation, holiday
gehad	*from* 'hebben'
veel	a lot
gedaan	*from* 'doen'
gefietst	*from* 'fietsen'
fietsen [fietste, gefietst]	to cycle, to bike
gewandeld	*from* 'wandelen'
wandelen [wandelde, gewandeld]	to walk; *here*: to hike
lekker	nice(ly), well
gegeten	*from* 'eten'
eten [at, gegeten]	to eat
gezien	*from* 'zien'
het verhaal [verhalen]	story
vertellen [vertelde, verteld]	to tell
later	later
nog wel eens	'sometime'
vrijdag	on Friday
ga je mee?	would you like to come?
(nog) nooit	never (before)
geweest	*from* 'zijn'
natuurlijk	of course
mee(gaan)	to join, to come along
geen	no, not a
huren [huurde, gehuurd]	to rent
nog niet	not yet
morgen	tomorrow
Ik bel je morgen nog wel	I'll let you know tomorrow

20 ◀ True or false?

Text C5 'Met de fiets'
First read the statements. Then listen.

1 Anna enjoyed her holiday.   true/false
2 Annelies is Anna's sister.   true/false
3 Sandra's bike was stolen at the railway station.   true/false

21 What would you say?
Sometimes more than one reaction is correct.

1	Je moet hier uitstappen	a	Ik weet het.	1 =	
2	Ga je met ons mee?	b	Ik weet het nog niet.	2 =	
3	Waar gaan jullie heen?	c	Ik weet het niet.	3 =	
4	Is deze plaats vrij?			4 =	
5	Hé, je koffer.			5 =	
6	Gaat deze trein naar Utrecht?			6 =	

22 Which one of the following reactions means
'yes', 'no' or 'I don't know yet'.

		ja	*nee*	*weet ik nog niet*
1	Natuurlijk	X		
2	Nou, dat weet ik nog niet.			
3	Zeker.			
4	Dat kun je gerust doen.			
5	Ik bel je nog wel.			
6	Het was geen leuke vakantie.			
7	Goed.			
8	We hebben niet lekker gegeten.			

23 Matching
Sometimes more than one answer is correct.

1	Ken je Anna?	a	Om negen uur.	1 =	
2	Wie is dat?	b	Dat is Steven Crooke.	2 =	
3	Hoe laat is het?	c	Naar Dublin.	3 =	
4	Waar ga je heen?	d	Het is tien over half zes.	4 =	
5	Hoe laat kom je?	e	Nee, ik ken haar niet.	5 =	

24 Fill in:
fiets / fietsen / mee / morgen / natuurlijk / nooit / wandelen

1 A We gaan met de ..... naar Texel.
   B Wanneer?
2 A ..... Ga je .....?
3 B .....!
   Ik ben nog ..... op Texel geweest.
4 A Je kunt er goed ..... en .....

25 Fill in:
eten / later / morgen / nog niet / veel

1   A   Hoe laat kom je .....?
2   B   Dat weet ik .....
     Om zeven uur?
3   A   Nee, ik kom wat .....
     Ik ga 's middags fietsen.
4   B   Om half acht dan. Maar niet ..... later.
     Dan ..... we om acht uur.

26 Fill in:
doen / gedaan / gefietst / gehad / vakantie

1   A   Waar ben jij naar toe geweest in de .....?
2   B   Ik heb in Nederland .....
3   A   Wat leuk. Dat heb ik nog nooit .....
4   B   Nou, dat moet je ook eens .....
     Wij hebben een leuke vakantie .....

27 Fill in and change the form of the verb when required:
doen / eten / gaan / hebben / huren / vertellen / zien

Example: Anna *gaat* naar Monnickendam.

1   Joep ..... met het vliegtuig naar Minneapolis.
2   Anna ..... een lang verhaal.
3   Jan ..... lekker en veel.
4   Ik ..... een fiets op het station.
5   Hij ..... veel: fietsen, wandelen, museums bekijken.
6   Sandra kan niet mee: ze ..... geen fiets.

28 ◀ C6 o as in *kost*
When you hear **o** as in *kost* write a 'x'.

1   2   3   4   5   6   7   8   9   10

29◀ C7 Listen to the following words and repeat

30 Grammar
O, ik kan *niet* mee! Ik heb *geen* fiets.

For negation see Grammar Section 13.

31 'Niet' of 'geen'?

1	Rookt u?	Nee, ik rook .....
2	Heb je een fiets?	Nee, ik heb ..... fiets.
3	Is deze plaats vrij	Nee, deze plaats is ..... vrij.
4	Ken je het Rijksmuseum?	Nee, ik ken het .....
5	Ga je mee?	Nee, ik ga ..... mee.
6	Heb je familie in Nederland?	Nee, ik heb ..... familie in Nederland.
7	Heeft u kinderen?	Nee, ik heb ..... kinderen.

32 Grammar

- *Hebben* jullie een leuke vakantie *gehad*?
- Ja, we *hebben* veel *gezien* en *gedaan*: *gefietst, gewandeld.*

We use the perfect tense if we want to talk about something that happened in the past.
For the perfect tense see Grammmar Section 18 part A.
Up to this section you have learned the meaning of 45 Dutch verbs and how to use them in the present tense. From now on each new verb in the Vocabulary section will be presented with the forms it takes in the perfect tense and in the imperfect:

I see him.	(present)
I **saw** him.	(imperfect)
I have **seen** him.	(perfect)

Compare the English forms of the verb *to see* with the Dutch in the Vocabulary:

zien [**zag, gezien**] to see

You should learn the forms of the imperfect and the perfect tense together with each new verb. However, don't worry about how to use the imperfect forms. These will be explained in Lesson 8.

33 Find the infinitive of each past participle you find in 'Met de fiets'

See also the list with irregular verbs, page 240.

past participle	*infinitive*
gehad	hebben
......	......

Now look at the previous lessons and write down all the verbs in the Vocabulary sections. Then look at the List of irregular verbs on page 237.

- Which verbs are irregular?
- What forms do they take in the perfect tense?

zijn	–	geweest
zien	–	gezien
...	–	...

- Which verbs are regular?
- What forms do they take in the perfect tense?

wonen	–	gewoond
werken	–	gewerkt
...	–	...

34 Put in the right order

You just met someone whose name sounds like 'Case'. You want to write his name and address in your addressbook. In which order would you ask the following questions? There are several possible solutions.

a	Wat is je adres?	1 =
b	Wat is je postcode?	2 =
c	Is 'Case' met een C of een K?	3 =
d	En je telefoonnummer?	4 =
e	Hoe spel je die straat?	5 =
f	In Amsterdam, hè?	6 =
g	Wat is je achternaam?	7 =

35 ◀ C8 Listen and write

Now listen to the dialogue and try to write down all the information you need for your address book.

Naam: Naam:
Adres: Adres:
Telefoon: Telefoon:

36 ◀ Text / C9 Een fiets huren

First read the text. Then read and listen.

U kunt een fiets huren bij bijna 100 stations in Nederland. U moet daarvoor het volgende doen. Op het station gaat u naar het loket. Daar betaalt u. U krijgt dan een dagkaart. In de stalling krijgt u voor deze dagkaart een fiets, die u de hele dag mag gebruiken.
U moet aan het loket wel een paspoort of een rijbewijs laten zien.

37 Vocabulary

daarvoor	before that, here: for that (purpose)
het volgende	the following
het loket [–ten]	window, ticket office
betalen [betaalde, betaald]	to pay
krijgen [kreeg, gekregen]	to get
de dagkaart [–en]	day ticket
de stalling [–en]	storage
de hele dag	all day
gebruiken [gebruikte, gebruikt]	to use
u moet ... wel	you've got to
het paspoort [–en]	passport
het rijbewijs [rijbewijzen]	driving licence / driver's license
laten zien	to show
laten (liet, gelaten)	to let

38 Fill in:
hele dag / huren / laten zien / loket / stalling

1 Een fiets gaat naar de .....
2 Daar kun je ook een fiets .....
3 Een kaartje betaal je aan het .....
4 Met een dagkaart/dagkaartje kun je een ..... fietsen.
5 Je moet je paspoort .....

39 Fill in:
betalen / gebruiken / krijgt / paspoort / volgende

1 U moet aan het loket .....
2 Nee, niet aan dit loket maar aan het .....
3 Hebt u geen ..... of een rijbewijs?
4 Nee? Dan ..... u geen fiets.
5 Je mag mijn fiets wel .....

40 Put in the right order
You are going to rent a bike. In which order do you take the following steps?

a Je gaat naar de stalling.   1 =
b Je krijgt een dagkaart/dagkaartje.   2 =
c Je gaat naar het loket.   3 =
d Je krijgt een fiets.   4 =
e Je laat je paspoort zien.   5 =
f Je betaalt.   6 =
g Je kunt fietsen.   7 =

41 Answer the questions
1 U gaat met de trein naar Zutphen. U huurt een fiets (met 3 versnellingen) voor een dag. Hoeveel betaalt u voor die fiets? .....
2 U bent met de auto naar Amsterdam gegaan. U huurt twee fietsen zonder versnelling voor een week.
Hoeveel moet u betalen? .....

Fietsverhuur

Merk	Omschrijving	Aantal	Prijs per dag	Prijs per week
Batavus	zonder versnelling	40	€ 6,00	€ 26,20
Batavus	met 3 versnellingen	40	€ 7,30	€ 31,40
Batavus	tandem	3	€ 14,50	€ 60,00

42 Vocabulary

de prijs [prijzen]	price
met 3 versnellingen	a 3-speed (bike)
zonder	without
de week [weken]	week
de auto [–'s]	car
gegaan	*from* 'gaan'

43 Fill in:
1 Een dag heeft 24 .....
2 Een week heeft 7 .....
3 Een jaar heeft 52 .....

44 Fill in:
betalen / euro / kost / loket / zonder

De treintaxi
    A Goedemiddag, ik wil graag naar Enkhuizen.
    B Hebt u een kaartje, mevrouw?
    A Nee. Moet dat?
    B Ja, dit is een treintaxi.

1   ..... treinkaartje kunt u niet in een treintaxi.
2 A Maar kan ik u dan niet .....?
3 B Nee, mevrouw. U betaalt aan het .....
4 A Hoeveel ..... een treintaxi eigenlijk?
5 B Vier ..... twintig, mevrouw.
    A Dank u wel.

Treintaxi

Geldig voor een rit van of naar
een Treintaxi-station

EUR 4,20

Kijk voor meer informatie op
www.treintaxi.nl

45 ◀ C10 Listen and repeat

Then memorize the days of the week.

De dagen van de week zijn:

maandag – dinsdag – woensdag – donderdag – vrijdag – zaterdag – zondag

46 Fill in:

		before	after
	woensdag	dinsdag	donderdag
1	zondag	.....	.....
2	donderdag	.....	.....
3	dinsdag	.....	.....
4	zaterdag	.....	.....
5	maandag	.....	.....
6	vrijdag	.....	.....

47 ◀ C11 *ui* as in *gebruiken*

Listen to the following words. When you hear **ui** as in *gebruiken*, write a 'x'.

1 2 3 4 5 6 7 8 9 10

QUIZ

Part 1 *What would you say?*

1 Weet jij een leuk huis voor mij?
  a Nee, ik ken hem niet.
  b Nou, niet vlakbij het station.
  c Uit Den Haag.

2 Waar ga jij eigenlijk naar toe?
  a Hoe kom ik daar?
  b Met de trein.
  c Naar het Van Goghmuseum.

3 Ik heb één zus en negen broers.
  a Dat is lang geleden, zeg.
  b Die ken ik niet.
  c Zei je negen broers?
4 Daphne en Lidewij gaan zondag fietsen.
  a Goede reis.
  b Ik weet het niet.
  c Waar gaan ze heen?

5 Ken je Anna Haagsma?
  a Dat weet ik.
  b Die ken ik, ja.
  c Hoe heet hij?

Part 2 Fill in:
bedankt / dag / deze / fietsen / hele / huren / kerk / later / natuurlijk / rijbewijs

Steven en Joep bij de fietsenstalling

1	S	Wij willen graag twee fietsen ....., kan dat?
2	A	Ja, ... Gaat u maar even mee.
3	S	Ja. Wat kost het eigenlijk voor één .....?
4	A	12 euro. U krijgt dan een dagkaart/dagkaartje en u mag de fiets de ..... dag gebruiken.

Even later

5	A	Kijk, ... fietsen kunt u krijgen.
6	S	Nou, uitstekend. Moeten we nu betalen of .....?
7	A	Nee, nu, en u moet ook even uw paspoort of ..... laten zien.
8	S	Eh, waar hebben we die? Ja, hier, alstublieft. O, ik heb nog een vraag. We willen die oude ..... hier bekijken. Is dat ver?
9	A	Nou, ik denk tien minuten .....
10	S	Goed, ... Dag!

Part 3 Which word is correct?

1	A	Is *deze* / *dit* koffer van jou?
	B	Ja!
2	A	O, ik heb nog *geen* / *niet* kaartjes!
	B	Die heb ik.
3	A	Gaat *deze* / *dit* tram naar het centraalstation?
	B	Ja, en die ook.
4	A	Heb je *dat* / *die* auto gehuurd?
	B	Ja, voor één dag.
5	A	Nee, ik ga nu *niet* / *geen* mee.
	B	Morgen dan?

Part 4 ◀ *Listen to text C1 'In de trein'. Complete the sentences.*

Steven Crooke	Is ..... plaats vrij?
Joep Joldersma	Ja hoor, ga gerust .....
	Je mag hier alleen niet roken.
Steven Crooke	.....
Joep Joldersma	Waar kom je vandaan?
Steven Crooke	Uit Canada.
	..... kom net uit het vliegtuig.
	Ik ..... twaalf uur gevlogen.
Joep Joldersma	Zei je twaalf .....?
Steven Crooke	Ja.
Joep Joldersma	Tjonge, dat is een lange .....
	En wat ga je doen in .....?
Steven Crooke	Nou, familie bezoeken, naar museums, oude ..... bekijken, je
	kent dat wel.
	Weet ..... een leuk museum?
Joep Joldersma	Ik ken alleen ..... Rijksmuseum en het Van Goghmuseum.
Steven Crooke	Die ..... in Amsterdam, hè?
Joep Joldersma	Mm.
Steven Crooke	Waar ga ..... naar toe?
Joep Joldersma	Naar Den Haag, naar mijn broer.
Steven Crooke	..... heet dit station?
Joep Joldersma	Leiden.
Steven Crooke	O, dan moet ik hier .....
	Goede reis.
Joep Joldersma	Hé, je koffer!
Steven Crooke	Bedankt!

5 / C1 In het café

Annemarie and Sandra decide to have a drink after work.
They enter a bar and order a drink.

1 ◀ Text • In het café

Annemarie	Zullen we hier gaan zitten?
Sandra	Ok.
Annemarie	Wat wil je drinken?
Sandra	Ik wil graag een glas rode wijn.
Annemarie	Juffrouw, mag ik een glas rode wijn en een pilsje?
Sandra	Zeg, ik geef zaterdag een borrel.
	Kom je ook?
Annemarie	Ja leuk. Je bent jarig, hè?
Sandra	Wat denk je, zal ik Karel ook uitnodigen?
Annemarie	Hè nee, ik vind Karel niet aardig.
Sandra	Heb je een hekel aan hem?
Annemarie	Nou nee, maar ik vind hem niet zo sympathiek.
Sandra	Ik wel.
Sandra	Laten we gaan. Mijn bus komt zo.
Annemarie	Ja goed, ik moet nog boodschappen doen. Ik krijg vanavond bezoek.

2 ❻ Expressing dislike and inquiring about it
Ik vind ... niet aardig / leuk / lekker / mooi. (*I don't like ...*)
Ik hou(d) niet van ... (*I don't like ...*)
Ik heb een hekel aan ...   (*I hate ....*)

– Wat denk je, zal ik Karel ook uitnodigen?
– Hè nee, ik vind Karel niet aardig.

Ik houd niet van vliegen.

Ik vind familie bezoeken niet leuk.

Vind je / Vindt u ... niet aardig / leuk / lekker / mooi enz.? (*Don't you like ...?*)
Houd je / Houdt u niet van ...? (*Don't you like ...?*)
Heb je / Hebt u een hekel aan ...? (*Do you hate ...?*)

– Heb je een hekel aan hem?
– Nou nee, maar ik vind hem niet zo sympathiek.

Houdt u niet van borrels?

Vind je wandelen niet leuk?

3 Vocabulary

het café [–s]	pub, bar
zullen we ...?	shall we ...?
oké	OK
willen [wilde, gewild]	to want (see Grammar Section 8)
het glas [glazen]	glass
rode	*from* 'rood' red
de wijn	wine
juffrouw	waitress, miss
het pilsje [–s]	glass of beer
de pils	beer
de borrel [–s]	party
een borrel geven	to organize a get–together
ja leuk	yes, that's nice
je bent jarig	it 's your birthday
zal ik	should I
uitnodigen [nodigde uit, uitgenodigd]	to invite
aardig	nice(ly)
hè nee	oh no
nou nee	well, no
zo	so
sympathiek	pleasant
ik wel	but I do
wel	*here: used to contradict a negation*
laten we (gaan)	let's (go)
de bus [–sen]	bus
zo	in a minute
nog	still
boodschappen doen	to do the shopping
vanavond	tonight
het bezoek	visitor(s)

4 ◀ True or false?

Text C1 'In het café'
First read the statements in Dutch. Then listen.

1 Annemarie drinkt een pilsje.   waar/niet waar
2 Annemarie is zaterdag jarig.   waar/niet waar
3 Sandra vindt Karel wel aardig.   waar/niet waar

5 Which word is correct?

1 – Zullen we Sandra en Jim uitnodigen?   a aardig
   – Nee, ik vind ze niet .....   b lekker
   c mooi

2 – Wil je een pilsje?   a mooi
   – Nee, ik vind het niet .....   b lekker
   c aardig

3 – Ga je mee naar het Rijksmuseum?   a lekker
   – Nee, ik vind het geen .....museum.   b leuk
   c aardig

6 What would you say?

1	Vind je pils niet lekker?	a	Nee, ik vind het hier niet leuk.	1 =
2	Hou je niet van fietsen?	b	Nee, maar wel aan zijn zus.	2 =
3	Vind je Annemarie niet aardig?	c	Nee, en ook niet van wandelen	3 =
4	Vindt u het Van Goghmuseum	d	Nee, ik drink geen pils.	4 =
	niet mooi?			
5	Heb je een hekel aan zijn vader?	e	Ik ken het eigenlijk niet.	5 =
6	Vind je het hier niet gezellig?	f	Nee, ik vind haar niet sympathiek.	6 =

7 Which reaction is correct?
Sometimes you have more than one option.

1	Waar ga je heen?	a	Ja, leuk.	1 =
2	Komt u vrijdag ook?	b	Hè nee.	2 =
3	Ben je morgen jarig?	c	Naar een borrel.	3 =
4	Zullen we boodschappen doen?	d	Nee, vrijdag.	4 =
5	Ik drink geen wijn.	e	Ja, goed.	5 =
6	Laten we Sandra uitnodigen.	f	Ik wel.	6 =

8 Fill in:
café / drinken / glas / hekel / laten / vind / wel

1 A ..... we daar in dat ..... gaan zitten.
2 B Goed. Wat wil je .....? Een pilsje?
3 A Nou nee, ik heb een ..... aan pils.
4 B Een ..... rode wijn dan?
5 A Nou, ik ..... rode wijn niet zo lekker.
6 B Ik .....

9 Fill in:
borrel / jarig / nog / uitnodigen

Ik wil je ..... voor vrijdag.
Dan ben ik .....
Ik geef een ..... van 5 tot 8.
Kom je ook? Sandra
P.S. Bel je ..... even?

10 Fill in:
bezoek / boodschappen / nog / nu / zo / zullen

1 A ..... we iets drinken?
2 B Nou nee, ... niet: ik krijg vanavond ..... en ik moet nog ..... doen.
3 A Woensdag dan?
4 B Dan kan ik ook niet. O, mijn bus komt .....
5 A Ik bel je ..... wel.

11 ◀ C2 Listen to 'In het café'
Which sentences do you hear?

1 Zullen we hier gaan zitten?
2 Ga gerust zitten.
3 Zeg, ik geef zaterdag een borrel.
4 Hoe kom ik daar?
5 Je bent jarig, hè?
6 Ik versta je niet.
7 Ik vind Karel niet aardig.
8 Heb je een hekel aan hem?
9 Ik weet het nog niet.
10 Ik bel je morgen nog wel.

12 ◀ C3 Listen to C1 'In het café'
*Pay special attention to how the letters in **bold** type are pronounced.*

Annemarie	Zullen we hier gaan zitten?
Sandra	Oké.
Annemarie	Wat wil je drinken?
Sandra	Ik wil graag een glas rode wijn.
Annemarie	Juffrouw, mag ik **een** glas rode wijn en **een** pilsje?
[*pronounced*: 'rooie']	
Sandra	Zeg, ik geef zaterdag **een** borrel.
	Kom je ook?
Annemarie	Ja leuk. Je bent jarig, hè?
Sandra	Wat denk je, zal ik Karel ook uitnodigen?
Annemarie	Hè nee, ik vind Karel niet aardig.
Sandra	Heb je **een** hekel aan hem?
Annemarie	Nou nee, maar ik vind hem niet zo sympathiek.
Sandra	Ik wel.
Sandra	Laten we gaan. Mijn bus komt zo.
Annemarie	Ja goed, ik moet nog boodschappen doen. Ik krijg
vanavond bezoek.	

13 ◀ C4 Listen to the following words and repeat

14 ◀ C5 oe as in *doen*
Listen to the following words and repeat.

15 ◀ Text / C6 In de supermarkt

Ron and Dick are shopping and discussing tonight's dinner.

Ron	Houd je van vis?
Dick	Nou nee, niet zo erg.
	Ik eet ook liever geen vlees, trouwens.
Ron	Zal ik dan iets met kaas maken?
Dick	Ja, dat vind ik wel lekker.
	Zullen we pasta eten?
Ron	O, dat is een goed idee.
	En de groente?
Dick	Sla.
Ron	Zo, sla, tomaten, uien, aardappels.
	Waar is het fruit?
Dick	Hier zijn appels en sinaasappels.
	O, en een citroen.
Ron	Frisdrank, boter, kaas, eieren, melk, koekjes, ... Dat is alles.
Dick	Ik zal het toetje wel maken.
	Lust je ijs?
Ron	Mmm lekker, ik ben dol op ijs.

16 ❻ Inquiring about liking and expressing it

Houd je / Houdt u van ...? / Lust je / Lust u ...? (*Do you like ...?*)
Ik vind ... aardig / leuk /lekker /mooi. (*I like ...*)
Ik ben dol op ... (*I am very fond of ...*)

– Hou(d) je van vis?
– Nou nee, niet zo erg.
– Zal ik dan iets met kaas maken?
– Ja, dat vind ik wel lekker.
– Lust je ijs?
– Mmm lekker, ik ben dol op ijs.

17 ❼ Expressing preference

Ik ... liever ... (*I'd prefer ...*)

– Houd je van vis?
– (...) Ik eet ook liever geen vlees, trouwens.

18 Vocabulary

de supermarkt [–en]	supermarket
houden van [hield, gehouden]	to like, to love
de vis	fish
niet zo erg	not really
erg	very
ook	moreover
ik eet liever geen vlees	I'd rather not eat meat
het vlees	meat

trouwens	actually
de kaas	cheese
maken [maakte, gemaakt]	to make
de pasta	pasta
het idee [ideeën]	idea
de groente	vegetables
de sla	salad, lettuce
de tomaat [tomaten]	tomato
de ui [–en]	onion
de aardappel [–s/–en]	potato
het fruit	fruit
de appel [–s]	appel
de sinaasappel [–s]	orange
de citroen [–en]	lemon
de frisdrank [–en]	fizzy drink, pop
de boter	butter
het ei [eieren]	egg
de melk	milk
het koekje [–s]	biscuit, cookie
alles	all
het toetje [–s]	dessert
het ijs	ice; *here*: ice cream
mmm	yummy
lekker	delicious

19 ◀ True or false?

Text C6 'In de supermarkt'
First read the statements. Then listen.

1 Dick vindt vis erg lekker. waar/niet waar
2 Ron houdt van pasta. waar/niet waar
3 Dick en Ron eten ook ijs. waar/niet waar

20 Matching
Wich sentences have a similar meaning?

1 Ik hou van vis.   a Lust je vis?   1 =
2 Ik lust geen vis.   b Ik vind vis erg lekker.   2 =
3 Vind je vis niet zo erg lekker? c Ik hou niet van vis.   3 =
4 Ik ben dol op vis.   d Ik vind vis lekker.   4 =
5 Hou je van vis?   e Hou je niet zo erg van vis?   5 =

21 Fill in:
liever / toetje / lekker / gegeten / supermarkt

A Ik heb lekker .....
B Dank je.
A Waar komt die pasta vandaan?
B O, uit de .....

22 What is it? Groente of fruit?
appels / uien / citroenen / tomaten / sla / aardappels / sinaasappels

Groente:	Fruit:	?:

A Nou, die is erg .....
B Wat wil je voor .....?
   Ik heb ijs of fruit.
A Ik wil ..... fruit.

23 Underline the items that are drinks
Wat kan je drinken?

toetje / melk / pasta / groente / pils / wijn / frisdrank / borrel / kaas

24 Underline the items that are made of milk
Wat maak je van melk?

eieren / sla / kaas / ui / ijs / borrel / boter / vlees / wijn

25 Fill in:
alles / fruit / uien / boodschappen / idee / sla

A Mag ik een appel?
B Ik heb geen .....
   Ik moet nog ..... doen.
A Zal ik het doen?
B Dat is een goed .....
A Appels graag en ook ..... en .....
B Is dat .....?
A Ja hoor.

26 ◀ C7 Listen again to the dialogue C6 'In de supermarkt'
Now try to write down the items Ron and Dick will find on their receipt after they have paid.
Don't look at the text. Listen as often as you need to write down all items.

27 ◀ C8 *ij* as in *ijs* or *ui* as in *uit*?
Listen to the following words. In each pair you'll hear ij–ui or ij–ij. When you hear ij–ui write a 'x'.
Example: hij–uit: write a 'x'.

1 2 3 4 5 6 7 8 9

28 ◀ C9 Listen to the following words and repeat

29 Grammar

Dat is een lange reis.
Dit zijn mijn kinderen.

See Grammar Section 12.

30 is of zijn?

1 Dit ..... Sandra en Annemarie.
2 Dat ..... een vis.
3 Dat ..... een ui.
4 Dit ..... tomaten.
5 Dat ..... ijs.
6 Dat ..... lekkere appels.

31 ◀ Text / C10 • Op de borrel

Sandra is having a birthday party. Ron arrives.

Sandra	Hoi, kom binnen.
Ron	Van harte gefeliciteerd.
Sandra	Dank je.
	Pas op! Mijn bril.
Ron	O, sorry. Alsjeblieft.
Sandra	Dank je wel. Wat een mooie bloemen!
	Wil je iets drinken?
Ron	Ja graag. Wat heb je?
Sandra	Wijn, bier, iets fris ...
	Ik heb ook nog koffie en thee.
Ron	Heb je alcoholvrij bier?
Sandra	Ja hoor!
Ron	Doe dat maar.
Sandra	Kijk eens, je pils.
Ron	Dank je. Nou proost!
Sandra	Ja proost!

32 ❼ Inquiring about desire and expressing it

Question	Answer
Wil je / Wilt u ...? (*Do you want ...? /*	(Ja,) graag / Nee, dank je / u
Would you like ...?)	(*Yes, please/No, thank you.*)
Wat wil je / Wat wilt u ...?	Ik wil graag ... (*I'd like ...*)
(*What would you like ...?*)	Ik wil ... (*I'll have ...*)
Mag ik ...? (*Can I have ...?*)	Natuurlijk. (*Of course.*)
	Ja hoor. (*Yes / Sure.*)
	Liever niet. (*I'd rather not.*)

– Wil je iets drinken?	– Ik wil graag een glas rode wijn.
– Ja graag. Wat heb je?	– Juffrouw, mag ik een glas rode
– Wat wil je drinken? (Text 1)	wijn en een pilsje? (Text 1)

33 ⑤ Congratulations

(Van harte) gefeliciteerd! ((*My warmest*) *congratulations!*)
Dank je / u. (*Thank you.*)

34 ⑤ Proposing a toast

Proost! / Op je gezondheid! (*Cheers!*)
Proost! (*Cheers!*)

- Op je gezondheid!
- Proost!
- Nou proost!
- Ja proost!

35 Vocabulary

hoi!	hi!
binnenkomen [kwam binnen,	to come in
binnengekomen]	
pas op	be careful
de bril [–len]	glasses
sorry	I am sorry
alsjeblieft	here you are
wat een ...!	what ...!
mooi(e)	beautiful
de bloem [–en]	flower
het bier	beer
iets fris	a cold drink/a fizzy drink
fris	fresh, refreshing
de koffie	coffee
de thee	tea
alcohol	alcohol
alcoholvrij	non–alcoholic
doe dat maar	I'll have that
kijk eens	here you are

36 ◀ True or false?

Text C10 'Op de borrel'
First read the statements. Then listen.

1 Sandra heeft een bril op.	waar/niet waar
2 Ron wil wel alcohol drinken.	waar/niet waar
3 Sandra geeft Ron een glas bier.	waar/niet waar

37 Finish the dialogue. Put in the right order
The dialogue is similar to 31 'Op de borrel'.

a	Wijn graag.	1 = d
b	Gefeliciteerd!	2 =
c	Wat wil je drinken?	3 =
d	Hoi, kom binnen.	4 =
e	Dank je.	5 =
f	Alsjeblieft, je wijn.	6 =
g	Nou, proost!	7 =

38 Matching
Which is the best reaction? You should use each reaction only once.

1	Wil je nog iets eten?	a	Proost!	1 =
2	Wat wilt u drinken?	b	Ik drink liever geen alcohol.	2 =
3	Wil je een glas wijn?	c	Dank je.	3 =
4	Gefeliciteerd!	d	Wat fruit, alsjeblieft.	4 =
5	Proost!	e	Koffie, graag.	5 =

39 Geen alcohol
Your host is offering you something to drink. You don't want to drink alcohol.
Underline the items you could take.

koffie / thee / melk / wijn / iets fris / een borrel / alcoholvrij bier / een pilsje

40 Fill in:
binnen / bril / lekkere / leuk / liever / thee

A   Hallo, kom .....
B   Hoi. Wat een mooie .....!
A   Ja, ik vind hem ook .....
     Wil je .....?
B   Graag.
A   Ik heb ..... koekjes.
B   Nou nee, ik eet ..... geen koekjes.

41 Put in the right order
a	Dank je wel.	1 =
b	Doe dat dan maar.	2 =
c	Een pilsje dan?	3 =
d	Kijk eens.	4 =
e	Nee, dank je.	5 =
f	Wil je wijn?	6 =

42 Grammar
Pas op, *mijn* bril!
Mijn bus komt zo.

For possessive pronouns see Grammar Section 14.

43 Look at the following words:
hun – zijn – haar – onze – jullie

1 Which ones indicate plural ('more than one')? ......
2 Which one indicates a female person? .....
3 Which one indicates a male person? .....

44 Matching
Finish the following sentences. Make sure that the parts in **bold** type are matching.

1	**Meneer!**	a	gaan op bezoek bij **hun** moeder.	1 =
2	**Ron**	b	**Uw** koffer!	2 =
3	**Ik** eet	c	vaak naar **jullie** familie?	3 =
4	**Annemarie en haar zus**	d	vertelt **haar** verhaal.	4 =
5	**Annemarie**	e	drinkt **zijn** koffie.	5 =
6	Gaan **jij en je man**	f	**mijn** appel.	6 =

45 Draw up a family tree based upon the following text
Mijn familie
Ik heet Anna. Mijn zus en mijn moeder heten Ingrid. Mijn zus heeft twee kinderen. Hun namen zijn Eva en Thomas. De zus van mijn vader heet Miep. Zijn moeder heet Marie en zijn vader Chris. Ik heb ook nog een broer. Zijn naam is Erik. O ja, mijn vader heet Klaas en de man van mijn zus heet Dennis.

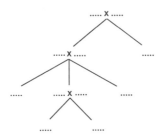

46 ◀ C11 Listen to C10 • 'Op de borrel'
Pay special attention to the parts in **bold** type.

Sandra	**Hoi,** kom **binnen.**
Ron	Van **harte** gefeliciteerd.
Sandra	**Dank** je.
	Pas **op**! Mijn **bril.**
Ron	O, **sorry.** Alsje**blieft.**
Sandra	Dank je **wel.** Wat een mooie **bloe**men!
	Wil je iets **drin**ken?
Ron	Ja **graag.** Wat **heb** je?
Sandra	Wijn, bier, iets fris ...
	Ik heb ook nog koffie en thee.
Ron	Heb je alcoholvrij bier?

Sandra	Ja hoor!
Ron	Doe dat maar.
Sandra	Kijk eens, je pils.
Ron	Dank je. Nou proost!
Sandra	Ja proost!

47 ◀ C12 *j* as in *ja*

Listen to the following words and repeat.

QUIZ

Part 1 *What would you say?*

1 Wat wil je drinken?
  a Een pilsje alsjeblieft.
  b Ok.
  c Prima, dank je.

2 Wil je nog een koekje?
  a Geen dank.
  b Ik vind ze ook lekker.
  c Lekker, ik ben dol op koekjes.

3 Mag ik die bloemen van u?
  a Ja, die.
  b Graag.
  c U bedoelt die rode?

4 Ik vind haar niet erg aardig. Jij?
  a Ja, ik ook.
  b Ja leuk.
  c Nee, ik ook niet.

5 Zeg, houd je van wijn?
  a Graag!
  b Lekker!
  c Leuk!

6 Gefeliciteerd met je rijbewijs trouwens!
  a Dank je.
  b Goed, hoor.
  c Ja, op je gezondheid

Part 2 *Fill in:*

aardig / borrel / hekel / jarig / liever / wil / mijn / mooie / uitgenodigd

Bij Louis thuis: L = Louis, K = Karel

1 L Hé, ... je een pilsje?
2 K Nou, ... iets fris. Heb je dat?
3 L Ja hoor.

4   K   Wat een ..... bloemen heb je hier trouwens. Heb je die van Sandra
        gekregen?
5   L   Nee, die heb ik aan Sandra gegeven. Ze is .....
6   K   O jee, wat dom! Dat staat ook niet in ..... agenda. Nou ja, gefeliciteerd hè?
7   L   Zaterdagavond geven we een ..... Kom je dan ook?
8   K   Ja, leuk. Wie heb je precies .....?
9   L   Michel, Hanneke, Anna, Ron, Hans. Zeg, heb jij trouwens niet een ..... aan
        Ron?
10 K   Nou, dat niet, maar ik vind hem ook niet erg ..... Maar nodig hem gerust uit
        hoor.
        Dat vind ik prima.

Part 3   Fill in:
mijn (2x) / je / jouw / zijn / haar

1   A   Weet jij waar ..... bril is?
2   B   ..... bril? Die ligt hier op tafel.

3   A   Is dit het glas van Sandra?
    B   Nee, dat is ..... glas niet. Dit is het.

4   A   Waar doe jij ..... boodschappen altijd?
    B   Bij de supermarkt. Die is vlak bij ..... huis.

5   A   Zeg, ik wil Michel uitnodigen voor ons feestje. Weet jij ..... achternaam?
    B   Ja, dat is Lecomte. Michel Lecomte.

**Part 4 ◀ Listen to text C 10: 'Op de borrel'. Complete the
         sentences.**

Sandra   Hoi, kom binnen.
Ron   Van ..... gefeliciteerd.
Sandra   Dank je. Pas op!
         Mijn .....
Ron   O, sorry. Alsjeblieft.
Sandra   Dank je wel. ..... een mooie bloemen!
         Wil je iets .....?
Ron   Ja graag. Wat heb je?
Sandra   Wijn, bier, ... fris .....
         Ik heb ook nog koffie ..... thee.
Ron   Heb je alcoholvrij bier?
Sandra   Ja .....!
Ron   Doe dat maar.
Sandra   Kijk eens, je .....
Ron   Dank je. Nou, proost!
Sandra   Ja, proost!

6 / C1 In de keuken

Erik has invited Trudie to have dinner at his place.

1 ◀ Text • In de keuken

Erik	Ga je mee naar de keuken?
	Ik ga koken.
Trudie	Wat eten we?
Erik	Ik ga nasi goreng maken.
Trudie	O, lekker. Hoe maak je dat eigenlijk?
Erik	Ik heb de rijst al gekookt en het vlees gebakken.
	Eerst bak ik groente zoals ui in de olie.
	En dan de kruiden.
	Daarna doe ik het vlees in de pan.
	En ten slotte bak ik de rijst.
Trudie	En dan is het klaar?
	Dat is snel en erg makkelijk.
	Ik zal de tafel vast dekken.
Erik	Snijd jij liever eerst de groente,
	dan zet ik de pan op het vuur.

2 ❻ Expressing intentions
Ik ga ... / Ik zal ... (*I am going to ... / I will ...*)

- Ik ga koken.
- Ik zal de tafel vast dekken.

3 ❻ Enumerating
... en ... en ... (*... and ... and ...*)
Eerst ..., dan / daarna ..., ten slotte ... (*First ..., then / next ..., finally ....*)

Eerst bak ik ...
En dan de kruiden.
Daarna doe ik ...
En ten slotte bak ik de rijst.

4 Vocabulary

de keuken [–s]	kitchen
ga je mee?	would you like to join me?
koken [kookte, gekookt]	to cook, to boil
nasi goreng	*Indonesian fried rice*
eigenlijk	*here*: exactly
de rijst	rice
bakken [bakte, gebakken]	to fry, to bake
eerst	first
zoals	such as, as
de olie	oil
kruiden	herbs and spices
daarna	then, after that
de pan [–nen]	pan
ten slotte	finally
klaar	ready

85

snel	quick, fast
erg	very
makkelijk	easy
Ik zal vast	I will go ahead and
de tafel dekken	to lay the table
de tafel [–s]	table
dekken [dekte, gedekt]	to cover
snijden [sneed, gesneden]	to cut
zetten [zette, gezet]	to put, place
het vuur	fire; *here*: stove

5 ◀ True or false?

Text C1 'In de keuken'
First read the statements. Then listen.

1	Erik wil eten koken.	waar/niet waar
2	Trudie houdt van nasi goreng.	waar/niet waar
3	Trudie kookt de rijst.	waar/niet waar
4	Erik gaat de tafel dekken.	waar/niet waar

6 Matching

What could you say? Sometimes more than one reaction is correct.

1	Ik ga boodschappen doen.	a	Gebakken vis.	1 =
2	Zal ik de rijst koken?	b	En daarna?	2 =
3	Is het klaar?	c	Ja, we kunnen eten.	3 =
4	Wat eten we?	d	Dan ga ik mee.	4 =
5	Wat zal ik doen?	e	Goed.	5 =
6	Eerst kook ik de rijst.	f	Dek jij maar de tafel.	6 =

7 Put in the right order

Hoe maak je nasi goreng?

a	Ten slotte doe je de rijst bij het vlees en de groente.	1 = c
b	Je neemt een pan.	2 =
c	's Ochtends kook je de rijst en bak je het vlees.	3 =
d	Dan doe je het vlees in de pan.	4 =
e	De nasi is klaar.	5 =
f	Eerst bak je ui en kruiden in die pan.	6 =

8 Matching

1	in olie	a	koken of bakken	1 =
2	de pan	b	snijden	2 =
3	rijst	c	dekken	3 =
4	vlees	d	op het vuur zetten	4 =
5	de tafel	e	bakken	5 =

9 Fill in:

keuken / klaar / koken / kruiden / makkelijk / olie / snel / snijden / tafel / vuur / zal / zoals

1 A Hou jij van k.....?
2 B Nou nee, niet zo erg. Alleen als het s..... en ..... gaat, z..... pasta.
3 A Ik ..... eens voor je koken. Waar is de k.....? Zet maar een pan op het .....
   Heb je uien?
4 B Ja. Alsjeblieft.
5 A Wil jij die .....?
   Waar staan de k..... en de .....?
   Zijn de uien k.....?
6 B Dat kan ik niet zo snel. Ik zal de ..... wel dekken.

10 ◀ C2 Listen again to C1 'In de keuken'
Mark the sentences you hear.

1 Ik ga koken.
2 Dat vind ik wel lekker.
3 Ik heb de rijst al gekookt.
4 Wil je iets drinken?
5 Een goed idee.
6 Dan de kruiden
7 En dan is het klaar?
8 Ik zal het toetje wel maken.

11 ◀ C3 Listen to C1 'In de keuken' and repeat.

12 ◀ Text / C4 • In een restaurant
Mr. Van Heel is having a business lunch with Mr. Kuiper.

Bas van Heel	Zullen we samen lunchen?
Anton Kuiper	Heel graag.
Bas van Heel	Om dertien uur (13.00) in de Blauwe Kip?
Anton Kuiper	Goed. Dan zien we elkaar daar om één uur.
Ober	Wilt u iets drinken?
Anton Kuiper	Een groot glas bier, graag.
Bas van Heel	Voor mij hetzelfde.
Bas van Heel	Ober! Mag ik iets bestellen?
Ober	Zegt u 't maar, heren.
Bas van Heel	Twee kippensoep, een broodje met rauwe ham, een broodje met oude kaas en twee nieuwe haringen, alstublieft.
Ober	Wilt u witbrood of bruinbrood bij de haring?
Anton Kuiper	Witbrood graag.
Bas van Heel	Hoe smaakt de haring?
Anton Kuiper	Erg lekker. Heel zacht.
	De soep was ook uitstekend.

	Ik vind dit trouwens een gezellig restaurant.
Bas van Heel	Dat vind ik ook.
Anton Kuiper	Kent u Neptunus. In de Waterstraat?
Bas van Heel	Daar ben ik nog nooit geweest.
Anton Kuiper	Dat is een visrestaurant.
	Je kunt er ook prima lunchen.
Bas van Heel	Zeg, zullen we nog een kop koffie drinken?
Anton Kuiper	Goed.
Bas van Heel	Ober! Twee koffie alstublieft en de rekening.
Ober	Wilt u espresso of cappuccino?
Anton Kuiper	Gewone koffie met melk en suiker, graag.
Bas van Heel	Voor mij een espresso, alstublieft.

13 Vocabulary

het restaurant [–s]	restaurant
samen	together
lunchen [lunchte, geluncht]	to have lunch
de lunch [–es]	lunch
heel graag	OK, thank you very much
blauw	blue
de kip [–pen]	chicken
elkaar	each other
de ober [–s]	waiter
hetzelfde	the same
heren	gentlemen
groot	large, big
bestellen [bestelde, besteld]	to order
de (kippen)soep [–en]	(chicken) soup
het broodje [–s]	roll, bun
rauw	raw; *here*: uncooked
de ham	ham
oud	old, *here*: fully mature
nieuw	new
de haring [–en]	herring
het witbrood	white bread
het bruinbrood	brown bread
wit	white
bruin	brown
het brood [broden]	loaf (of bread), bread
hoe smaakt ...?	what's your ... like?
smaken [smaakte, gesmaakt]	to taste
heel	very, completely
zacht	soft
vinden [vond, gevonden]	to think
het visrestaurant	seafood restaurant
er	there
prima	excellent
de kop [–pen]	cup

de rekening [–en]	bill
de cappuccino	cappuccino
de espresso	espresso
gewoon	regular, ordinary
de suiker	sugar

14 ◀ True or false?

Text C4 'In een restaurant'
First read the statements. Then listen.

1 Van Heel en Kuiper lunchen in een café. waar/niet waar
2 De heren drinken eerst bier. waar/niet waar
3 Van Heel en Kuiper eten hetzelfde. waar/niet waar
4 Anton Kuiper vraagt bruinbrood bij de haring. waar/niet waar

15 What would you say?
1 Wilt u iets drinken?
  a Heel graag.
  b Prima.
  c Uitstekend.

2 Hoe smaakt de kippensoep?
  a Erg leuk.
  b Niet aardig.
  c Uitstekend.

3 Wilt u nog koffie?
  a Nee, dank u.
  b Voor mij hetzelfde.
  c Wit graag.

16 Matching

1	nieuwe	a	kaas	1 =
2	rode	b	bier	2 =
3	oude	c	ham	3 =
4	alcoholvrij	d	haring	4 =
5	rauwe	e	wijn	5 =

17 Fill in:
brood / bruinbrood / ham / kaas / koffie / melk / suiker / vissoep

A Wil je witbrood of .....?
B Ik wil liever witbrood.
A Met ..... of .....?
B Kaas graag.

A   Ik heb ook nog .....
B   Nee, dank je. Ik hou niet van vis. Alleen ....., graag.
A   Wat wil je drinken bij het brood?
    ..... of .....?
B   Koffie met melk en .....

18 Fill in:

ui / haring / rauwe / zacht / vis / smaakt

A   Lust je .....?
B   Wat is dat?
A   Een .....
    Eigenlijk ..... vis.
B   Hoe ..... dat?
A   Lekker. Heel .....
    je eet het met .....

19 Answer the questions

1   What are the colours of the Dutch flag?

rood – geel – groen – blauw – oranje – zwart – wit?
red – *yellow* – *green* – *blue* – *orange* – *black* – *white*?

2   What colours have been used on the cover of your Dutch for Self-study? .....

20 Put in the right order

Summary of text 10 'In een restaurant.'
Arrange the sentences according to the order of events in the text.

a   Anton Kuiper wil gewone koffie.   1 =
b   De ober komt.   2 =
c   Bas van Heel en Anton Kuiper willen lunchen.   3 =
d   Dan bestellen ze soep, broodjes en haring.   4 =
e   Ze gaan naar een restaurant.   5 =
f   Bas van Heel wil liever espresso.   6 =
g   Eerst bestellen ze een pilsje.   7 =
h   Ten slotte bestellen ze koffie.   8 =

21 Grammar

Een broodje met *rauwe* ham.
Ik vind dit een *gezellig* restaurant.

The adjective sometimes ends on an extra –e.
For some rules and examples see Grammar Section 15 part A.

22 Follow the instructions
- Underline adjectives which end on an –e because the nouns are plural.
- Encircle adjectives which don't end on an –e because the noun is neutral (a 'het' word)?

Example: Zijn dat _nieuwe_ koffers?

Dat is een (oud) huis.

1   In Italië zijn mooie, oude kerken.
2   Dat is een domme kip.
3   Ik lust geen rode en geen gele tomaten.
4   Zij vindt blauwe bloemen niet mooi.
5   Hij drinkt geen alcoholvrij bier.
6   Laura is een aardig kind.
7   Vind je het een gezellig feestje?
8   Dat zijn lekkere koekjes!
9   Anna vertelt een lang verhaal.
10 Ze hebben er uitstekende soep.

23 e or no e?
Adapt the spelling where necessary.

Ober   Wat wilt u drinken?
A   Een kop zwart... koffie.
B   Een glas wit.... wijn.
C   Een glas alcoholvrij... bier.

Ober   Wat wilt u eten?
A   Een nieuw... haring met rauw... ui.
B   Twee bruin... broodjes met oud... kaas.
C   Een groot... kop tomatensoep.

24 ◀ C5 au as in _blauw_ and _oud_
au is pronounced as _ou_ is.
Listen to the following words and repeat

25 Find the answers. Look at the ads (on page 303).

1   In welke restaurants kunt u lunchen?
2   U wilt om half zes eten. Waar kan dat?
3   Het is dinsdag en u wilt om tien uur 's avonds nog eten. Waar kan dat zeker?
4   U wilt vis eten. In welke restaurants kan dat?

26 Grammar
Dan zien we elkaar _daar_ om één uur.
Dat is een nieuw visrestaurant. Je kunt _er_ ook prima lunchen.
For the use of _er_ and _daar_ see Grammar Section 16 part A.

27 Follow the instructions

Underline *er* and *daar* and encircle the words they refer to.

Example: Je kunt wel lekker eten in (Neptunus) , maar ik vind het er niet gezellig.

A Ga je mee eten in de Rode Vis.
B De Rode Vis? Daar ben ik nog nooit geweest.
A Je kunt er lekker vis eten, zeggen ze.
B Waar is het?
A In de Maasstraat.
B In de Maasstraat? Daar woon ik vlakbij. Maar ik heb er nog nooit een visrestaurant gezien.
   Daar is het zeker niet.

28 ◀ Text / C6 Aan tafel

Erik en Ilse have been invited to dinner at Ans and Herman's.

Ans	Zeg, komen jullie aan tafel?
	Ilse, waar wil je zitten?
	Daar bij het raam of naast Erik?
Ilse	Dat maakt me niets uit, hoor.
Ans	Herman, ga jij dan maar naast Ilse zitten.
	En o, vul jij de glazen nog eens.
Herman	Zo jongens, ga je gang. Smakelijk eten!
Erik	Ja, insgelijks.
Herman	Pas op, het is heet!
Erik	Even proeven. Mm, dit is heerlijk.
	Hoe heb je het gemaakt Ans?
Ans	Herman heeft gekookt. Ik hou niet zo van koken.
	Geef me het zout en de peper eens!
	...
Herman	Neem nog wat, er is genoeg.
Ilse	Ik lust zo meteen nog wel wat.
	Erik niet: die wordt te dik.
Erik	Huh. Dat kan me niets schelen.
	Ik mag doen wat ik wil.

29 ❻ Expressing indifference

Het maakt me niets uit. (*It doesn't matter.*)
Dat kan me niets schelen. (*I don't care.*)

– Ilse, waar wil je zitten?
  Daar bij het raam of naast Erik?
– Dat maakt me niets uit, hoor.
– Erik niet: die wordt te dik.
– Huh. Dat kan me niets schelen.

30 Vocabulary

aan tafel	to the table
het raam [ramen]	window
naast	next to
vullen [vulde, gevuld]	to fill
nog eens	again
zo jongens	right folks
ga je gang	go ahead
smakelijk eten!	'enjoy your meal'
insgelijks	'and the same to you'
heet	hot
proeven [proefde, geproefd]	to taste, try
heerlijk	delightful; here: delicious
het zout	salt
de peper	pepper
genoeg	enough
zo meteen	in a minute
nog wat	some more
dik worden	to grow fat
te	too
dik	thick, fat

31 ◀ True or false?

Text C6 'Aan tafel'
First read the statements. Then listen.

1 Er zitten vier mannen aan tafel. waar/niet waar
2 Ilse wil liever bij het raam zitten. waar/niet waar
3 Herman heeft lekker gekookt. waar/niet waar
4 Erik is erg dik. waar/niet waar

32 Which reactions are offensive or incorrect when you don't intend to be rude?

1 Vind je het lekker?
  a Graag.
  b Heerlijk.
  c Nou nee.

2 Ga jij maar naast Karel zitten.
  a Ja hoor.
  b Liever niet.
  c Goed.

3   Ik vind je heel aardig.
    a   Dat kan me niets schelen.
    b   Dank je wel.
    c   Ik jou ook.

4   Wil je een haring?
    a   Nee, dank je.
    b   Ik lust geen vis.
    c   Dat is heerlijk.

5   Smakelijk eten!
    a   Dank u.
    b   Voor mij hetzelfde.
    c   Insgelijks.

33 Put in the right order
a Smakelijk eten.   1 =
b Neem dan nog wat.   2 =
c Komen jullie aan tafel? 3 =
d Insgelijks.   4 =
e Dit is heerlijk.   5 =
f Ga daar maar zitten.   6 =

34 Fill in:
heerlijk / heet / naast / peper / proef / raam / vul / zout

1 A ..... de soep eens.
2 Pas op, het is .....
3 B Mmm, tomatensoep. Nog wat ..... en ....., denk ik. Waar staat dat?
4 A Daar bij het .....
5 B ....., nu is het goed.
6 A ..... jij de glazen nog eens.
7 B Waar zijn die? O, daar ..... de wijn.

35 Fill in:
dik / geef / genoeg / nog wat / zo meteen / zo jongens

1 A   ....., wie wil nog soep?
2 B   Ik niet. Ik heb ..... gehad.
3   Maar mag ik ..... wijn?
4 A   Natuurlijk. ..... je glas maar.
5 C   Ik ook niet. Ik word veel te .....
6 A   Wil je ..... wel een toetje?
  C   Ja natuurlijk.

LES 6

36 ◄ C7 Listen to the following sentences.
Mark the words you've heard.

1 willen, *tafel*, eten
2 wel, daar, raam, eten
3 maakt, eens, uit
4 jullie, naast, zitten
5 jongens, gaan
6 wacht, niet, heet
7 kip, smaakt, heerlijk
8 goed, hij, gemaakt

37 ◄ C8 *u* as in *lust*
When you hear **u** as in *lust*, write a 'x'.
1 x 2 3 4 5 6 7 8 9 10

38 Grammar
Pas op! Het is heet!
Herman, *ga jij maar* naast Ilse zitten.
Geef me het zout en de peper *eens*.
For the use of the imperative see Grammar section 17.

39 List all imperatives you can find in 'Aan tafel'.

QUIZ

Part 1   What would you say?
1 Ik ga eerst iets eten.
 a   En daarna?
 b   Neem nog wat.
 c   Wil je iets eten?

2 Zeg Ger, ben ik te dik?
 a   Eigenlijk wel.
 b   Het kan me niets schelen.
 c   Ja, er is genoeg.

3 Wilt u rode of witte wijn?
 a   Ja hoor, alstublieft.
 b   Lekker, dank u wel.
 c   O, dat maakt me niets uit.

4 Ik zal vast koffie bestellen.
 a   Even proeven.
 b   Prima.
 c   Zo meteen.

5   Eerst dit nummer bellen?
    a   Ja, daarna.
    b   Ja, en dan dat.
    c   Nee, ten slotte.

6   Smakelijk eten!
    a   Dank je wel!
    b   Eerst proeven!
    c   Graag gedaan!

Part 2   Choose the right word.

1   A   Zal ik jouw glas nog maar eens proeven / vullen?
2   B   Ja, heel graag. Het is heerlijke / makkelijke wijn!

3   A   Heb je de rekening van de auto al gedekt / gevonden?
4   B   Ja, die sturen ze wel erg snel / zacht, vind je niet?

5   A   Heb je genoeg / nog eens frisdrank in huis, denk je?
6   B   Nee, maar Bas en Erik brengen eigenlijk / nog wat mee. Dan is hetwel goed
        zo.

7   A   Eerst / Zo meteen had ik een hekel aan Ans, maar nu vind ik haar erg aardig.
8   B   Ja, jullie zien alles / elkaar nu veel hè?

Part 3   Choose the right word.

1   A   Geef mij maar een broodje oud / oude kaas en een koffie.
2   B   Gewoon / Gewone koffie, espresso of cappuccino?

3   A   Hé, wat hebben jullie een mooi / mooie huis gekocht!
4   B   Ja, leuk hè? En hoe vind je die oud / oude kerk vlak bij ons?!

5   A   Jullie hebben wel een lang / lange telefoonnummer gekregen, zeg!
6   B   O, je weet ons nieuw / nieuwe nummer al?

Part 4 ◀ *Listen to text C6 'Aan tafel'. Complete the sentences.*

Ans	Zeg, komen jullie aan tafel?
	Ilse, waar ..... je zitten?
	Daar bij het raam of ..... Erik?
Ilse	Dat maakt me niets uit, hoor.
Ans	Herman, ... jij dan maar naast Ilse zitten.
	..... o, vul jij de glazen nog eens.
Herman	..... jongens, ga je gang. Smakelijk eten!
Erik	Ja, insgelijks.
Herman	Pas ....., het is heet!
Erik	Even proeven. Mm, dit is .....
	Hoe heb je het gemaakt Ans?
Ans	Herman ..... gekookt. Ik hou niet zo van koken.
	..... me het zout en de peper eens!
Herman	..... nog wel wat, er is genoeg.
Ilse	Ik lust ..... nog wel wat.
	Erik niet: die wordt ..... dik.
Erik	Huh. Dat kan me niets schelen.
	..... mag doen wat ik wil.

7 / C1 Een concert

Johan and Maria are at home. Johan is reading the newspaper and listening to the radio. Maria is busy doing something else. By the way, Candy Dulfer is a popular saxophone player.

1◀ Text • Een concert

Johan	Hé, stil eens, wat leuk!
Maria	Wat is er?
Johan	Candy Dulfer geeft morgen een concert.
	Hier, in Utrecht.
Maria	O ja? Hoe weet je dat?
Johan	Ik hoor het net op de radio.
	Er is een programma over muziek.
	Er zijn nog plaatsen voor het concert.
	Vind je het leuk om ernaar toe te gaan?
Maria	Nou, ik houd niet zo van haar muziek.
Johan	Maar ... haar concerten zijn wel altijd goed.
Maria	Nou, goed dan. Ik ga met je mee.
Johan	We moeten nu meteen bellen voor kaartjes.
	Wil jij dat even doen?
Maria	Nee zeg, doe dat zelf, alsjeblieft. Ik wil de krant nog lezen.
	En het is jouw idee.
Johan	Je hebt gelijk. Ik doe het straks wel, na het programma. Je kunt tot tien uur bellen, zeiden ze.

2 ❶ Inviting someone to do something
Vind je het leuk om ...? (*Would you like to ...?*)
Heb je zin om ...? (*What about ...?*)

– Vind je het leuk om ernaar toe te gaan?
– Nou ik houd niet zo van haar muziek.
Heb je zin om naar het feest van Wilma te gaan?

3 ❶ Asking others to do something
...., alsjeblieft / alstublieft. (*..., please.*)
Wil jij / Wilt u ...? (*Will you ...?*)
Kun jij / Kunt u ...? (*Would you ...?*)

– We moeten nu meteen bellen voor kaartjes.
– Wil jij dat even doen?
– Nee zeg, doe dat zelf, alsjeblieft.

4 Vocabulary

stil eens	sh! / be quiet, please
wat is er?	what's the matter?
het concert [–en]	concert
horen [hoorde, gehoord]	to hear
de radio [–'s]	radio
het programma [–'s]	programme
over muziek	about music
de muziek	music
de plaats [–en]	place; *here*: seats
om ... te	(in order) to

ernaar toe	'to it' (see Grammar Section 25)
niet zo	not very much
altijd	always
goed	allright, OK
ik ga met je mee	I will join you
meteen	immediately
nee zeg	come on
(je) zelf	yourself
lezen [las, gelezen]	to read
de krant [–en]	newspaper
je hebt gelijk	you are right
na	after
tot	until
zeiden	*from* 'zeggen'
zeiden ze	they said

5 ◀ True or false?

Text C1 'Een concert'
First read the statements. Then listen.

1	Johan leest de krant.	waar/niet waar
2	Maria houdt van de muziek van Candy Dulfer.	waar/niet waar
3	Er zijn nog kaartjes voor het concert.	waar/niet waar

6 Matching

1	Vind je het leuk om 4 dagen naar Praag te gaan?	a	Leuk. Maar je weet dat ik geen vlees eet, hè?	1 =
2	Wil jij even een e-mail naar Vermeulen sturen?	b	Alsjeblieft.	2 =
3	Zullen we zaterdag naar het concert van Pink Floyd gaan?	c	Ja natuurlijk. Wanneer gaan we?	3 =
4	Heb je zin om morgen met mij bij de Lorreinen te eten?	d	Nee, ik hou niet zo van die muziek.	4 =
5	Kun je me alsjeblieft even het zout geven?	e	Nee sorry, ik ga nu naar huis.	5 =

7 Does the answer indicate 'yes' or 'no'?

1 A Heb je zin om naar het concert van John Hiatt te gaan?
  B Ik vind zijn muziek niet zo goed.   yes/no

2 A Zijn cd's zijn trouwens wel erg goed.
  B Je hebt gelijk.   yes/no

3 A Wil jij bellen voor kaartjes?
  B Doe dat zelf even, alsjeblieft.   yes/no

4 A Vind je het leuk om naar het North Sea Jazzfestival te gaan?
   B Ik hou niet van jazz.   yes/no

5 A Kees is jarig. Kun jij hem even bellen?
   B Zeker, maar eerst moet ik nog wat in de keuken doen.   yes/no

8 Fill in:
altijd / hoor / muziek / stil eens / radio

1 A Hé, ...
   B Wat is er?
2 A Ik ..... iets.
   B Wat dan?
3 A Ik hoor .....
4 B Ik niet. Jij hoort ..... iets.
5 A O, ik weet het: het is de .....

9 Fill in and change the form of the verb when required:
bellen / gaan / geven / horen / houden van / lezen

1 Candy Dulfer ..... een concert.
2 Johan ..... het op de radio.
3 Maria ..... niet zo ..... haar muziek.
4 Ze ..... er toch naar toe.
5 Johan ..... voor kaartjes.
6 Maria ..... liever de krant.

10 Fill in:
concert / krant / meteen / nog / plaatsen / programma

1 A Meneer, hebt u ..... kaartjes voorhet concert van vrijdag?
2 B Alleen nog van 35 euro. Maar het zijn wel mooie .....
       U moet ze wel ..... betalen.
3 A Goed. Hebt u ook een .....?
4 B Het spijt me mevrouw, van dit ..... is er geen programma.
       Het staat donderdagavond in de....., zeiden ze.

11 Fill in:
in / na / naar / op / over / tot / van

1 A Wat is er ..... de radio?
2 B Nu is er een programma .....
       verre reizen.
       En ..... dat programma is er .....
       elf uur muziek ..... Strauss.
3 A Heb je geen zin om even ..... dat nieuwe café ..... de Palmstraat te gaan?
   B Nou, goed dan.

12 ◄ **C2 How many words do you hear?**

13 ◄ **C3 Listen and repeat**

14 Grammar
Er is een programma over muziek.
Er zijn nog plaatsen voor het concert.

For this use of er see Grammar Section 16 part B.

15 Fill in:
er is / er zijn

1 ..... een goed programma op de tv.
2 ..... een nieuw café bij ons in de straat.
3 ..... nog plaatsen voor het concert van Candy Dulfer.
4 ..... geen concert in Rotterdam.
5 ..... geen kranten op zondag.

16 First read the questions and then find the answers.

 North Sea Jazz Festival 2007

Data	13 t/m 15 juli 2007	Dagkaart	€ 70,00
Locatie	Ahoy Rotterdam	3 dagen kaart	€ 170,00
		All-in Festival pas	€ 320,00
Aanvang vrijdag	16:30 uur	(exclusief servicekosten)	
Aanvang zaterdag	16:30 uur		
Aanvang zondag	14:30 uur		

Kaartverkoop via Ticket Service 0900 300 12 50 (€ 0,45 p.m.) / ticketservice.nl / ticketpostkantoren, GWK-stationskantoren en de VVV-kantoren en bij de kassa van Ahoy Rotterdam. Meer informatie: 0900 235 24 69 (€ 0,45 p.m.).

U wilt naar een concert van Candy Dulfer op het North Sea Jazz Festival.

1 Hoeveel kost een dagkaart?
2 Welk telefoonnummer kunt u bellen voor kaartjes?
3 Waar is het North Sea Jazz Festival?
4 Hoe laat is het eerste concert op zondag?

17 ◀ Text / C4 Een quiz

The interviewer asks Mr. Brakel some questions.

Interviewer	Meneer Brakel, heeft u hobby's?
De heer Brakel	Ik houd erg van zwemmen.
	Ik zwem twee keer per week. Dat doe ik al sinds mijn jeugd.
	Ik ben al 30 jaar lid van een zwemclub.
Interviewer	U zwemt twee keer per week! Dan heeft u vast een goede
	conditie. En doet u ook nog andere dingen in uw vrije tijd?
De heer Brakel	Ja, ik vind het leuk om naar muziek te luisteren.
Interviewer	Wat voor muziek? Klassiek, popmuziek, jazz?
De heer Brakel	Ik luister het liefst naar klassieke muziek. Beethoven, Bach, ...
Interviewer	Goed, dan ga ik nu de eerste vraag stellen.
	Wat was de eerste opera van Mozart?
De heer Brakel	'Cosi fan Tutte'.
Interviewer	Fout. Wat jammer! Dat was 'Bastien et Bastienne'.
	En dan nu de tweede vraag. Kent u deze stem?
De heer Brakel	Luciano Pavarotti.
Interviewer	Dat is goed. Gefeliciteerd.

18 Vocabulary

de quiz [–zen]	quiz
de interviewer [–s]	interviewer
de heer [heren]	Mr.
de hobby [–'s]	hobby
zwemmen [zwom, gezwommen]	to swim
x keer per ...	x times a ...
per	per, a
sinds	since
de jeugd	youth
het lid [leden]	member
de (zwem)club [–s]	(swimming) club
dan heeft u vast een goede conditie	I bet you're in (good) shape, then
ander(e)	other
het ding [–en]	thing
de vrije tijd	spare time
klassiek	classical
de popmuziek	rock / pop music
jazz	jazz
het liefst	rather, preferably
een vraag stellen [stelde, gesteld]	to ask a question
eerst	first
de opera [–'s]	opera
fout!	wrong!
wat jammer!	what a pity!, too bad!
tweede	second (see Grammar Section 5)
de stem [–men]	voice
goed	right

19 ◀ True or false?

1 Meneer Brakel heeft twee hobby's.   waar/niet waar
2 Meneer Brakel houdt ook van popmuziek.   waar/niet waar
3 Meneer Brakel heeft twee vragen goed.   waar/niet waar

20 Is B's reaction correct?

1 A Ik houd veel van muziek.
   B Wat jammer!   yes/no

2 A Ik ga morgen niet mee naar dat concert.
   B Wat jammer!   yes/no

3 A Ik vind deze wijn niet zo lekker.   yes/no
   B Dat is erg jammer!

21 Matching

1	een vraag	a	houden	1 =
2	een goede conditie	b	lezen	2 =
3	naar muziek	c	stellen	3 =
4	een concert	d	luisteren	4 =
5	de krant	e	geven	5 =
6	van muziek	f	hebben	6 =

22 Fill in:
conditie / dingen / hou / keer / lid / sinds / stem / vrije tijd

1 A Heb jij hobby's?
   B Ik ..... van koken en lezen. En van fietsen.
      Ik ben al 10 jaar ..... van een fietsclub.

2 A Heb je veel .....?
   B Nee, niet genoeg.
   A Wat jammer! .....
   A En u, hebt u hobby's?

3 C Jazeker, ik hou van zwemmen.
      Ik zwem drie ..... per week.
      Ik zwem al ..... mijn jeugd.

4 A Dan hebt u vast een goede .....
      Doet u nog andere ..... in uw vrije tijd?
   C Ja, ik ben dol op muziek. Opera.

5 A Hebt u zelf een goede .....?
C Nou nee.
A Wat jammer!

23 Fill in:
andere / hobby / jazz / klassieke muziek / het liefst / per / popmuziek / vrije tijd

1 Mijn ..... is muziek.
2 Ik hou van ....., ... en .....
3 Eén keer ..... week ga ik naar een concert.
4 ..... maak ik zelf muziek.
5 Maar ik heb niet veel .....
6 En er zijn nog ..... dingen, zegt mijn vrouw.

24 Put in the right order
Together the sentences represent the information about Mr. Brakel in 'Een quiz'.

a Zijn tweede hobby is muziek.   1 =
b Meneer Brakel heeft twee hobby's.   2 =
c Hij is al 30 jaar lid van een zwemclub.   3 =
d Hij luistert het liefst naar klassieke muziek. 4 =
e Zijn eerste hobby is zwemmen.   5 =

25 / C5 Listen to C4 'Een quiz'
Count the number of questions you've heard.
Don't look at the text.

26 ◀ C6 Listen and repeat the interviewer's questions

27 ◀ C7 Listen to the following words and repeat

28 ◀ Text / C8 Televisie kijken
Hans and his German friend Otto are about to watch a soccer match on tv.

Otto	Ik zie niets.
Hans	Draai de tv dan een beetje.
Otto	Mag hij ook iets harder?
Hans	Druk maar op die knop.
Stem op tv	Dames en heren, dit zijn de Duitse spelers die vandaag tegen Nederland spelen. De spelers staan klaar.
...	
Hans	Zo, dit is een belangrijke wedstrijd.
Otto	Waarom?
Hans	Het gaat om het wereldkampioenschap voetbal. Dat is Calloni.
Otto	Wie is Calloni?
Hans	Dat is de scheidsrechter.
Otto	Hé, en die jongen heb ik in de krant gezien.
Hans	Ja, dat is Van Westen, dat is een fantastische voetballer.
Otto	Ik hoop dat Duitsland de wedstrijd wint.

Hans	Ja, dat dacht ik al. Maar Nederland wint, hoor.
...	
Otto	Zo Hans, 2–0 voor Duitsland.
Hans	Ja, dat is jammer.
Otto	Nou, ik ben heel tevreden.

29 Vocabulary

televisie kijken	to watch tv
de televisie [–s]	television
kijken [keek, gekeken]	to watch, look
niets	nothing, not anything
draaien [draaide, gedraaid]	to turn
een beetje	a little bit
hard	hard, loud
harder	here: louder
drukken [drukte, gedrukt]	to push
de knop [–pen]	button
dames en heren	ladies and gentlemen
de dame [–s]	lady
dit zijn	these are (Grammar Section 12)
Duits	German
de speler [–s]	player
vandaag	today
tegen	against
spelen [speelde, gespeeld]	to play
klaarstaan [stond klaar, klaargestaan]	to be ready
belangrijk	important
de wedstrijd [–en]	match
waarom	why
het gaat om ...	it is about ..., it concerns ...
het wereldkampioenschap [–pen]	world championship
het voetbal	soccer
de scheidsrechter [–s]	referee
de jongen [–s]	boy; here: guy
fantastisch	fantastic, great
de voetballer [–s]	soccer player
hopen [hoopte, gehoopt]	to hope
dat	that
Duitsland	Germany
winnen [won, gewonnen]	to win
dacht	from 'denken'
tevreden	satisfied, content

30 ◀ True or false?

Text C8 'Televisie kijken'
First read the statements. Then listen.

1	Hans en Otto kijken naar Nederland – België.	waar/niet waar
2	Van Westen is een voetballer.	waar/niet waar
3	Nederland wint de wedstrijd.	waar/niet waar

31 Matching
More than one reaction can be correct.

1	Wat is dat?	a	Candy Dulfer en haar vriend.	1 =
2	Wat zijn dat?	b	Nasi goreng.	2 =
3	Wie zijn dat?	c	Paul.	3 =
4	Wie is dat?	d	Dat is vis.	4 =
		e	Mijn vader.	5 =
		f	Broodjes.	6 =

32 Fill in:
wie is dat? / wat is dat? / wie zijn dat? / wat zijn dat?

Example:
Dat is Candy Dulfer.   Wie is dat?

1	Lust je haring?	.....
2	Zie je die dingen daar?	.....
3	Hé, daar fietst Ali B.	.....
4	Ik zie Sonja en Arnold.	.....
5	Proef dit eens.	.....
6	Ken je Hadassa de Boer?	.....

33 Read text 30 'Televisie kijken'
List all words from the text that have to do with sport.
Example: spelers,

....., ..., ... etc.

34 Matching opposites:

1	hard	a	heren	1 =
2	vandaag	b	niets	2 =
3	dames	c	morgen	3 =
4	veel	d	zacht	4 =
5	iets	e	een beetje	5 =

35 Fill in:
belangrijke / dames / drukken / fantastische / hoor / krant / speelt / wint

1 ..... en heren, hier is Candy Dulfer!
2 Johan Cruijff was een ..... voetballer.
3 Stil eens. Ik ..... niets.
4 Nederland ..... woensdag tegen Engeland.
5 Welke ..... lees jij?
6 Wie .....? Wit of zwart?
7 Je moet harder op die knop .....
8 Ik kijk niet. Dit is geen ..... wedstrijd.

36 Fill in:
draaien / harder / niets / tegen / vandaag / voetbal / waarom / wedstrijden

1 Ik vind ..... geen leuke sport.
2 ..... vind je zwemmen zo leuk?
3 Ik weet ..... van voetbal.
4 Zet die tv eens .....
5 ..... om het wereldkampioenschap zijn erg belangrijk.
6 Speelt Raymond van Barneveld ..... of morgen?
7 Zondag speelt Barcelona ..... AC Milan.
8 Moet ik eerst ..... en dan drukken?

37 Fill in:
fantastisch / hele / hoop / jongens / tevreden / voetballers

1 Ik ..... dat Nederland wint van Brazilië.
2 Maar Brazilië heeft ..... goede .....
3 Die ..... zijn echt .....
4 Ik ben al ..... met 1 – 1.

38 ◀ C9 w as in *wedstrijd*
Listen to the following words and repeat.

39 ◀ C10 Listen to the following words and repeat

QUIZ

Part 1   *What would you say?*

1   Vind je het leuk om vanavond naar Candy Dulfer te gaan?
    a   Goed idee.
    b   Het is jouw idee.
    c   Nou, dan doen we dat.

2   Kunt u wat harder praten?
    a   Doe dat zelf.
    b   Meteen.
    c   Natuurlijk.

3   Ik houd niet van koken.
    a   Ik vind het niet leuk.
    b   Nee? Waarom niet?
    c   Wil jij dat even doen.

4   Wie zijn die jongens?
    a   Een fantastische voetballer.
    b   Ken je mijn broers niet?
    c   Mijn broer Gerrit–Jan.

5   Ik hou niet van jazz.
    a   O ja? Hoe weet je dat?
    b   Nee zeg, doe dat zelf.
    c   Nee, ik ook niet zo.

6   Kan je me die krant even geven?
    a   Alsjeblieft niet, zeg.
    b   Nou, ik wil hem zelf nog lezen.
    c   Ja hoor, je hebt gelijk.

Part 2 *Fill in:*

altijd/ fantastisch / goed / hobby / muziek / na / opera / programma / tot / vrije tijd /
wedstrijd / zwemmen

Hanneke en Michel

1 H Zeg, heb je zin om te ..... vanavond?
2 M Goed idee. Maar je gaat geen ..... met me doen hè? Mijn conditie is niet zo
      erg goed.
3 H Nee, natuurlijk niet! En weet je, 's avonds is er ook .....!
4 M O, ..., zeg! Zwem jij veel in je .....?
5 H Ja, ... vijf keer per week. Het is mijn grote ..... En jij? Wat doe jij?
6 M Dat je die vraag nu moet stellen! Nee, ik ga liever naar de .....
7 H Hoe laat zullen we trouwens gaan vanavond? Het kan ..... half elf op
      dinsdagavond.
8 M Nou, ... 'All you need is love' hoor, dat wil ik zien.
9 H Een nieuw ..... zeker? Ik ken het niet. Nou, om negen uur dan?
10 M Dat is ..... Tot vanavond dan hè?

Part 3 **Matching**

1 Er is morgenavond een borrel bij Kees, hè?   a   Nee, nog niet.   1 =
2 Heb jij je rijbewijs eigenlijk al?   b   O nee?   2 =
3 Wil jij de tafel even voor me dekken?   c   O ja? Hoe laat?   3 =
4 Ik hou niet van jazz.   d   Nou, ik ben wel tevreden. 4 =
5 Hoe ging het vandaag?   e   Ik doe het zo meteen, ok? 5 =

Part 4 **◀ *Listen to text C1 'Een concert'. Complete the sentences.***

Johan   Hé, stil eens, wat leuk!
Maria   Wat is .....?
Johan   Candy Dulfer geeft morgen een concert.
            Hier ..... Utrecht.
Maria   O ja? Hoe weet je dat?
Johan   ..... hoor het net op de radio.
            Er ..... een programma over muziek.
            Er zijn nog ..... voor het concert.
            Vind je het leuk ..... ernaar toe te gaan?
Maria   Nou, ik houd ..... zo van haar muziek.
Johan   Maar... haar concerten ..... wel altijd goed.
Maria   Nou, goed dan. Ik ..... met je mee.
Johan   We moeten nu meteen ..... voor kaartjes.
            Wil jij dat even doen?
Maria   ..... zeg, doe dat zelf, alsjeblieft. Ik wil ..... krant nog lezen. En het is
            jouw .....
Johan   Je hebt gelijk. Ik doe het straks ....., na het programma. Je kunt tot
            tien ..... bellen, zeiden ze.

.

8 / C1 Wat doe jij aan?

Carla Hof and Arjan Schuit are dressing for a visit to the opera.

1 ◀ Text • Wat doe jij aan?

Carla Hof	Arjan!
Arjan Schuit	Ja, wat is er?
Carla Hof	Wat doe jij vanavond aan?
Arjan Schuit	Gewoon, mijn spijkerbroek, en een overhemd.
Carla Hof	Maar we gaan toch naar de opera?
Arjan Schuit	Ja, wat bedoel je daarmee?
Carla Hof	Nou, ik doe nette kleren aan!
Arjan Schuit	En ik trek mijn spijkerbroek aan.
Carla Hof	Nee hoor, dat kan niet! Als je naar de opera gaat, moet je een beetje mooie kleren aantrekken.
Arjan Schuit	Welnee, dat was vroeger zo. Tegenwoordig hoeft dat niet meer.
Carla Hof	Dat ben ik niet met je eens. Iedereen doet zijn mooie kleren aan.
Arjan Schuit	Moet ik dan echt mijn nette pak aan?
Carla Hof	Ja, natuurlijk.
Arjan Schuit	Nou goed, dan moet het maar.

2 ❻ Expressing agreement or disagreement

eens
Dat is waar. (*That's right.*)
Ik ben het met je eens. (*I agree with you.*)
Je/U hebt gelijk. (*I agree.*)
Ja hoor. (*Yes, it is*, etc.)
Natuurlijk! (*Of course!*)

niet eens
Dat is niet waar. (*That's not right.*)
Ik ben het niet met je eens. (*I don't agree with you.*)
Nee hoor. (*No, it isn't*, etc.)
Welnee. (*Of course not.*)
Natuurlijk niet! (*Of course not!*)

- Nou, ik doe mijn nette kleren aan.
- Nee hoor, dat kan niet.
- Als je naar de opera gaat moet je een beetje mooie kleren aantrekken.
- Welnee, dat was vroeger zo.

- Tegenwoordig hoeft dat niet meer.
- Dat ben ik niet met je eens.

3 ❻ Expressing one is obliged or not obliged to do something

ja
Ik moet / We moeten ... (*I / We have to ...*)

nee
Ik / We hoef / hoeven niet / geen ... (*I / We don't have to ...*)

- Als je naar de opera gaat, moet je een beetje mooie kleren aantrekken.
- Welnee, dat was vroeger zo. Tegenwoordig hoeft dat niet meer.

4 Vocabulary

doe ... aan	*from* 'aandoen'
aandoen [deed aan, aangedaan]	to put on
gewoon ...	just ...
de spijkerbroek [–en]	jeans
het overhemd [–en]	shirt
toch	*here*: *aren't we?*
de opera	opera (house)
daarmee	with / by that (see Grammar Section 25)
nette kleren	best clothes
de kleren	clothes
net	neat, decent
dat kan niet	you can't do that
als	when, if
aantrekken [trok aan, aangetrokken]	to put on; *here*: to wear
welnee	of course not
dat was vroeger zo	it used to be like that
vroeger	formerly
zo	so, like that
tegenwoordig	nowadays
hoeven (+ niet/geen) [hoefde, gehoeven]	don't have to
niet meer	no more, not anymore
iedereen	everybody, everyone
echt	real(ly)
het (nette) pak [–ken]	(best) suit
dat moet dan maar	then I'll do it

5 ◀ True or false?

Text C1 'Wat doe jij aan?'
First read the statements. Then listen.

1 Carla trekt haar spijkerbroek aan.   waar/niet waar
2 Arjan doet zijn nette pak aan.   waar/niet waar

6 Which reaction expresses agreement?

1 Je moet mooie kleren aan naar de opera.
  a Dat ben ik niet met je eens.
  b Dat hoeft niet.
  c Dat is waar.

2 Tegenwoordig kun je een spijkerbroek aantrekken.
  a Dat kan heel goed.
  b Ik ben het niet met je eens.
  c Nou, maar ik doe het nooit.

3 Iedereen trekt mooie kleren aan.
a Dat is niet waar.
b Dat is zeker zo.
c Dat was vroeger zo.

7 **Which reaction expresses disagreement?**
1 Ik trek mijn nette pak aan.
a Natuurlijk, dat doe ik ook.
b Dat moet eigenlijk ook.
c Heb je geen gewone kleren?

2 Dit is toch een mooi overhemd?
a Dat ben ik met je eens.
b Vind jij dat mooi?
c En dat pak ook.

3 Je moet mooie kleren aan naar een concert.
a Ik ben het niet met je eens.
b Ik doe het ook altijd.
c Natuurlijk. Iedereen doet dat.

8 **Moet, hoef of hoeft?**
1 ..... ik een net pak aan?
2 Dat ..... niet.
3 ..... ik niet mee?
4 ..... ik naar dat concert?
5 Ik ..... geen mooie kleren aan.
6 Jij ..... nu naar huis.
7 Zij ..... niet naar de voetbalwedstrijd te kijken.

9 **Matching opposites:**

1	het hoeft niet	a	ja hoor	1 =
2	nee hoor	b	vroeger	2 =
3	dat kan niet	c	een spijkerbroek	3 =
4	een net pak	d	het moet	4 =
5	tegenwoordig	e	dat kan wel	5 =

10 **Fill in:**
als / echt / iedereen / kleren / pak / spijkerbroek / zo

1 In die spijkerbroek kun je niet naar de opera. Heb je geen andere .....?
2 ..... je twee keer per week zwemt, heb je een goede conditie.
3 Wat doe jij aan? Je kan ..... echt niet mee naar mijn moeder.
4 ..... kijkt naar de voetbalwedstrijd. Waarom jij niet?
5 Moet ik mijn nette pak aan of een ..... met een overhemd?
6 Ga je ..... niet mee vanavond?
7 Ik heb geen mooie kleren en zeker geen net .....

11 ◀ C2 Listen and repeat

12 Read the questions

Then try to find the information you need in the text on p. 304.

1 U hebt kaartjes voor de opera L 'Orfeo voor 30 september.
Welke dag is dat?
2 Hoe laat moet u er zijn?
3 Wat is het adres?
4 U hebt de beste plaatsen. Hoeveel hebt u betaald per plaats?

13 ◀ Text / C3 Een interview

Leo Veen is interviewing a top class athlete: Bea van Langen.

Leo Veen	Bea, vertel me eens: waarom sport je?
Bea	Dat is een moeilijke vraag.
	In ieder geval niet om rijk te worden.
	Ik denk ... omdat ik graag wil winnen.
Leo Veen	Dus je doet het niet voor een goede conditie?
Bea	Nee, dan kan ik ook gaan joggen.
Leo Veen	Hoe bedoel je dat?
Bea	Nou, ik vind het leuk om aan wedstrijden mee te doen.
	En dat kan ik alleen als atlete.
Leo Veen	Vroeger liep je de 100 meter, hè?
Bea	Ja. Maar tegenwoordig loop ik liever de langere afstanden.
Leo Veen	Kun je uitleggen waarom?
Bea	Omdat ik dan meer wedstrijden win.
	Volgens mij win ik omdat er minder concurrenten zijn.
Leo Veen	Kun je vertellen waarom het zo leuk is om te winnen?
Bea	Je hebt dan het gevoel dat je de beste bent.
	En dat is een goed gevoel, dat vind ik tenminste.

14 Vocabulary

sporten [sportte, gesport]	to practise a sport
moeilijk	difficult
in ieder geval	anyway
ieder, elk	each, every, any
worden [werd, geworden]	to get, to become
rijk	rich
omdat	because
dus	so
joggen [jogde, gejogd]	to jog
de wedstrijd [–en]	*here*: athletics meeting, track meet
meedoen (aan)	to participate (in)
[deed mee, meegedaan]	
als	as
de atlete [–s]	athlete (female)
de meter	metre (39,37 in)

lopen [liep, gelopen]	to walk; *here*: to run
langer	longer (see Grammar Section 23)
de afstand [–en]	distance
uitleggen [legde uit, uitgelegd]	to explain
volgens mij	in my opinion, I think
meer	more
minder	less
de concurrent [–en]	competitor
het gevoel	feeling
tenminste	at least

15 ◀ True or false?

Text C3 'Een interview'
First read the statements. Then listen.

1	Bea loopt wedstrijden.	waar/niet waar
2	Bea loopt nu liever de 100 meter.	waar/niet waar
3	Bea wil graag de beste zijn.	waar/niet waar

16 Matching
Which answer would be right?

1	Doe je mee?	a	Nee, liever de langere afstanden.
2	Waarom sport jij?	b	Omdat sporten niet goed betaalt.
3	Loop je de 100 meter?	c	Nee, ik heb geen zin.
4	Heb je veel concurrenten?	d	Ja, omdat het een goed gevoel geeft.
5	Waarom wordt een atlete niet rijk?	e	Omdat ik het leuk vind.
6	Dus jij houdt van winnen?	f	Volgens mij niet zo veel.

17 Matching opposites:

1	een lange afstand	a	vroeger	1 =
2	meer	b	makkelijk	2 =
3	moeilijk	c	minder	3 =
4	iedere dag	d	niet ver	4 =
5	tegenwoordig	e	nooit	5 =

18 Fill in:
als / gevoel / liever / loopt / minder / moeilijke / omdat / rijk / tenminste / uitleggen

1		Voetballers kunnen in Italië heel ..... worden.
2		Ik vind sporten leuk, maar ik kijk ..... naar de televisie.
3		Je moet meer sporten en ..... eten!
4	A	Waarom vind je tennis zo leuk?
	B	Dat weet ik niet. Ik kan het niet .....
5		Ze ..... iedere dag een uur. Dat is goed voor haar conditie.

6 A Waarom ga je niet joggen?
 B ..... ik dat niet leuk vind.
7 Hè hè, dat is klaar. Dat is een goed .....
8 ..... atleet heb je een goede conditie.
9 Wedstrijden zijn leuk. Dat vind ik .....
10 Sorry, ik weet het niet. Dat is een ..... vraag.

19 Matching

1	rijk	a	aantrekken	1 =
2	lange afstanden	b	hebben dat ...	2 =
3	aan wedstrijden	c	kijken	3 =
4	een overhemd	d	lopen	4 =
5	een wedstrijd	e	worden	5 =
6	het gevoel	f	meedoen	6 =
7	televisie	g	winnen	7 =

20 ◀ C4 Listen again to C3 'Een interview'
Fill in the gaps.

1 Bea sport niet om ..... te worden.
2 Bea sport omdat ze graag wil .....
3 Ze doet het niet voor een ..... conditie.
4 Ze vindt het ..... om aan wedstrijden mee te doen.
5 ..... liep ze de 100 meter.
6 Maar tegenwoordig loopt ze ..... de langere afstanden.

21 ◀ C5 Listen to the following words and repeat

22 ◀ Text / C6 Naar de bioscoop
Saskia is talking to her friends Michael and Jan.

Saskia	Gaan jullie mee naar de film vanavond?
Jan	Ik niet. Ik heb nog een hoop te doen voor morgen. Uitgaan doe ik alleen in het weekend.
Michael	Je studeert te hard. Ik ga wel mee, hoor. Naar welke film gaan we?
Saskia	Dat weet ik nog niet.
Michael	Ik kijk wel even in de krant. We kunnen bijvoorbeeld naar 'La ardilla roja' gaan of naar 'Farewell to my Concubine'.
Saskia	In welke bioscoop draait 'The House of the Spirits'?
Michael	In Tuschinsky.
Saskia	Dat is lekker dichtbij. Dat is wel een voordeel, vind je ook niet?
Jan	Nee hoor. Volgens mijn zus was het een slechte film. Sommige delen waren wel goed maar hij duurde veel te lang.
Michael	Nou, dan gaan we naar 'La ardilla roja'. 'Farewell to my Concubine' heb ik al gezien. Ik moet nog wel even naar huis.

Saskia	Goed. Ik bestel de kaartjes wel en dan wacht ik om kwart over negen op je bij de ingang. Tot vanavond.
Michael	See you.
Jan	Veel plezier.

23 ❺ Inquiring about agreement and disagreement

Vind je (ook) niet? (*Do(n't) you think so (too)?*)

Vind je (niet) dat ...? (*Do(n't) you think ...?*)

- Dat is wel een voordeel. Vind je ook niet?
- Nee hoor.

24 Vocabulary

de bioscoop [bioscopen]	cinema, movie theater
de film [–s]	film, movie
een hoop	a lot
uitgaan [ging uit, uitgegaan]	to go out; *here*: going out
het weekend [–en]	weekend
studeren [studeerde, gestudeerd]	to study
kijken [keek, gekeken]	to look, watch
bijvoorbeeld	for instance
een film draaien	to show a film / movie
dichtbij	nearby
het voordeel [voordelen]	advantage
volgens	according to
slecht	bad
sommige	some
het deel [delen]	part
duren [duurde, geduurd]	to last
veel	much
wachten [wachtte, gewacht]	to wait
de ingang [–en]	entrance

25 ◀ True or false?

Text C6 'Naar de bioscoop'
First read the statements. Then listen.

1	Michael en Saskia gaan naar de film	waar/niet waar
2	Ze gaan naar 'The House of the Spirits'	waar/niet waar
3	Michael gaat voor de film nog even naar huis	waar/niet waar

26 Matching
Which words have about the same meaning?

1	een hoop	a	niet ver	1 =
2	slecht	b	veel	2 =
3	bioscoop	c	uitgaan	3 =
4	een deel	d	niet goed	4 =
5	naar een concert gaan	e	filmtheater	5 =
6	dichtbij	f	niet alles	6 =

27 Fill in:
studeren / voordeel / gekeken / gewacht / sommige / bijvoorbeeld / reden / weekend

1   Die film is niet zo lang. Dat vind ik wel een ..... omdat ik nog moet .....
2   Saskia heeft tot half tien op Michael ..... bij de ingang.
3   We gaan in het ..... met de boot naar Londen.
4 A Welke films vind jij goed?
   B Nou eh, 'Schindler's list' .....
5 A Hoe laat begint de film?
   B Dat weet ik niet. Heb jij al in de krant .....?
6   Wat is de ..... dat hij zo snel vertrekt?
7   ..... films met Carice van Houten vind ik heel goed maar andere niet.

28 Fill in:
bioscoop / film / iedereen / ingang / volgens

1   Kijk, dit is de ..... van Tuschinsky.
2   Tuschinsky is een mooie, oude ..... in de Reguliersbreestraat.
3   ..... in Amsterdam kent deze bioscoop.
4   Bijna iedere grote ..... draait in Tuschinsky.
5   ..... mij draait er deze week Shrek De Derde

29 Matching
The sentences represent the opinions of the persons in 'Naar de bioscoop'.

1	Michael vindt dat	a	dat geen voordeel,	1 =
2	Saskia vindt het een voordeel dat	b	de film slecht.	2 =
3	Jan vindt	c	hij te lang duurde.	3 =
4	De zus van Jan vond	d	Tuschinsky dichtbij is.	4 =
5	Ze vond dat	e	Jan te hard studeert.	5 =

30 ◀ C7 *l* as in *lekker*
Listen to the following words and repeat.

31 Grammar
Volgens mijn zus *was* het een slechte film. Sommige delen *waren* wel goed, maar hij *duurde* veel te lang.

For the imperfect tense see Grammmar Section 18 B.

32 Past or present?

Underline the verbs which indicate the event happened in the past.

1 Vroeger liep je de honderd meter, hè?
2 Kun je uitleggen waarom?
3 Ik werd er niet rijk van.
4 Ze doet het voor een goede conditie.
5 Die jongen heb ik in de krant gezien.
6 Dat was vroeger zo.
7 Duitsland heeft de wedstrijd gewonnen.
8 'Farewell to my Concubine' heb ik al gezien.
9 Hij studeerde ook in het weekend.
10 Ik wachtte bij de ingang, maar ik zag hem niet.

33 Fill in and change the form of the verb when required

Somebody tells what she did *last* saturday.

1 Zaterdagavond ..... (gaan) we naar de film.
2 Jan ..... (hebben) ook zin om mee te gaan.
3 Maar de film ..... (zijn) niet goed en hij ..... (duren) veel te lang.
4 Dat ..... (vinden) iedereen.
5 Na de film ..... (zeggen) Jan dat hij naar huis ..... (gaan).
6 Hij ..... (willen) nog studeren.
Saskia en ik hebben nog een pilsje gedronken.

34 Find the answers to the following questions

1 U wilt een film zien die een Oscar gewonnen heeft. Welke films kunt u naartoe?
2 U wilt een film zien over het leven van Edith Piaf. Hoe laat begint die film?
3 U wilt Robert Redford zien in 'An Unfinished Life'. Welk nummer moet u bellen voor kaartjes?

QUIZ

Part 1 What would you say?

1 Een spijkerbroek in dat restaurant, dat kan toch wel?
   a Dat ben ik niet met je eens.
   b Tegenwoordig hoeft dat niet   meer.
   c Dat is een goed gevoel, vind ik.

2 Er draaien echt alleen maar slechte films zeg, dit weekend.
   a Dan moet het maar.
   b Nee, ik heb geen zin.
   c Vind jij dat ook?

3 We kunnen niet meteen aan tafel, zei de ober.
   a Dat weet ik nog niet, hoor.
   b Moeten we erg lang wachten?
   c Dat is een moeilijke vraag

4 Leuk programma, vind je niet?
   a Dat ben ik met je eens.
   b Dat is een goed gevoel.
   c Dat is wel een voordeel.

5 We hoeven niet vandaag te vertrekken, morgen kan ook.
   a Dat is waar.
   b Ik ga wel mee, hoor.
   c Tegenwoordig niet.

6 Volgens mij komt die trein niet meer.
   a Kun je uitleggen waarom?
   b Moet ik het even gaan vragen?
   c Nou, dan moet het maar.

Part 2 Fill in:
een hoop / gevoel / in ieder geval / kleren / natuurlijk / slecht / spijkerbroek /
tegenwoordig / uitgaan / vindt / wachten

Karel en Ans
1 K Hé, ik moet nog wat ..... hebben voor het weekend, als we .....
    Vind je het leuk om even mee te gaan?
2 A Ja, ...! Wat wil je hebben?
3 K Nou, ... een net pak en één of
    twee overhemden. En ik wil ook nog even naar een ..... kijken.
4 A Man, jij bent rijk hè, ...! Hoeveel pakken heb je wel niet?
5 K Dat hoef ik jou toch niet te vertellen?! ....., ja. Zullen we trouwens gaan, ik
    sta te .....
6 A Nou, dat moet dan maar. Als jij het leuk .....
7 K Ik heb het ..... dat jij geen zin hebt om mee te gaan, of niet?
8 A Dat is geen ..... idee, ja. Veel plezier.

Part 3 Fill in. Change the verb into the imperfect tense.
Jan tells his friend what he did yesterday.

1 Joh, het ..... (zijn) zo leuk in Amsterdam! En heerlijk geluncht daar.
2 We ..... (krijgen) eerst soep, een heel lekkere vissoep.
3 En daarna ..... (hebben) we haring met witbrood. Van die heerlijke zachte
  haring, je kent het wel. Ieder drie! Ook sla erbij trouwens.
4 We ..... (drinken) er een witte wijn bij, een Franse. Het was echt heel gezellig.
5 Daarna ..... (willen) we eigenlijk nog even naar het Rijksmuseum, maar we .....
  (kunnen) het niet vinden. Te veel wijn op, natuurlijk!
6 Paul ..... (zeggen) dat hij nog veel te doen ..... (hebben) en dat hij wel naar huis
  ..... (willen).
7 Dus hij ..... (vertrekken) en Erik en ik zijn samen nog even gebleven.

**Part 4 ◀ Listen to text C1 'Wat doe jij aan?'. Complete the
sentences.**

Carla Hof	Arjan!
Arjan Schuit	Ja, wat is .....?
Carla Hof	Wat doe jij vanavond aan?
Arjan Schuit	Gewoon, mijn ....., en een overhemd.
Carla Hof	Maar we gaan toch ..... de opera?
Arjan Schuit	Ja, wat bedoel je daarmee?
Carla Hof	....., ik doe nette kleren aan!
Arjan Schuit	En ik ..... mijn spijkerbroek aan.
Carla Hof	Nee hoor, dat kan .....! Als je naar de opera gaat, moet ..... een beetje mooie kleren aantrekken.
Arjan Schuit	Welnee, dat ..... vroeger zo. Tegenwoordig hoeft dat niet meer.
Carla Hof	..... ben ik niet met je eens. Iedereen ..... zijn mooie kleren aan.
Arjan Schuit	Moet ik dan ..... mijn nette pak aan?
Carla Hof	Ja natuurlijk.
Arjan Schuit	Nou ....., dan moet het maar.

9 / C1 Op de markt

Els and her English friend Vera are walking on the Albert Cuyp market in Amsterdam.

1 ◀ Text • Op de markt

Vera	Wat is het druk, hè?
Els	Ja, dat is altijd zo op zaterdag.
Vera	Hé, daar is die man weer. Die verkoopt van die handige dingen. Ik heb er pas nog een gekocht.
Els	Wat voor dingen bedoel je?
Vera	Een eh ..., hoe heet dat ook al weer? Kijk dat daar.
Els	O, een slagroomklopper.
Vera	Juist, dat bedoel ik: een slagklopper, nee, een slagroomklopper.
	...
Vera	Kijk daar eens, wat een leuke kousen. En oh, wat een gek ondergoed!
Els	Jammer dat het nylon slipjes zijn. Ik vind nylon niet prettig.
Vera	O, dat kan mij niet schelen. Meneer, hoeveel kosten die daar?
Marktkoopman	Twee voor tien euro, dame.
Vera	Doet u maar eh ... een oranje en een roze.
	...
Vera	Je had toch nog een nieuw horloge nodig? Kijk daar liggen ze.
Els	Mmm. Ik hou niet zo van gouden of zilveren horloges. Ik wil liever een gekke kleur of zo. Bovendien lijken deze me heel goedkoop. Ze zijn vast niet goed.
Vera	Zeg, ik heb zin in een patatje met.
Els	Nou, ga je gang, ik heb niet zo'n honger.

2 ❼ Hesitating, looking for words

Eh ... (Er ...)
Hoe heet dat ook (al)weer? (What's the word for it?)

- Wat bedoel je?
- Een eh ... hoe heet dat ook weer?

3 ❼ Correcting oneself

... Nee, ... (... No ...)

- O, een slagroomklopper.
- Juist, dat bedoel ik: een slagklopper, nee, een slagroomklopper.

4 ❼ Asking (about price)

Hoeveel / Wat kost(en) ...? (How much is / are ...?)
Hoe duur is / zijn ...? (How much is / are...?)

- Meneer, hoeveel kosten die daar?
- Twee voor tien euro, dame.

5 Vocabulary

de markt [–en]	market
wat is het druk, hè	Isn't it busy!
druk	busy
weer	again
verkopen [verkocht, verkocht]	to sell
van die handige dingen	those handy things
pas	recently
kopen [kocht, gekocht]	to buy
heten [heette, –]	to be called
de slagroomklopper [–s]	gadget for beating whipping cream
juist	right, exactly
de kous [–en]	stocking
gek	crazy, funny
het ondergoed	underwear
nylon	nylon
het slipje [–s]	panties, briefs
prettig	comfortable
de marktkoopman [–kooplui]	market vendor, trader
doet u maar …	I'll have …
roze	pink
nodig hebben	to need
het horloge [–s]	watch
mmm	well (showing lack of interest)
gouden	gold
zilveren	silver
de kleur [–en]	colour
bovendien	moreover, besides
lijken [leek, geleken]	to seem, appear
goedkoop	cheap
een patat(je) met mayonnaise	(portion of) chips / fries with
Ik heb niet zo'n honger	I'm not very hungry
honger hebben	to be hungry

6 ◀ True or false?

Text C1 'Op de markt'
First read the statements. Then listen.

1 Op zaterdag is het druk op de markt. waar/niet waar
2 Vera koopt kousen. waar/niet waar
3 Els houdt niet van nylon ondergoed. waar/niet waar
4 Els koopt een horloge. waar/niet waar

7 Fill in:
kost / kosten or is / zijn

Example: Hoeveel *kosten* die appels?
1 Wat ..... deze koekjes?
2 Hoe duur ..... een broodje met kaas?
3 Hoeveel ..... twee kaartjes voor 'Ocean's 13'?
4 Wat ..... dat horloge daar?
5 Hoeveel ..... een patatje mét?
6 Hoe duur ..... die kousen?

8 Fill in:
andere / doet / echt / goedkoop / horloge / euro / wat

1 A Meneer, mag ik dat ..... even zien?
2 B Ja zeker. ..... goud, mevrouw!
3 A Mmm. ..... kost het?
4 B Vijftien .....
5 A Hebt u geen .....?
  B Deze hier: tien euro.
6 A Dat is .....
  ..... u die maar.

9 Fill in:
bovendien / druk / honger / lijkt / nodig / pas / prettig / wachten / weer

1 A Tjonge, wat is het ..... Het ..... wel of iedereen nu boodschappen doet.
2 B Ja, ik vind het ook niet .....
  Maar op zaterdag moet je altijd lang ..... in de supermarkt.
3 A Hebben we veel dingen .....?
4 B Ja nogal. De gewone dingen en ..... is het maandag Koninginne-dag en dan
  kan je geen boodschappen doen.
5 A Dan hoop ik maar dat het niet te lang duurt: ik heb zo'n .....
6 B Al .....? Je hebt ..... gegeten!

10 Grammar
Jammer dat het *nylon* slipjes zijn.
Ik hou niet zo van *gouden* of *zilveren* horloges.

For some adjectives that never end on –e see Grammar Section 15, part B.

11 Fill in:
You can find the adjectives you need in text 1 'Op de markt'.

1 Vera vindt slagroomkloppers .....
2 Ze ziet ook ..... kousen en ..... ondergoed.
3 Els vindt nylon slipjes niet .....
4 Els wil wel een ..... horloge maar geen ..... of ..... horloge.
  Het liefst wil ze een ..... kleur.
5 De horloges op de markt vindt ze te ..... Ze denkt dat ..... horloges niet ..... zijn.

LESSON 9

12 ◄ C2 Listen to C1 • 'Op de markt'
Mark the items Vera and Els are discussing.

1 horloges 5 ondergoed
2 kousen 6 haring
3 bloemen 7 slagroomkloppers
4 slipjes 8 appels

13 ◄ C3 Listen and repeat C1 'Op de markt'

14 ◄ Text / C4 In het warenhuis
Roy and Pete are going to be roommates. They need to buy household goods, which they hope to find in the Hema, a department store.

Roy	Weet jij waar we moeten zijn?
Pete	Geen idee. Misschien daar achter de sjaals en de sokken.
Roy	Nee, ik zie het al. Daar naast de pannen.
	Wat hebben we ook alweer nodig?
Pete	Nou, messen, vorken, lepels. En borden natuurlijk.
	Wat vind je van deze?
Roy	Wat kosten ze?
Pete	Eh, vijf euro per stuk.
Roy	Dat vind ik wel een beetje duur. En ik vind de vorm niet zo mooi.
Pete	En die glazen borden dan? Die zijn maar drie euro.
Roy	Ok, dan nemen we die.
	Weet je of we nog messen nodig hebben?
Pete	Nou, we hebben drie messen.
	Dat is wel weinig, hè?
Roy	Ja, veel te weinig.
Pete	Goed, nog drie messen ...

15 ◄ Expressing approval
Ok / goed / juist (*OK / right / correct*)

- En die glazen borden dan? Die zijn maar 3 euro.
- Ok, dan nemen we die.

- Nou we hebben drie messen.
  Dat is wel weinig, hè?
- Goed, nog drie messen
- O, een slagroomklopper. (Text 1)
- Juist, dat bedoel ik ...

128

16 Vocabulary

het warenhuis [–huizen]	department store
waar we moeten zijn	where it is
misschien	maybe, perhaps
de sjaal [–s]	scarf
de sok [–ken]	sock
ook alweer	again
het mes [–sen]	knife
de vork [–en]	fork
de lepel [–s]	spoon
het bord [–en]	dish
per stuk	each, apiece
het stuk [stukken]	piece
een beetje	a bit
duur	expensive
de vorm [–en]	shape
glazen	glass
maar	*here*: only
of	if, whether
weinig	not much
veel te weinig	by no means enough

17 ◀ True or false?

Text C4 'In het warenhuis'
First read the statements. Then listen.

1 Roy vindt de glazen borden erg duur.	waar/niet waar
2 Eén glazen bord kost vijf euro.	waar/niet waar
3 Roy en Pete kopen ook messen.	waar/niet waar

18 True or false?
Read 'In het warenhuis' to find the answer.

1 De messen liggen bij de vorken.	waar/niet waar
2 De borden staan achter de pannen.	waar/niet waar
3 De vorken liggen achter de sokken.	waar/niet waar
4 De sokken liggen bij de sjaals.	waar/niet waar
5 De lepels liggen bij de borden.	waar/niet waar

19 Fill in and change the form when required:
duur / lepel / misschien / nog / of / per stuk

1 Soep eet je met een .....
2 Deze appels zijn niet goedkoop, zeg. Ze kosten een euro .....
3 Peter heeft al drie borrels gehad en hij neemt er ..... een. En hij gaat met de auto naar huis!
4 Weet jij ..... er nog een trein naar Haarlem vertrekt?
5 Een mes voor € 15,–? Dat vind ik te .....
6 ..... weet die mevrouw waar de borden staan.

20 Fill in and change the form when required:
bord / een beetje / misschien / natuurlijk / vorm / weinig

1   We gaan zo eten Wil jij de ..... op tafel zetten?
2 A Vind je me te dik?
   B Nou, wel .....
3 A Kom je vanavond?
   B Nou, ... wel, als ik tijd heb.
4   Die glazen hebben een mooie
    .....
5   Zijn moeder komt ..... ook.
    Die komt altijd.
6   Ik heb te ..... tijd voor hobby's.

21 Fill in:
bord / glas / kop / lepel / mes / pan / vork

Eten in Nederland
1 Vlees snijd je met een .....
2 Soep eet je met een .....
3 Aardappels eet je met een .....
4 Wijn drink je uit een .....
5 Koffie drink je uit een .....
6 Je kookt groente in een .....
7 Aardappels, vlees en groente doe je op een .....

22 Put in the right order
In which order would *you* put on the following items?

a   sjaal   1 =
b   ondergoed   2 =
c   sokken   3 =
d   spijkerbroek   4 =
e   overhemd   5 =

23 Grammar
Weet je *of we nog messen nodig hebben*?

For dependent clauses see Grammar Section 4, part B.

24 Underline the verbs in the following sentences
1 <u>Weet</u> jij waar de wijn *staat*?
2 Ik weet niet of we nog brood hebben.
3 Weet u waar het centraalstation is?
4 Roy vindt dat we nog glazen nodig hebben.
5 Ik denk dat ik mijn nette pak aantrek.
6 Weet jij of er om twaalf uur nog een trein gaat?
7 Ze zeggen dat die scheidsrechter erg goed is.
8 Je zei dat je een nieuw horloge wilde kopen.
9 Zij sport omdat ze graag wil winnen.
10 Els koopt deze slipjes niet omdat ze niet van nylon houdt.

25 ◀ C5 Listen again to C4 'In het warenhuis'
Fill in the gaps.

1 Roy en Pete kijken naar messen, vorken, lepels en .....
2 Roy vindt borden van 5 euro een beetje .....
3 Ook vindt hij de vorm niet .....
4 De glazen borden kosten ..... euro.
5 Ten slotte kopen ze nog ..... messen.

26 ◀ Text / C6 Geld
Dit zijn de munten en de biljetten van de euro.
Nederlanders willen liever geen muntjes van één en twee cent hebben. Je betaalt dan € 2,10 voor een brood dat € 2,08 kost. Je kunt ook niet altijd betalen met een biljet van honderd euro.

Munten	
1 cent	€ 0,01
2 cent	€ 0,02
5 cent	€ 0,05
10 cent	€ 0,10
20 cent	€ 0,20
50 cent	€ 0,50
1 euro	€ 1,00

Biljetten	
vijf euro	€ 5,-
tien euro	€ 10,-
twintig euro	€ 20,-
vijftig euro	€ 50,-
honderd euro	€ 100,-

27 Vocabulary

het geld	money
de munt [-en], het muntje [-s]	coin
het biljet [-ten]	note
twee cent	two–cent piece
vijf cent	five–cent piece
tien cent	ten-cent piece
twintig cent	twenty-cent piece
vijftig cent	fifty-cent piece
de euro	euro
het briefje van tien	tenner
het briefje van 20	20 euro note
het briefje van 50	50 euro note
het briefje van 100	100 euro note

28 You would like to get € 170 from the cash dispenser. Which combinations of bills are correct?

a Een briefje van vijftig en twee van twintig.
b Twee briefjes van vijftig, drie van twintig en één van tien.
c Drie briefjes van vijftig en één van twintig.
d Twee briefjes van vijftig en zeven van tien..
e Drie briefjes van vijftig en twee van twintig.
f Acht briefjes van twintig en één van tien.

29 ◀ C7 Listen and write down the amount you hear
Example: zeven euro zeventig / Write this down / The answer is € 7,70.

1 €   2 €   3 €   4 €   5 €   6 €

30 ◀ C8 *tje* as in *muntje*
Listen to the following words and repeat.

31 Exchange rate

Buitenlands Geld
De prijzen gelden voor de aankoop (eerste kolom) en de verkoop door de bank van
vreemd geld. De noteringen zijn in euro's.

datum: 22 juni

	aankoop	verkoop
amerikaanse dollar	1.2549	1.4395
antiliaanse gulden	2.2100	2.6200
australische dollar	1.5040	1.7885
canadese dollar	1.4089	1.6754
deense kroon	6.8870	8.1898
engelse pond	0.6378	0.7269
hongkong dollar	9.4300	12.1400
japanse yen	148.4800	176.5700
nieuw zeelandse dollar	1.6430	2.1080
noorse kroon	7.4865	8.9028
zuid-afrikaanse rand	8.7060	10.9220
zweedse kroon	8.4960	10.1030
zwitserse frank	1.5420	1.7580

32 Vocabulary

buitenlands	foreign
Amerikaans	American
de dollar [–s]	dollar
Australisch	Australian
Canadees	Canadian
Engels	British, English
het pond [–en]	pound
Zuid-Afrikaans	South African
de rand (rand)	rand

33 Find the information you need in 31
In the left column you see the amount you get when selling foreign currency.

1 Voor een Amerikaanse dollar krijg je € ...
2 De bank geeft € ... voor een Canadese dollar.
3 Voor een Engels pond krijg je op 22 juni € ...
4 Een Australische dollar is € ....
5 Voor een Amerikaanse dollar krijg je in Nederland
meer dan voor een Australische dollar.   waar/niet waar

QUIZ

Part 1   What would you say?

1   Wie is dat eigenlijk?
   a   Eh ... Dat weet ik niet.
   b   Dat is een handig ding.
   c   Juist, dat bedoel ik.

2   Vind je die bloemen mooi?
   a   Hoeveel kosten ze eigenlijk?
   b   Hoe heet dat ook weer?
   c   Ja, ik zie het al.

3   Wat is dat nou precies?
   a   Hoe heet dat ook alweer?
   b   Oké, dan nemen we die.
   c   Dat is wel weinig, hè?

Part 2   Fill in:

druk / een beetje / gek / kopen / misschien / nodig heeft / ook al weer / roze / sjaal /
veel te weinig / weer

Sandra en Hanneke lopen in de Hema

1   S   Ik moet nog iets ..... voor Els, die is volgende week jarig.
2   H   O, goed dat je het zegt! Wanneer ..... precies?
3   S   Donderdag. Weet jij of ze nog iets .....?
4   H   Ik dacht een ..... Ja, volgens mij zei ze dat. O kijk, hier zijn ze trouwens.
5   S   Mmm. Wat is het hier ..... zeg op zaterdag, ik word er bijna ..... van.
6   H   Nou, laten we toch maar even kijken, we zijn er nu toch. Wat vind je van deze ..... sjaal? Ook lekker goedkoop!
7   S   Ik vind hem niet echt mooi. ..... deze blauwe, hoe vind je die?
8   H   Ook heel mooi. Mooie kleur ja. Maar eh... ook wel ..... duur.
9   S   Laten we hem toch maar nemen. Dan zijn we snel klaar. Ik heb alleen ..... geld bij me, kan jij dan even betalen?
10 H   Al .....? Dat is al de vierde keer vandaag! Nou, nog één keer dan.

Part 3   Which sentence is correct?

1 a Pardon mevrouw, weet u misschien waar de loketten zijn?
  b Pardon mevrouw, weet u misschien waar zijn de loketten?
  c Pardon mevrouw, weet u misschien de loketten zijn waar?

2 a Weet jij of we nog hebben alcoholvrij bier in huis?
  b Weet jij of we nog alcoholvrij bier in huis hebben?
  c Weet jij of we nog alcoholvrij bier hebben in huis?

3 a Ik denk dat pasta ik neem.
  b Ik denk dat ik pasta neem.
  c Ik denk dat ik neem pasta.

4 a Ze zeggen dat die film is heel goed.
  b Ze zeggen dat heel goed die film is.
  c Ze zeggen dat die film heel goed is.

Part 4   ◀ Fill in and change the form of the adjective when required:

1 A Heb je niet liever ..... (katoenen) sokken?
  B O, dat maakt me niets uit.

2 A Dat is duur hoor, ... (zilveren) messen en vorken!
  B Nee hoor, dat was vroeger zo.

3 A Wilt u die ..... (rood) of die ..... (groen) appels?
  B Welke zijn het goedkoopst?

4 A Bovendien houd ik niet van ..... (gouden) dingen, jij?
  B Nou, soms wel hoor.

10 / C1 In de winkel

Marijke and Nora are passing by a boutique. They decide to go in.

1 ◀ Text • In de winkel

Verkoopster	Kan ik u helpen?
Marijke	Mogen we even rondkijken?
Verkoopster	Ja, natuurlijk.
Marijke	Wat vind je van deze rok?
Nora	Mooi, maar een beetje lang.
Marijke	Dat is in de mode. Vind je het goed dat ik hem even pas?
Nora	Ga je gang. Ik heb geen haast. Kijk eerst even naar de maat voordat je hem aantrekt.
Marijke	Maat 40. Ik neem aan dat die goed is.
...	
Marijke	En?
Nora	Is hij niet te klein?
Marijke	Wel een beetje.
Verkoopster	Ik heb toevallig nog een 42. Probeert u die eens.
Marijke	Dank u.
...	
Marijke	Hoe zit deze?
Nora	Heel goed. Hij past precies.
Marijke	Vind je dat echt of ben je alleen maar beleefd?
Nora	Nee, echt. Hij staat je heel goed. Neem hem maar.
Verkoopster	Daar is een spiegel.
Marijke	Hij is wel een beetje duur.
Verkoopster	Maar hij staat u prachtig.
Marijke	Dan neem ik hem.

2 ❻ Offering assistance
Kan ik je/u helpen? (*Can I help you?*)
Wat kan ik voor je/u doen? (*What can I do for you?*)

- Kan ik u helpen?
- Mogen we even rondkijken?

3 ❻ Seeking permission
Mag ik ...?/Kan ik ...? (*May I ...?/Can I ...?*)
Vind je het goed dat ...? (*Do you mind if ...?*)

- Mogen we even rondkijken?
- Ja, natuurlijk.
- Vind je het goed dat ik hem even pas?
- Ga je gang. Ik heb geen haast.

4 ❻ Expressing appreciation

goed / mooi / leuk / prachtig (*good / beautiful / nice / splendid*)

- Wat vind je van deze rok?
- Mooi, maar een beetje lang.

- Hoe zit deze?
- Heel goed.

5 Vocabulary

de verkoopster [–s]	shop assistant [woman]
de winkel [–s]	shop
rondkijken [keek rond, rondgekeken]	to look around, *here*: to browse
de rok [–ken]	skirt
de mode [–s]	fashion
passen [paste, gepast]	to try on
haast hebben	to be in a hurry
de maat [maten]	size
voordat	before
toevallig	by chance, as it happens
proberen	to try, to try on
aannemen [nam aan, aangenomen]	to presume, accept
klein	small
hoe zit deze?	what do you think of...?
passen	to fit
beleefd	polite
hij staat je heel goed	it looks very nice on you
de spiegel [–s]	mirror
prachtig	splendid, beautiful

6 ◀ True or false?

Text C1 'In de winkel'
First read the statements and the questions. Then listen.

1	Marijke wil een spijkerbroek kopen.	waar/niet waar
2	Welke maat heeft de rok, die Marijke het eerst aantrekt?	...
3	Wat is de maat van de tweede rok?	...
4	Marijke vindt de rok veel te duur.	waar/niet waar
5	Marijke koopt de rok.	waar/niet waar

7 Matching
Which answer would be best?
1 Kan ik je helpen? a Goed. Hij past precies. 1 =
2 Mag ik even rondkijken? b Mooi. Dat is echt een kleur voor jou. 2 =
3 Vindt u het goed dat ik hem c Ja natuurlijk. Is dat uw maat? 3 =
   even pas?
4 Wat vind je van deze blauwe? d Nou niets, eigenlijk. 4 =
5 Hoe zit deze spijkerbroek? e Ja graag. Hoeveel kost die rok? 5 =
6 Wat kan ik voor je doen? f Ja hoor, ga je gang. 6 =

8 Fill in
Change the form of the verb when required.

haast / maat / passen / rok / spiegel / staan / winkel

1 Vroeger had ik ..... 50, tegenwoordig 52. Wat ben ik dik geworden!
2 Deze spijkerbroek is te klein voor me. Hij ..... me niet.
3 A Ga je mee boodschappen doen?
   B Naar welke ..... ga je?
   A Oh, even naar de supermarkt.
4 Het spijt me, ik moet nu echt weg. Ik heb .....
5 Die spijkerbroek ..... je leuk, zeg!
6 Waar is een .....? Ik wil even zien of deze rok me goed staat.
7 Ik draag alleen een ..... als ik naar de opera ga.

9 Fill in:
aannemen / goed / neem / pas / prachtige

1 A Die spijkerbroek staat je vast heel .....
   ..... hem eens.
   A Heel mooi!
   B Echt?
2 A Je kunt het van mij .....
   ..... hem nou maar.
   Het is echt een ..... broek.

10 Fill in:
Change the form of the verb when required.

beleefd / klein / mode / proberen / rondkijken / toevallig / voordat

1 Hebt u deze spijkerbroek een maat groter? Deze is te .....
2 ..... we naar de Hema gaan, wil ik eerst een kop koffie.
3 Vind je deze bril echt mooi of ben je alleen maar .....?
4 Hebt u deze rok ..... nog in een andere kleur?
5 Wat een gekke kleuren! Ik wist niet dat die weer in de ..... waren.
6 ..... dit pak eens. Het is precies je maat.
7 Vindt u het goed dat ik even .....

11 ◀ C2 Listen again to 'In de winkel'
Fill in the gaps.

1 Marijke en Nora willen eerst .....
2 Marijke ziet een lange .....
3 Lange rokken zijn in de ....., zegt Marijke.
4 De eerste rok is een beetje te .....
5 De tweede rok past .....
6 Hij staat je heel ....., zegt Nora.
7 Hij is wel een beetje ....., zegt Marijke.

12 ◀ C3 *ig* as in *prachtig*
Listen to the following words and repeat

13 Maten
Dames
jurken

Europa	36	38	40	42	44	46
Engeland	30	32	34	36	38	40
Amerika	8	10	12	14	16	18

Heren
pakken

Europa	44	46	48	50	52	54	56	58
Engeland/Amerika	34	36	38	40	42	44	46	48

14 Answer the questions
1 Welke maat heeft de rok die Marijke koopt? Maat .....
2 In Amerika is dat maat .....
3 Welke maat hebt u in Nederland? Maat .....

15 ◀ Text / C4 Een trui kopen
Martin has found a sweater he likes in the menswear department.

Martin	Kunt u me misschien helpen?
Verkoper	Ja zeker, meneer.
Martin	Heeft u deze trui ook een maat kleiner?
Verkoper	Welke maat zoekt u?
Martin	Large. Dit is een extra large.
Verkoper	Nee meneer, het spijt me heel erg. Dit is de laatste.
Martin	Wat jammer.
Verkoper	Maar ik heb hem nog wel in het zwart met strepen, en in het blauw.
Martin	Mag ik eens kijken?
Verkoper	Een ogenblikje, alstublieft.
Martin	Ja, die zijn ook heel mooi. Doet u ze allebei maar.
Verkoper	Anders nog iets? Een shirt voor onder de truien misschien?
Martin	Nee, dank u.

16 ❻ Requesting assistance
Kun je / kunt u me (misschien) helpen? (*Can you help me please?*)

- Kunt u me misschien helpen?
- Zeker, meneer.

17 ❻ Expressing regret or disappointment
Wat jammer! (*What a pity!*)
Dat is (erg) jammer. (*That's a (great) pity.*)
Het is (erg) jammer dat ... (*It's a (great) pity that ...*)

- Nee meneer, het spijt me heel erg. Dit is de laatste.
- Wat jammer.

18 Vocabulary

de trui [–en]	sweater, pullover
de verkoper [–s]	shop assistent [man]
zoeken [zocht, gezocht]	to look for
de laatste	the last one
in het zwart	in black
de streep [strepen]	line; *here*: stripe
doet u ze allebei maar	I'll have both
allebei	both
anders nog iets?	anything else?
het shirt [–s]	shirt
onder	under, underneath

19 ◀ True or false?

Text C4 'Een trui kopen'
First read the statements. Then listen.

1 Martin wil een trui kopen, maat extra large.   waar/niet waar
2 De verkoper laat twee andere truien zien.   waar/niet waar
3 Martin koopt twee zwarte truien.   waar/niet waar

20 a or b?

Martin		Ik zoek een zwarte spijkerbroek.
Verkoper	a	Het spijt me, die heb ik niet meer.
	b	Wat jammer, doet u ze allebei maar.
Martin	a	Mag ik eens kijken.
	b	Wat jammer.

21 Fill in:
allebei / gekocht / onder / strepen / trui / zoeken

1 Mijn broer en ik sporten veel. We houden ..... van voetballen.
2 Kinderen ..... de zestien moeten nog naar school.
3 Mondriaan gebruikte in zijn werk niet alleen de kleuren rood, geel en blauw maar ook zwarte .....
4 Waar is mijn bril toch! Help me eens met .....
5 Ik heb net een nieuwe rok ..... Wil je hem zien?
6 Wat een prachtige ..... heb je aan. Is die nieuw?

22 Matching: opposites

1	laatste	a	zeker	1 =	
2	zwart	b	goedkoop	2 =	
3	klein	c	veel	3 =	
4	kopen	d	eerste	4 =	
5	misschien	e	groot	5 =	
6	een beetje	f	wit	6 =	
7	duur	g	verkopen	7 =	

23 Put in the right order
Read text 15 'Een trui kopen'.
Rearrange the following sentences according to the order in this text.

a Welke maat zoekt u?   1 =
b Wat jammer.   2 =
c Kunt u me misschien helpen?   3 =
d Nee, dank u.   4 =
e Ja zeker, meneer.   5 =
f Veertig.   6 =
g Heeft u deze trui ook een maat kleiner?   7 =
h Nee meneer. Het spijt me heel erg.   8 =
i Anders nog iets?   9 =

24 ◀ C5 Listen and underline the sentences you hear.

Martin	Kunt u me misschien helpen?
Verkoper	Ja zeker, meneer.
Martin	Heeft u deze trui ook een maat kleiner?
Verkoper	Welke maat zoekt u?
Martin	Large. Dit is een extra large.
Verkoper	Nee meneer, het spijt me heel erg. Dit is de laatste.
Martin	Wat jammer.
Verkoper	Maar ik heb hem nog wel in het zwart met strepen, en in het blauw.
Martin	Mag ik eens kijken?
Verkoper	Een ogenblikje, alstublieft.
Martin	Ja, die zijn ook heel mooi. Doet u ze allebei maar.
Verkoper	Anders nog iets? Een shirt voor onder de truien misschien?
Martin	Nee, dank u.

25 Kleren

A. jurk
B. hoed
C. laarzen
D. overhemd
E. stropdas
F. jasje
G. broek
H. blouse
I. rok
J. sokken
K. schoenen

26 Vocabulary

de jurk [–en]	dress
de hoed [–en]	hat
de laars [laarzen]	boot
de (strop)das [dassen]	tie
het jasje [–s]	jacket
de broek [–en]	trousers, pants
de blouse [–s]	blouse
de schoen [–en]	shoe

27 Look at picture 25
What are they wearing?

1 De man:
2 De vrouw:
3 Het kind:

28 ◀ C6 Listen to the following words and repeat

29 ◀ Text / C7 In de boekwinkel
Gary is visiting Holland. He enters a bookstore in Amsterdam.

Gary	Ik zoek een boek over de geschiedenis van Amsterdam.
Boekverkoper	Zoekt u een fotoboek?
Gary	Ja, maar met eenvoudige tekst in het Nederlands.
Boekverkoper	Hier heb ik bijvoorbeeld een boek over het oude centrum van Amsterdam. Dat boek gaat over de oorlogsjaren. En dit is een bijzonder boek over woningen die de beroemde architect Berlage gebouwd heeft. Het bestaat uit twee delen. In deel twee staat ook iets over zijn leven.
Gary	Mag ik ze even bekijken?
Boekverkoper	Ja hoor, ga rustig uw gang.
Gary	Ze zijn inderdaad heel mooi. Ik kan niet goed kiezen.
Boekverkoper	Dan neemt u ze allemaal.
Gary	Nee, dat kan niet want dan wordt mijn koffer te zwaar.
Boekverkoper	Als u ze niet kunt meenemen, kunnen wij ze opsturen.
Gary	O, dat is een goed idee.
Boekverkoper	Dus u neemt ze alle drie?
Gary	Ja. Hebt u ook een plattegrond van Amsterdam?
Boekverkoper	Het spijt me meneer, maar die heb ik niet meer. Misschien in die winkel daar op het plein naast de uitgang van die school. Of u kunt het proberen bij een sigarenwinkel.
Gary	Bedankt.

30 ⊕ Granting permission
Je/u kunt/mag ... (*You can/may* ...)
(Ja) Natuurlijk. (*(Yes) of course.*)
Ga je/Gaat uw gang. (*Please, go ahead.*)

- Mogen we even rondkijken? (Text 1)
- Ja, natuurlijk.

- Mag ik ze even bekijken?
- Ga rustig uw gang.

31 Vocabulary

de boekwinkel [–s]	bookshop, bookstore
de boekverkoper [–s]	bookseller
het boek [–en]	book
de geschiedenis	history
het (foto)boek [–en]	book (of photographs)
de foto [–'s]	photograph, picture
eenvoudig	simple
de tekst [–en]	text
in het Nederlands	in Dutch
het centrum [–s, centra]	centre, downtown area
het gaat over	it is about
de oorlogsjaren	war years
de oorlog [–en]	war
bijzonder	particular(ly); *here*: special
de woning [–en]	house
de architect [–en]	architect
beroemd	famous
bouwen [bouwde, gebouwd]	to build
staat	is
het leven [–s]	life
rustig	quiet(ly); *here*: by all means
inderdaad	indeed
kiezen [koos, gekozen]	to choose
allemaal	all, everybody, everything
want	because, for
zwaar	heavy
meenemen [nam mee, meegenomen]	to take along
opsturen [stuurde op, opgestuurd]	send
ze alle drie	all three of them
de plattegrond [–en]	(street) map
het plein [–en]	square
de uitgang [–en]	exit
de school [scholen]	school
de sigarenwinkel [–s]	tobacconist's

32 ◀ True or false?

Text C6 'In de boekwinkel'. First read the statements. Then listen.

1	Gary zoekt een boek over de oorlogsjaren in Amsterdam.	waar/niet waar
2	Gary koopt de drie boeken.	waar/niet waar
3	Gary koopt in de boekwinkel ook nog een plattegrond van Amsterdam.	waar/niet waar

33 Choose the right reaction

1 Kunt u het boek voor me opsturen?
  a Ga je gang.
  b Kan ik u helpen?
  c Natuurlijk, meneer

2 Mag ik even bellen?
  a Dat is waar.
  b Doe dat zelf maar.
  c Ga je gang.

3 Kan ik u helpen?
  a Ga je gang.
  b Graag.
  c Wat jammer.

34 Fill in:

Change the form when required.
bekijken / centrum / dus / geschiedenis / meenemen / plattegrond / zwaar / uitgang

1 Zeg, wil je als je naar de keuken gaat een kop koffie voor me .....?
2 Als je in een land woont, moet je wel iets over de ..... van dat land weten, vind ik.
3 A Meneer, mag ik u iets vragen? Waar is café Spoorzicht?
  B Oh, dat is in het ..... Kijk, hier is een ....., daar kunt u het goed op zien.
4 Ik wil deze trui graag goed in de spiegel .....
5 Kun jij me helpen? De boodschappen zijn zo .....
6 Wat is dit? De ..... of de ingang?
7 A Ik vind de tekst te moeilijk en er zijn te weinig foto's.
  B ..... je vindt het geen goed boek?

35 Fill in:
foto / bijzonder / plein / kiezen / leven / bouwen / rustig / oorlog

1   Na de ..... waren er te weinig woningen in Nederland.
2   Dit is een heel ..... boek. Je kunt het niet meer kopen.
3   De opera ligt aan een ..... bij een markt: het Waterlooplein.
4   Welke kleur zal ik nemen? Ik kan niet .....
5   Op deze ..... ben ik zeven jaar.
6   Er zijn veel boeken geschreven over het ..... van Rembrandt.
7   Je mag die foto's wel mee naar huis nemen. Dan kun je ze ..... bekijken.
8   Ik vind dat ze nu mooiere huizen ..... dan twintig jaar geleden.

36 Matching: opposites

1	oud	a	moeilijk	1 =
2	uitgang	b	gewoon	2 =
3	geschiedenis	c	nieuw	3 =
4	bijzonder	d	het leven van nu	4 =
5	eenvoudig	e	onder	5 =
6	op	f	ingang	6 =

37 Fill in:
architect / boekwinkel / opsturen / plattegrond / school / sigarenwinkel

If .....
1   Als je sigaren wilt kopen, ga je naar een .....
2   Als je een huis wilt bouwen, zoek je een .....
3   Als je van lezen houdt, ga je graag naar een .....
4   Als je iets niet kunt meenemen in het vliegtuig, kun je het .....
5   Als je een straat zoekt, kijk je op een .....
6   Als je nog geen zestien bent, moet je in Nederland iedere dag naar .....

38 Fill in:
duur / inderdaad / oorlog / want / woning / zoeken

1   A   Hebben jullie al een ..... gevonden?
2   B   Nee, nog niet. We ..... al heel lang.
3   A   In Amsterdam zijn al sinds de ..... te weinig goedkope woningen.
      Hebben jullie al in Almere gezocht? ..... daar zijn wel woningen.
4   B   ..... Maar die zijn nogal .....

147

39 Fill in:

allemaal / bestaat uit / geschiedenis / meenemen / rustig / schrijf

1 A Heb je die boeken ..... gelezen?
2 B Inderdaad. Mijn leven ..... het zoeken en lezen van boeken over de .....van
        Nederland van 1500 tot 1600.
     A Lees je alleen boeken?
3 B Nee natuurlijk niet. Ik ..... zelf ook boeken.
     A Tjonge!
4 B Hier, je mag dit boek wel ..... Dan kun je het thuis ..... bekijken.

40 Put in the right order

Reconstruct the summary of 'In de boekwinkel'.
Find the information you need in text 29.

a Ten slotte vraagt hij of de boekverkoper een plattegrond van
    Amsterdam heeft.   1 =
b Hij bekijkt drie boeken maar hij kan niet kiezen.   2 =
c Eerst wil hij ze niet allemaal nemen omdat dat te zwaar is.   3 =
d Die heeft hij niet meer. Misschien heeft de sigarenwinkel op
    het plein ze nog wel.   4 =
e Dan wil Gary ze wel alle drie kopen.   5 =
f Gary zoekt een fotoboek over de geschiedenis van Amsterdam.   6 =
g De boekverkoper zegt dat hij ze wel wil opsturen.   7 =

41 ◄ C8 Listen to C7 'In de boekwinkel' and fill in the gaps.

1 Gary zoekt een fotoboek over de ..... van Amsterdam.
2 De boekverkoper laat drie boeken zien.
3 De eerste gaat over het oude ..... van Amsterdam.
4 Het tweede over de .....
5 Het derde over ..... die Berlage gebouwd heeft.
6 Gary koopt ze .....

42 ◄ C9 *sch* as in *school*

Listen to the following words and repeat

43 ◀ **C10** • **Listen to the following words and repeat.**

QUIZ

Part 1   What would you say?

1   Kan ik hier even bellen?
   a   Natuurlijk.
   b   Prachtig.
   c   Wat jammer.

2   Vind je het goed als ik jouw auto even neem?
   a   Dat is waar.
   b   Ga je gang.
   c   Nee, dank je.

3   We gaan morgen naar Den Haag.
   a   Ga rustig uw gang.
   b   Mag ik even rondkijken?
   c   O, kan ik dan met je mee?

4   Dus je komt niet eten vanavond?
   a   Nee, ik heb het erg druk.
   b   Wat jammer!
   c   Wel een beetje.

5   Mag ik vragen hoeveel die gekost heeft?
   a   Ja graag.
   b   Ja hoor.
   c   Mooi.

6   Dus die film draait niet meer?
   a   Heel goed, vind ik.
   b   Nee meneer, het spijt me.
   c   O, wat jammer.

Part 2 Fill in:
architect / beroemde / centrum / inderdaad / plein / rondkijken / rustig / school / toevallig / voordat / want / winkels

Anton en Bas, two old friends, meet each other in a new neighbourhood with houses of modern design.

1 A Nou, dat is ook ..... dat ik jou zie! Wat doe jij hier?!
2 B O, een beetje wandelen en ..... hè? Die nieuwe huizen, dat vind ik wel leuk om te zien.
3 A Vind je het niet prachtig? ..... we hier kwamen, stonden die huizen ernet, en nu is alles hier klaar. Mooi hè?
4 B Ja, het is ..... heel bijzonder. Wie is de ..... van deze huizen, weet je dat?
5 A Ja, een heel ..... man, uit Italië. Maarik weet zijn naam even niet meer.
6 B Mmm. Het leven is hier zeker ook lekker ....., of niet?
7 A Ja heerlijk. We vonden het ..... veel te druk.
En de kinderen kunnen nu zelf naar .....lopen.
8 B En ....., zijn die hier ook?
9 A Niet veel. Alleen een kleine sigarenwinkel daar, zie je, aan het ..... Heb je trouwens zin in een kop koffie bij ons thuis?
10 B Nou, even dan, ... ik ga zo meteen bij Karel eten.

Part 3 Is it in your wardrobe?
For example: een rok   wel/niet

1	een broek	wel/niet
2	een trui	wel/niet
3	een shirt	wel/niet
4	een jurk	wel/niet
5	een hoed	wel/niet
6	laarzen	wel/niet
7	een blouse	wel/niet
8	een stropdas	wel/niet
9	een jasje	wel/niet
10	een rok	wel/niet

Part 4 ◀ *Listen to text C4 'Een trui kopen'. Complete the sentences.*

Martin	Kunt u me misschien helpen?
Verkoper	Ja zeker, ...
Martin	Heeft u deze trui ook een maat .....?
Verkoper	Welke maat zoekt u?
Martin	Large. Dit is ..... extra large.
Verkoper	Nee meneer, het spijt me ..... erg. Dit is de laatste.
Martin	Wat jammer.
Verkoper	..... ik heb hem nog wel in het ..... met strepen, en in het blauw.
Martin	Mag ..... eens kijken?
Verkoper	Een ogenblikje, alstublieft.
Martin	Ja, die ..... ook heel mooi.
	Doet u ze allebei .....
Verkoper	Anders nog iets? Een shirt voor onder ..... truien misschien?
Martin	Nee, dank u.

11 / C1 Op het politiebureau

Wilma Harmsen wants to report the theft of her cash card. She talks to the officer on duty at the police station.

1 ◀ Text Op het politiebureau

Agent	Mevrouw, wat kan ik voor u doen?
Wilma Harmsen	Mijn pinpas is gestolen.
Agent	Waar is dat gebeurd?
Wilma Harmsen	Op de markt. Ik wilde mijn geld pakken en toen was mijn pinpas weg. Ik heb overal gezocht, maar ik kon hem nergens vinden. En ik weet zeker dat ik hem niet verloren ben.
Agent	Heeft iemand iets gezien?
Wilma Harmsen	Nee, niet dat ik weet. Er stond niemand bij me in de buurt.
Agent	Mag ik dan uw naam en, eh, uw adres? Ja, nu nog het telefoonnummer. En de stad is ... ... Wilt u hier even tekenen?
Wilma Harmsen	Even mijn pen pakken. Oh, hoe kan dat nou! Wat gek! De pinpas zit in de zak van mijn jas. Sorry, hoor. Dat is niet erg slim van me.
Agent	O, dat geeft niet. Iedereen maakt wel eens een fout. Dag mevrouw.
Wilma Harmsen	Het spijt me echt heel erg. Dag meneer.

2 ◀ Apologizing and granting forgiveness
apologizing
Sorry! (*Sorry!*)
Het spijt me! (*I am sorry!*)
Neem me niet kwalijk! (*I am sorry!*)

reaction
Het geeft niet. (*That's alright.*)
Het maakt niet uit. (*It doesn't matter.*)
- Sorry, hoor!
- 't Geeft niet.
- Het spijt me echt heel erg.

3 Vocabulary

het politiebureau [–s]	police station
de agent [–en]	policeman
de pinpas [-sen]	cash card
stelen [stal, gestolen]	to steal
gebeuren [gebeurde, gebeurd]	to happen
pakken [pakte, gepakt]	to get
toen	then
weg	away, gone
overal	everywhere
zoeken [zocht, gezocht]	to search
nergens	nowhere, not anywhere
vinden [vond, gevonden]	to find
ik weet zeker...	I am sure...
verliezen [verloor, verloren]	to loose
iemand	someone/–body, anyone/–body
niemand	nobody, no one
in de buurt	*here*: around
tekenen [tekende, getekend]	to draw; *here*: to sign
de pen [–nen]	pen
hoe kan dat nou!	how on earth can that be!
gek	odd
de zak [–ken]	pocket
de jas [–sen]	coat
slim	clever(ly)
wel eens	sometimes
de fout [–en]	mistake
heel erg	dreadful(ly)

4 ◀ True or false?

Text C1 'Op het politiebureau'.
First read the statements. Then listen.

1 Het geld van Wilma Harmsen is weg.   waar/niet waar
2 Wilma Harmsen vindt haar pinpas in haar jas.   waar/niet waar
3 De agent zegt dat Wilma erg dom is.   waar/niet waar

5 Matching
Which answer would be correct?
You may use each sentence only once.

1	Ik heb geen geld bij me. Jij wel?	a	Wat jammer. Geef dan maar wijn.	1 =
2	Pas op! mijn bril.	b	Het spijt me. Die liggen thuis.	2 =
3	Het spijt me. Ik heb geen bier.	c	't Geeft niet. Ik betaal wel.	3 =
4	Waar zijn de kaartjes?	d	Morgen misschien?	4 =
5	Sorry! Ik heb nu geen tijd.	e	Neem me niet kwalijk!	5 =

6 Fill in:
Change the form of the verb when required.
fout / gebeuren / iemand / jassen / pen / tekenen / verliezen / vinden / weg / zak

1 Ik heb mijn paspoort ..... Ik laat nu op de bank mijn rijbewijs zien.
2 Zo, als u hier even ....., is de auto van u.
3 Waar is mijn .....? Ik wil even iets opschrijven.
4 Is Peter te laat? Wat gek, dat ..... bijna nooit.
5 Mevrouw, ik heb al twee keer aan iemand gevraagd waar het politiebureau is, maar ik kan het niet .....
6 Hallo! Is hier .....?
7 Peter? Een halfuur geleden was hij hier nog, maar nu is hij .....
8 Neem me niet kwalijk, dat is mijn ..... Ik heb niet goed gekeken.
9 Lange ..... zijn niet handig op de fiets.
10 Mijn pinpas zit in de ..... van mijn jas.

7 Fill in:
gestolen / heel erg / pakken / pinpas / politiebureau / toen / zak

1 ..... ik in Amsterdam was, hebben ze mijn geld .....
2 Ik zat in de tram. Ik wilde mijn kaartje ....., maar het was weg.
3 Ik had mijn ..... nog wel.
4 Dat zat in een andere ..... Dus zat ik niet zonder geld.
5 Toch vond ik het .....Ik ben wel meteen naar het ..... gegaan.

8 Matching opposites
1	iemand	a	nergens	1 =
2	iets	b	gewoon	2 =
3	overal	c	slim	3 =
4	verliezen	d	vinden	4 =
5	dom	e	niets	5 =
6	gek	f	niemand	6 =

9 Put in the right order
Reconstruct a summary of 'Op het politiebureau.'
Find the information you need in text 1.

a Wilma vindt haar pinpas weer.   1 =
b Ze zegt dat ze dom is geweest.   2 =
c Dan vraagt hij of ze wil tekenen.   3 =
d Wilma Harmsen gaat naar het politiebureau.   4 =
e Ze zegt dat haar pinpas is gestolen.   5 =
f De agent vraagt waar en hoe het gebeurd is.   6 =
g Ten slotte zegt ze dat het haar spijt.   7 =

10 ◀ C2 How many words do you hear?

11 ◀ C3 Listen to C1 and repeat: 'Op het politiebureau'

12 ◄ Text / C4 Is er een bank in de buurt?
It's 3:55 and Dick McGee stops a passerby to ask him a question.

Dick McGee	Pardon, is er hier ergens een bank in de buurt?
Voorbijganger	Even denken ...
	Ja, dan moet u hier oversteken.
	Bij de bakker op de hoek gaat u linksaf.
	U loopt rechtdoor de brug over.
	Dan neemt u de eerste straat rechts.
	De bank is aan de linkerkant recht tegenover de kapper.
Dick McGee	Dus hier oversteken, bij de bakker linksaf, rechtdoor de brug over en dan de eerste straat rechts.
	Klopt dat?
Voorbijganger	Ja, dat is juist. Weet u dat de bank om vier uur sluit?
Dick McGee	O, wat vervelend! Nee, dat wist ik niet.
Voorbijganger	Maar er is wel een geldautomaat.
Dick McGee	O, dat is ook goed. Dank u wel.

13 ❻ Asking for confirmation and answer
Question
Klopt dat? (*Is that right?*)
Is dat juist? (*Is that correct?*)
Dus [+ repetition]? (*So ..., right?*)
..., hè? (*..., are you? etc.*)

Positive answer
Ja, dat klopt. (*Yes, that's right.*)
Ja, dat is juist. (*Yes, that's right.*)

Negative answer
Nee, dat klopt niet. (*That's not right.*)
Nee, dat is niet juist. (*That's not right.*)

- Dus hier oversteken, (...) Klopt dat?
- Ja, dat is juist.

- Jij komt niet uit Nederland, hè? (lesson 1)
- Nee, ik kom uit Frankrijk.

14 Vocabulary

de voorbijganger [–s]	passerby
ergens	somewhere
de buurt	neighbourhood; *here*: near here
even denken	let me think
oversteken [stak over, overgestoken]	to cross
de bakker [–s]	baker's
de hoek [–en]	corner
links(af)	(to the) left
rechtdoor	straight on
de brug over	across the bridge
de brug [–gen]	bridge
rechts (af)	(to the) right
de linkerkant	left–hand side
recht tegenover	straight opposite
de kapper [–s]	hairdresser's
sluiten [sloot, gesloten]	to close
vervelend	annoying
geldautomaat [–automaten]	cash machine
ook goed	alright

15 ◀ True or false?

1	Dick McGee zoekt een bakker.	waar/niet waar
2	De bakker is in de straat waar Dick McGee is.	waar/niet waar
3	De bank is recht tegenover de bakker.	waar/niet waar
4	Het is half vijf.	waar/niet waar
5	Er is een geldautomaat bij de bank.	waar/niet waar

16 a or b?

Find the answer in text 12 'Is er een bank in de buurt?'

1 Er is een kapper naast de bank. Klopt dat?
   a   Ja, dat klopt.
   b   Nee, dat klopt niet.

2 Daar aan de overkant is een bakker. Is dat juist?
   a   Dat is juist.
   b   Dat is niet juist.

3 Dick moet de brug over en dan naar rechts. Is dat juist?
   a   Dat is juist.
   b   Dat is niet juist.

4 De bank sluit om vier uur, hè?
   a   Dat klopt.
   b   Nee hoor, dat klopt niet.

17 Fill in:

bakker / brug / buurt / ergens / gesloten / hoek / kapper / oversteken / recht
tegenover / vervelende

1   Wil je even wat brood voor me halen bij de .....?
2   Ach meneer, wilt u mij helpen met .....? Ik moet naar de overkant.
3   Wat zie je er mooi uit? Ben je naar de ..... geweest?
4   In deze ..... is geen markt. Dan moet je naar het centrum.
5   Mijn pinpas is weg. Heb jij hem ..... gezien?
6   Heb je gezien dat er een nieuwe geldautomaat is, ... het station.
7   Ik wilde boodschappen doen, maar op maandag zijn de winkels hier .....
8   Wat een ..... film! En wat duurde hij lang!
9   Kun je met de fiets over die ..... of is hij alleen voor de trein?
10 Ze wonen op de ..... van de Rijnstraat en de Waalstraat.

18 Which word would match the picture?

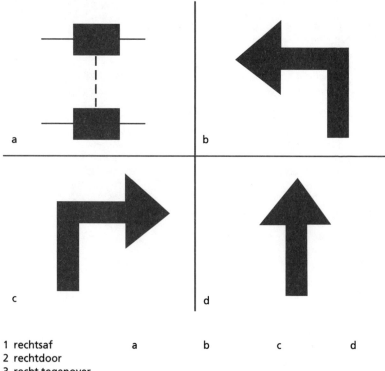

1 rechtsaf   a   b   c   d
2 rechtdoor
3 recht tegenover
4 linksaf

19 Matching: opposites

1	denken	a	daar	1 =
2	eerste	b	doen	2 =
3	ergens	c	laatste	3 =
4	hier	d	links	4 =
5	linkerkant	e	nergens	5 =
6	vervelend	f	leuk	6 =
7	rechts	g	rechterkant	7 =

20 ◀ **C5 Listen and follow the instructions you hear with your pen.**

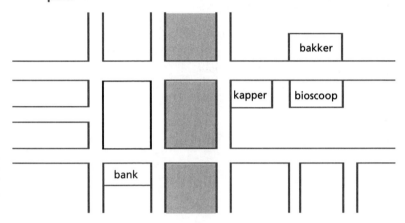

21 ◀ **C6 Listen to the following instructions and repeat**

22 ◀ **C7 'r' as in *rechtdoor***
Listen to the following words and repeat.

23 ◀ **Text / C8 • Op het postkantoor**
Irene needs to buy stamps and to change money.

Irene Wassink	Dag, tien postzegels van 44 cent graag.
	Oh, en hoeveel moet er op deze brief?
Lokettist	Naar Australië?
	Dat is 89 cent.
Irene Wassink	Oké.
	En hoeveel moet er op een kaart naar Ierland?
Lokettist	Binnen Europa? Voor priority 72 cent, voor standard 67 cent.
Irene Wassink	Doet u maar priority.
Lokettist	Dat is dan samen 6 euro en één cent.
Irene Wassink	Kan ik hier ook buitenlands geld wisselen?
Lokettist	Ja, dat kan, maar dan moet u bij een ander loket zijn.

24 ⑤ Inquiring about ability and expressing it

Kan ik ...? / Kunt u ...? / etc. (*Can I ...? / Can you ...?*)
Ik kan (niet/geen)... / U kunt (niet/geen) ... (*I / You can('t) ...*)

- Kan ik hier buitenlands geld wisselen?
- Ja, dat kan, ...

25 Vocabulary

het (post)kantoor [–kantoren]	(post) office
de postzegel [–s]	stamp
de brief [brieven]	letter
de lokettiste [–s]	(female) counter clerk
Australië	Australia
anders	otherwise
de kaart [–en]	postcard
binnen	in(side), within
Europa	Europewisselen [wisselde, gewisseld] to
change (money)	
dat kan	you can
het loket [–ten]	counter

26 ◀ True or false?

Text C8 'Op het postkantoor'
First read the statements. Then listen.

1 Irene Wassink stuurt een kaart naar Australië.	waar/niet waar
2 Irene Wassink koopt een postzegel van 67 cent voor de kaart naar Ierland.	waar/niet waar.
3 Irene Wassink kan bij een ander loket geld wisselen.	waar/niet waar

27 Fill in:

kan ik / kunt u (2x) / kunnen we / u kunt / ik kan
1 ..... een euro voor me wisselen?
2 U hoeft niet te lopen. ..... ook een taxi nemen.
3 ..... onze fiets meenemen in de trein?
4 Het spijt me, ... morgen niet op je borrel komen.
5 Ik ga nu naar huis. ..... nog iets voor je doen?
6 Meneer Gordon, ... deze brief even op de post doen?

28 Fill in:
anders / binnen / brief / Europa / kaarten / loket / post / postkantoor / postzegel / wisselen

1 Een postzegel koop je in een .....
2 Duitsland ligt in .....
3 Als je Nederlands geld wilt hebben, moet je geld .....
4 Op een brief binnen Nederland moet een ..... van 44 cent.
5 In het postkantoor moet je wachten voor het .....
6 Een kaart binnen Europa kost € 0,72; ..... is het duurder.
7 Ik stuur mijn vader iedere maand een ..... sinds hij in Amerika woont.
8 Is er al .....? Ik wacht op een belangrijke brief.
9 In mijn vakantie stuur ik ..... aan de hele familie.
10 Het ging heel snel: ..... een dag waren we klaar.

29 TNT Post
Post voor de brievenbus

Nederland		Europa		Buiten Europa	
		Priority	Standard	Priority	Standard
0-20 gram	€ 0,44	€ 0,72	€ 0,67	€ 0,89	-
20-50 gram	€ 0,88	€ 1,44	€ 1,21	€ 1,78	-
50-100 gram	€ 1,32	€ 2,16	€ 1,76	€ 2,67	-
100-250 gram	€ 1,76	€ 2,88	€ 2,45	€ 5,34	-
250-500 gram	€ 2,20	€ 5,48	€ 4,02	€ 10,68	-

30 Vocabulary

het tarief [tarieven]	rate
de brievenbus [-sen]	letterbox, mailbox
het buitenland	(a) foreign country
het gewicht	weight
de (brief)kaart [–en]	(postal) card
de envelop [–pen]	envelope

31 Read the questions and find the answers in 29
U bent in Nederland. Hoeveel kost ...

1 Een brief van 25 gram naar Spanje, Priority? € .....
2 Een briefkaart naar Engeland, Standard? € .....
3 Een krant van 230 gram naar Nieuw-Zeeland, Priority? € .....
4 Een envelop van 275 gram naar een stad in Nederland? € .....
5 Een cd (90 gram) naar België, Standard? € .....

32 Fill in:
brief / brievenbus / buitenland / gewicht / Priority

1 A Hoeveel moet er op een ..... naar Canada?
2 B Geen idee. Ik weet alleen dat het naar het ..... duurder is.
3   Als je hem met ..... opstuurt, is het ook duurder.
4   En boven een .... van 20 gram wordt het ook duurder.
5   En de envelop moet in een .... passen.
  A Nou eh, bedankt.

33 ◀ C9 Do you hear v or w?
Listen to the following words.
When you hear **w** as in wisselen, write a 'x'. When you hear **v** as in vinden don't write anything.

1	2x	3	4	5	6	7	8	9	10

QUIZ

Part 1 What would you say?
1 Je had toch even kunnen zeggen dat je wilde vertrekken?
  a Ja, het spijt me.
  b Wat jammer.
  c Wat gek!

2 U hebt nu een ander telefoonnummer, hè?
  a Dat geeft niet.
  b Ja, dat klopt.
  c Ook goed.

3 Ik kom iets later vanavond.
  a Nee, dat is niet juist.
  b Niet dat ik weet.
  c O, dat geeft niet.

4 Kunt u misschien een tientje wisselen?
  a Nee, dat klopt niet.
  b Ja, dat is juist.
  c Ja, dat kan.

5 U kunt hier alleen iets drinken.a Het is heerlijk.
      b Mag ik een broodje met kaas?
      c Neem me niet kwalijk.
6 Klopt het dat luchtpost duurder is dan post per boot of trein?a Dat geeft niet hoor.
      b Dat is erg jammer.
      c Dat klopt, ja.

Part 2 Fill in:

anders / brief / ergens / gepakt / overal / postzegel / slim / sluit / vinden / weg / zwaarder

Peter en Wilma

1 P Ik kan mijn agenda nergens ..... Heb jij hem toevallig ..... gezien?
2 W Nou, niet dat ik weet. Volgens mij heb je hem net nog van de tafel .....
3 P Ik begrijp er niets van. Ik heb ..... al gezocht. Hij is gewoon .....
4 W Eens even denken... Hé, je hebt toch net andere kleren aange-trokken? Misschien zit hij nog in dezak van je pak.

Irene en Dick

5 I Als je toch naar het postkantoor gaat, wil je dan deze ..... voor me meenemen?
6 D Natuurlijk, geef maar. Hé, er zit geen ..... op, weet je dat?
7 I O, lekker ..... van mij! Ik zal er even één op doen. Alsjeblieft.
8 D Dank je. Is hij niet .... dan 20 gram?
9 I Nee hoor, ... had ik er geen 44 cent op gedaan!
10 D Nou, ik ga snel, want het postkantoor ..... al om vijf uur. Dag.

Part 3 Matching

1	En dan is het politiebureau aan de linkerkant?	a	Ja, natuurlijk.	1 =
2	Kun je me even helpen zoeken?	b	Dat is ook goed.	2 =
3	Het spijt me, maar ik kan niet om acht uur.	c	Ja, dat klopt.	3 =
4	Ik kom liever zaterdag.	d	O, het spijt me zo!	4 =
5	Pas op mijn auto! O jee...	e	Hè, vervelend.	5 =

Part 4 ◀ Listen to text C4 'Is er een bank in de buurt?' Complete the sentences.

Dick McGee	Pardon, is er hier ergens een bank ..... de buurt?
Voorbijganger	Even denken...
	Ja, dan moet ..... hier oversteken.
	Bij de bakker op de ..... gaat u linksaf.
	U loopt rechtdoor de ..... over.
	Dan neemt u de eerste straat .....
	De bank is aan de linkerkant recht ..... de kapper.
Dick McGee	Dus hier oversteken, bij de ..... linksaf, rechtdoor de brug over en dan de eerste straat rechts.
	Klopt dat?
Voorbijganger	Ja, dat ..... juist.
	Weet u dat de bank om ..... uur sluit?
Dick McGee	O, wat vervelend! Nee, dat ..... ik niet.
Voorbijganger	Maar er is wel een .....
Dick McGee	O, dat is ook goed. Dank u .....

12 / C1 Benzine tanken

Eric has just put 25 liters of petrol in his rental car. Now he's about to pay.

1 ◀ Text • Benzine tanken

Pompbediende	Dat is dan € 40,–, meneer.
Eric	Wat zegt u! Dat kan toch niet.
Pompbediende	Kijk, daar staat het: Euro95, € 1,60 per liter.
Eric	Even rekenen... Dat is ruim zes euro voor een gallon. Wat duur!
Pompbediende	Betaalt u contant of wilt u pinnen?
Eric	Nou, met mijn creditcard. Als het kan tenminste.
Pompbediende	Wilt u hier even tekenen?
	...
Eric	O, nog iets. Mijn banden zijn te zacht.
	Kunt u er wat lucht bij doen?
Pompbediende	Dat mag u zelf doen, meneer.
	Bij de deur links, tegen de muur.
Eric	Ja, bedankt en tot ziens.

2 Vocabulary

de benzine	petrol, gas
tanken [tankte, getankt]	to fill up
de pompbediende [–s]	service station attendant
dat kan niet	that's not possible
daar staat het	it's written there
Euro95	unleaded petrol, gas
de liter [–s]	litre
rekenen [rekende, gerekend]	to figure
de gallon	gallon
contant	cash
pinnen	to pay by switch card
de creditcard	credit card
de band [–en]	tyre, tire
de lucht	air
(er iets) bij doen	to add
de deur [–en]	door
de muur [muren]	wall

3 ◀ True or false?

Text C1 'Benzine tanken'.
First read the statements. Then listen.

1 Eric vindt de benzine in Nederland goedkoop.	waar/niet waar
2 Eric neemt Euro95.	waar/niet waar
3 De pompbediende helpt Eric met de banden van zijn auto.	waar/niet waar

4 Fill in:

band / benzine / bij doen / contant / deur / lucht / muur / rekenen / tanken

1   Zet je fiets maar tegen die ..... daar.
2   Hoeveel liter ..... heb je getankt?
3   Als het vliegtuig in de ..... is, mag u weer roken.
4   Zit er genoeg melk in je koffie of moet ik er wat .....?
5 A 68 en 23 is tweeënnegentig.
   B Kun je niet .....? Dat is toch eenennegentig.
6   Als de ..... gesloten is, moet je even wachten.
7   Nee, u kunt niet pinnen meneer, u moet ..... betalen.
8   Zal ik een nieuwe ..... op je fiets zetten?
9   We hebben niet veel benzine meer. Ga jij even .....?

5 maten

American:
1 quart = 0,946 liter
1 gallon = 3,785 liter

1 liter = 1.057 quarts
1 liter = 0.264 gallons

British English:
1 quart = 1,136 liter
1 gallon = 4,546 liter

1 liter = 1.76 pints
1 liter = 0.22 gallons

6 For which of the following products would you use a litre measure?

1 melk   6 soep
2 suiker   7 sinaasappels
3 frisdrank   8 patat
4 pils   9 zout
5 benzine   10 olie

7 ◄ Text / C2 • Mijn auto doet het niet

Sietske Boersma is calling a garage because the engine of her car won't start.

Receptioniste	Garage Post.
Sietske Boersma	Met Sietske Boersma.
	Mijn auto is kapot.
	Hij wil niet starten en mijn verlichting doet het ook niet meer.
Receptioniste	Ik verbind u door met de monteur.
Monteur	Met Agelink, zegt u 't maar.
Sietske Boersma	Ja, met Sietske Boersma. Ik heb een probleem met mijn auto. Hij wil niet starten.
Monteur	Zit er wel benzine in?
Sietske Boersma	Natuurlijk. Dat heb ik gecontroleerd. De tank is nog helemaal vol. Misschien is er ergens een draad los.
Monteur	Hm. De accu waarschijnlijk. We komen wel even kijken. Waar staat hij?
Sietske Boersma	Op de Middenweg bij nummer 230
Monteur	Wat is uw telefoonnummer?

Sietske Boersma	6839233.
Monteur	En uw kenteken?
Sietske Boersma	LX–08–KT.
Monteur	We komen eraan.

Monteur	Hm. De accu is het niet. We nemen hem mee. Als hij gerepareerd is, bellen we u terug.
Sietske Boersma	Het lijkt me beter dat ik even bel wanneer ik hem kan komen halen.
Monteur	Dat mag ook. Dag mevrouw.
Sietske Boersma	Dag meneer.

8 ❿ Telephone

Answering a call: (Met) ... (name)
Calling: Met ... (name)

- Garage Post
- Met Sietske Boersma.

Asking for extension:
Kunt u mij doorverbinden met ...? (*Could you put me through to ...?*)

- Kunt u mij dan doorverbinden met een monteur?

Announcing a new call:
Ik bel u terug. (*I'll call you back.*)

- Als hij gerepareerd is, bellen we u terug.

9 Vocabulary

mijn auto doet het niet	my car doesn't work
de receptioniste [–s]	receptionist [woman]
de garage [–s]	garage
kapot	broken; *here*: broken down
starten [startte, gestart]	to start
de verlichting	lights
doorverbinden [verbond door, doorverbonden]	to put through
de monteur [–s]	mechanic
zegt u het maar	what can I do for you?
het probleem [problemen]	problem
controleren [controleerde, gecontroleerd]	to check
de tank [–s]	tank
helemaal	completely
vol	full
de draad [draden]	thread; *here*: wire
los	loose

de accu	battery
waarschijnlijk	probably
de (Midden)weg [wegen]	road
het kenteken [–s]	registration/license number
we komen eraan	we are on our way
repareren [repareerde,	to repair
gerepareerd]	
terugbellen [belde terug,	to call back
teruggebeld]	
beter	better
hem kan komen halen	can pick it up
halen [haalde, gehaald]	to get, to fetch
dat mag ook	that's alright

10 ◀ True or false?

Text C2 'Mijn auto doet het niet'.
First read the statements. Then listen.

1 Sietske belt de garage en krijgt meteen een monteur
aan de telefoon. waar/niet waar
2 Sietske moet de auto zelf naar de garage brengen. waar/niet waar
3 Sietske belt de garage als ze wil weten of de auto
gerepareerd is. waar/niet waar

11 Fill in:
beter / garage / helemaal / kapot / kenteken / monteur / repareren / starten /
verlichting

Mijn auto was ..... Hij deed het ..... niet meer: niet ....., geen ..... Helemaal niets. Toen
heb ik de ..... gebeld. Ze stuurden een ..... Die zag meteen aan mijn ..... dat het een
oude auto was. Hij zei: 'Die kan ik niet meer ..... Dat wordt veel te duur. U kunt .....
een andere auto kopen.'

12 Fill in:
met / nummer / spreek / telefoneren / telefoon

Conversation 1
1 A Mag ik even .....?
2 B Gaat uw gang. Daar is de .....
3 C ..... Van der Heiden.
4 A Pardon. ..... ik niet met de opera?
5 C Nee, dit is 551 89 23
  A Het spijt me. Goedemiddag.

13 Fill in:
dag / doorverbinden / in gesprek / met / terugbellen

Conversation 2
B   De opera. Goedemiddag.
1   A   Goedemiddag, ... Albert Wesseling.
        Ik wil graag twee kaartjes voor de Figaro.
2   B   Een ogenblikje, ik zal u .....

    B   Het spijt me, maar dat nummer is .....
        Kunt u straks nog even .....?
    A   Ja hoor. Dank u wel.
3   B   ....., meneer.

14 Fill in:
Change the form when required.
auto / controleren / draad / halen / losser / probleem / repareren / terugbellen / vol /
weg

1   Kun je even ..... of de verlichting het wel doet?
2   Heb je weleens gezien hoeveel ..... er in een televisie zitten?
3   In de vakantie is het altijd heel druk op de Franse .....
4   Ik koop een nieuwe auto, want de oude kunnen ze niet meer .....
5   De heer Van Doorn is er niet. Kan hij u straks even .....?
6   Kun je even bij de bakker broodjes .....?
7   Sorry, de bus is ..... U moet wachten op de volgende.
8   Pff, ik krijg bijna geen lucht. Ik doe mijn stropdas een beetje .....
9   Je wordt te dik. Je moet je ..... minder gebruiken.
10 Agent, ik heb een ..... Mijn auto is weg!

15 ◀ C3 Read the following questions

Listen again to C2 'Mijn auto doet het niet' and answer the questions.
Don't look at the text.

1   Wat is Sietskes achternaam?
2   Waar staat Sietskes auto?
3   Wat is Sietskes telefoonnummer?
4   Wat is het kenteken van haar auto?

16 / C4 *eu* as in *monteur*
Listen to the following words. When you hear *eu* as in keuken or monteur, write a 'x'.

1x   2   3   4   5   6   7   8   9   10

17 / C5 Listen to the following words and repeat

18 ◀ C6 Text • Dat mag niet

Niet roken.

Ssst. Niet praten.

Au! Niet bijten.

Bah! Niet opeten.

Hé! Niet slapen.

Reizigers, niet instappen.

Binnen zonder kloppen.

19 Vocabulary

ssst!	sh!
au!	ouch!
bijten [beet, gebeten]	to bite
bah!	yech!
opeten [at op, opgegeten]	to eat (up)
hé!	hey!
slapen [sliep, geslapen]	to sleep
de reiziger [–s]	*here*: passenger
instappen [stapte in, ingestapt]	to get in/on, to board
zonder	without
kloppen [klopte, geklopt]	to knock

20 ◀ Text / C7 • U mag hier niet parkeren

John Kroes is trying to park on the pavement just across from the butcher's.

Agent	U mag hier niet parkeren, meneer.
John Kroes	Eventjes maar, ik moet naar de slager.
Agent	Nee meneer, u moet echt een andere plaats zoeken.
	U hoeft niet lang te zoeken.
	Daar is nog plaats genoeg.

21 ❻ Stating that permission is withheld

Niet ... (alstublieft/alsjeblieft) (*(Please) don't ...*)
U mag niet ... (*You shouldn't ... / You're not allowed ...*)
– Niet praten!

– U mag hier niet parkeren, meneer.

22 Vocabulary

parkeren [parkeerde, geparkeerd]	to park
eventjes maar	for just a moment
de slager [–s]	butcher's
plaats genoeg	enough space

23 Fill in:
au / bah / binnen / hé / niet instappen / sst

1 ....., die soep is heet!
2 ....., wat leuk! Dat is Marijke.
3 ....., die koffie is niet lekker meer.
4 ....., ik kan zo niet bellen.
5 En toen zei ik: '.....' Maar er kwam niemand.
6 Daar komt de trein, maar daar staat: .....

24 Fill in:
beet / genoeg / kloppen / opeten / parkeren / reizigers / slager / slapen / zonder

1 In het centrum mag je je auto bijna nergens .....
2 Ik ga snel even naar de ..... Ik moet nog vlees halen.
3 Wil je de radio zachter zetten? Ik kan zo niet .....
4 Bah! Aardappels ..... zout vind ik niet lekker.
5 ..... naar Praag moeten nu instappen.
6 Als je het niet lust, moet je het niet .....
7 We hebben tijd ..... De trein komt pas over twintig minuten.
8 Als je daar naar binnen gaat, moet je eerst even .....
9 Ik ..... in de appel en toen zag ik de worm pas.

25 ◀ C8 Listen and repeat

26 Grammar
Nee meneer, U **moet** echt een andere plaats zoeken.
U **hoeft niet** lang te zoeken.

For the negation of **moeten** see Grammar Section 19.
See also lesson 8, 4.

27 Fill in:
te / ø (nothing)

1 Uw auto is klaar. Komt u hem halen?
   Als u na vier uur komt, hoeft u niet ..... bellen.
   Maar u moet wel voor zes uur ..... komen.
2 Moet ik nu ..... betalen of krijg ik een rekening?
   Nu graag. U hoeft dat niet contant ..... doen. Met een creditcard is ook goed.
3 St! Je moet niet zo hard ..... praten. Niet iedereen hoeft het ..... horen!

28 ◀ Text / C9 Roken verboden

Op veel plaatsen in Nederland is roken verboden. Je mag bijvoorbeeld niet roken in ziekenhuizen, zwembaden, sporthallen, scholen, enzovoort. Roken is namelijk niet alleen slecht voor de roker zelf maar ook voor de niet–roker. Op dit moment zijn er in Nederland ± vijf miljoen rokers en elf miljoen niet–rokers. De niet-rokers worden gedwongen 'mee te roken' met de rokers. Daarom mag er in openbare gebouwen niet gerookt worden. Zestig procent van de rokers vindt dat een goed idee. Ten slotte vindt vijfenzeventig procent van alle Nederlanders dat je geen last van rokers hoeft te hebben als je zelf niet rookt.

29 Vocabulary

verboden	forbidden, no …
het ziekenhuis [–huizen]	hospital
het zwembad [–en]	pool
de sporthal [–len]	sports centre
enzovoort	et cetera, and so on
namelijk	the fact is …
niet alleen	not only
de roker [–s]	smoker
het moment [–en]	moment
het miljoen [–en]	million
worden	be (see grammar section 20)
gedwongen	*from* 'dwingen'
dwingen [dwong, gedwongen]	to force
'mee te roken'	'to smoke along' (= passive smoking)
er mag niet gerookt worden	smoking is not permitted
daarom	that's why, so
het procent [–en]	percent
al(le)	all
openbaar	public
het gebouw [–en]	building
last hebben van	to be bothered

30 ◀ True or false?

Text 26 / C9 'Roken verboden'.
First read the statements and the questions.
Then find the answers in the text.
Then listen and read along.

1	80% van de Nederlanders rookt.	waar/niet waar
2	Roken is in alle openbare gebouwen verboden.	waar/niet waar
3	Welke openbare gebouwen staan er in de tekst?	
	Schrijf er drie op.	
	1	

2 .....
3 .....
4   Er zijn ± ..... miljoen Nederlanders.
5   60% van de rokers   a   rookt in alle openbare gebouwen.
                           b   vindt dat roken overal verboden moet zijn.
                           c   vindt dat je in sommige gebouwen niet mag roken
6   'Niet–rokers hoeven niet mee te roken als ze dat vervelend vinden,'
     vinden ± elf miljoen Nederlanders.   waar/niet waar

31 Fill in:
Change the form of the words when required.
dwingen / enzovoort / namelijk / school / op dit moment / slecht / verboden /
ziekenhuis / zwembad

1   Het is ..... om voor het station te wachten met je auto.
2   Mijn moeder ligt in het ..... Ik ga haar morgen bezoeken.
3   Zullen we naar het ..... gaan? Ik heb al zo lang niet meer gezwommen.
4   Kinderen, het is kwart voor negen. Jullie moeten naar .....
5   Op de markt kun je goedkoop kleren kopen: broeken, sokken, ...
6   Je moet niet te veel eieren eten. Dat is ..... niet goed voor je.
7   In dat restaurant moet je niet gaan eten. Het eten is er .....
8   Je moet het echt zelf willen: ik kan je niet .....
9   Ik heb vroeger veel gerookt, maar ..... rook ik niet.

32 Which word would be appropriate?
1   In een zwembad kun je .....
2   In een sporthal kun je .....
3   Niet–rokers willen niet .....
4   % = ...
5   6.000.000 = zes .....
6   Een gebouw waar iedereen in mag, is een ..... gebouw.

33 Grammar
Ten slotte vindt 75% van alle Nederlanders dat .....
For the use of **al** see Grammar Section 21

34 Fill in:
al het / alle

1   ..... kinderen vonden het een leuk feestje.
     Eerst dronken ze ..... frisdrank op en daarna aten ze ..... koekjes op.
     Toen ook ..... ijs op was gingen ze weer naar huis.
2   In ..... nieuwe auto's kun je Euro95 doen.
3   Toen ..... contante geld op was, hebben we onze creditcard gebruikt.
4   Mijn auto deed het niet meer: ..... benzine was op.
5   Sorry, ... monteurs zijn al naar huis: we kunnen u niet helpen.

35 Grammar
De rokers **worden gedwongen** mee te roken.
For the passive form see Grammar Section 20.

36 Follow the instructions

Look at the following sentences.
Mark the ones that contain a passive construction.

Example: U *wordt* straks door ons *gebeld*.
  Uw auto *is gerepareerd*, mevrouw.
1 Je mag hier niet parkeren.
2 Mijn auto wil niet starten.
3 Uw auto kan niet worden gerepareerd.
4 Sietske werd doorverbonden met een monteur.
5 Ik heb mijn pinpas niet gevonden.
6 Haar pinpas is gestolen.
7 Mijn broek is te klein geworden.
8 Mijn moeder maakt mijn broek langer.
9 Mijn broek is langer gemaakt.
10 John Kroes werd gedwongen een andere plaats te zoeken.

37 ◀ C10 Listen to the following words and repeat

Part 1 What would you say?

1 Bioscoop Trianon, goedemiddag.
  a Hallo.
  b Ja, bedankt.
  c Met Erik Boersma.

2 Meneer, u mag hier niet met de auto komen!
  a Dat kan me niets schelen.
  b Dat mag u zelf doen.
  c We komen eraan.

3 Kunt u mij doorverbinden met de receptioniste?
  a Ja, een ogenblikje graag.
  b Ja, nog iets.
  c Zegt u het maar.

4 Hé, niet doen alsjeblieft!
  a Dat kan toch niet.
  b Hé, wat leuk.
  c Het spijt me.

5 Kun je over een uurtje even terugbellen?
  a Het spijt me, maar dan ben ik weg.
  b Het spijt me, die is in gesprek.
  c Ja bedankt en tot ziens.

6 Vindt u het erg als ik hier rook?
  a Nee, dank je.
  b Nou, liever niet.
  c Roken verboden.

Part 2   Fill in and change the form when required.

beter / dat kan niet / gebouw / halen / kenteken / namelijk / parkeren / plaatsen
genoeg / slecht / verboden / vol / waarschijnlijk

Sietske belt het Concertgebouw.
1 S Heeft u nog kaarten voor het concert van zondagmiddag of zit het al .....?
2 A Nee mevrouw, ... nog! Zegt u maar hoeveel.
3 S Vier graag. En eh, dan nog een vraag. Kun je ..... vóór het Concertgebouw?
4 A Nee mevrouw, niet voor het ..... zelf,dat is .....

Michel en Hans op straat
5 M Kun je dat ..... van die rode autoecht niet lezen? Nou, dan heb je echtheel
      ..... ogen!
6 H Ja, dat klopt. Ik moet ..... een bril.

Anna en Paul, thuis
7 A Zeg Paul, ... jij nog even wat bier zo?
8 P Nee, ..., want Erik belt me zo terug.
9 A Hè, wat vervelend. Mijn auto is ..... bij de garage.
10 P Nou, dan ga je toch lopen? Dat is ook veel ..... voor je!

Part 3   Which word is correct?

1 A Heb je al het / alle brood opgegeten? Nou, je wordt bedankt!
2 B Nou, ik hoef / moet zo toch naar de slager en dan ga ik voor jou wel even
      naar de bakker.

3 A Joh, neem nog wat. Al het / alle etenmoet op.
4 B Nee, dank je, ik hoef / moet echt nietmeer. 't Was heerlijk zo.

5 A Hij heeft al het / alle muziek van Bach op cd, wist je dat?
6 B Nou, ik wilde hem net iets van Bach geven, maar dat hoeft / moet dus niet
      meer.

Part 4   ◀ Listen to text C1 'Benzine tanken.'Complete the sentences.

Pompbediende en Eric
P Dat is dan € 40,–, meneer.
E Wat zegt .....! Dat kan toch niet.
P Kijk, daar staat .....: Euro95, € 1,60 per liter.
E Even rekenen... Maar ..... is zes euro voor een gallon. Wat duur!
P Betaalt u contant of wilt u .....?
E Nou, met mijn creditcard. Als dat kan .....
P Wilt u hier even tekenen?
E O, nog ..... Mijn banden zijn te zacht.
   Kunt u ..... wat lucht bij doen?
P Dat mag u ..... doen, meneer.
   Bij de deur links, tegen ..... muur.
E Ja, bedankt en tot ziens.

13/ C1 Een baby

Ton is calling his aunt Irene because his sister has just had a baby.

1 ◀ Text • Een baby

Ton	Heb je het al gehoord?
	Liesbeth heeft een zoon.
Irene	Wat leuk! Wanneer is hij geboren?
Ton	Vanmorgen heel vroeg. Om half zes geloof ik. Het is heel vlug gegaan.
Irene	Hoe heet hij?
Ton	Kasper Jeroen. Maar ze noemen hem Kas.
Irene	Leuke naam.
Ton	Het is een flinke baby: hij weegt 8 pond. En hij lijkt op zijn vader.
Irene	En hoe voelt Liesbeth zich?
Ton	Prima. Jaap zegt dat ze nog wel erg moe is.
Irene	Dus nu ben je oom.
Ton	Ja. Hartstikke leuk. Vanmiddag ga ik meteen even bij ze langs.

2 ❻ Reporting

Hij zegt dat ... (*He says (that)* ...)
Ze denkt dat ... (*She thinks (that)* ...)

– Hoe voelt Liesbeth zich?
– Jaap zegt dat ze nog wel erg moe is.

3 Vocabulary

de baby [–'s]	baby
de zoon [zonen, zoons]	son
geboren	born
vanmorgen	this morning
vroeg	early
geloven [geloofde, geloofd]	to believe
vlug	fast, quick
noemen [noemde, genoemd]	to call, to mention
flink	big
wegen [woog, gewogen]	to weigh
lijken op	to be / look (a)like
(zich) voelen [voelde, gevoeld]	to feel
moe	tired
Jaap zegt dat ...	for word order see grammar section 4B
de oom [–s]	uncle
hartstikke leuk	fantastic
vanmiddag	this afternoon
langsgaan [ging langs, langsgegaan]	to drop in

4 ◀ True or false?

Text C1 'Een baby'.
First read the statements. Then listen.

1 De baby weegt 800 gram.   waar/niet waar
2 Kas lijkt op zijn vader.   waar/niet waar
3 Ton gaat morgen langs bij zijn zuster.   waar/niet waar

5 pound and pond
1 kilo   = 2 pond
1 pond   = 500 gram = 1.1 pound
1 pound = 0,454 kg (kilogram)
Hoeveel weegt Kas? ..... (lbs).

6 Fill in:
hartstikke leuk / heet / langsgaan / noemen / vanmorgen / vroeg / weegt / zoon / zwaar

   A Wat is het?
1 B Een .....
2 A Hoe ..... is hij?
3 B Hij ..... 6 pond.
4 A Hoe ..... hij?
5 B Ze ..... hem Ezra.
6 A Wanneer zullen we bij ze .....?
     ..... of vanmiddag?
7 B Nu is het nog te .....
     We gaan morgen wel.
8 A Ik vind het .....!

7 Fill in:
Change the form of the words when required.
baby / geboren / flink / geloven / moe / noemen / oom / vanmorgen / vlug / voelen

1 Anna en Kees hebben een ..... gekregen. Ze heet Clara en ze weegt zeven pond.
2 De broer van mijn moeder is mijn .....
3 Er worden in Nederland minder kinderen ..... dan vroeger.
4 Ik? Ik voel me goed. Ik heb ..... nog lekker gezwommen.
5 Jaap, kom eens ..... hier. Ik wil je wat laten zien.
6 – Hoeveel koekjes heb jij gehad, Peter?
  – Oh, twee, ... ik.
7 Hij heet eigenlijk Wilfried, maar iedereen ..... hem altijd Wif.
8 Ik ga vanavond vroeg naar bed. Ik ..... me niet lekker.
9 Vandaag heb ik geen zin om naar de bioscoop te gaan. Ik ben .....
10 Zijn jullie naar Haarlem gelopen? Dat is een ..... afstand!

8 Opposites

1	groot	a	vervelend	1 =
2	vlug	b	zus	2 =
3	broer	c	moeder	3 =
4	vader	d	slecht	4 =
5	leuk	e	klein	5 =
6	prima	f	langzaam	6 =

9 Geboortekaartje

10 Vocabulary

met blijdschap geven wij kennis	'we are happy to announce'
de geboorte	birth
de dochter [–s]	daughter
rusten [rustte, gerust]	to rest

11 Read the questions and statements
Then find the answers in 9 'A birth announcement card'.

1 Wat is de achternaam van Nina?   .....
2 Wanneer is ze geboren?   .....
3 Je kunt langsgaan na één uur en voor half vier 's middags.   waar/niet waar
4 Frans en Angela willen liever dat je even belt, voordat je komt.   waar/niet waar

12 ◀ C2 Listen to C1 'Een baby' and repeat

13 Grammar
Hoe voelt Liesbeth zich?

For the use of the reflexive pronoun see Grammar Section 22.

14 Follow the instructions
Underline the reflexive pronouns in the following sentences.

1 Hij heet eigenlijk Leen van den Toorn. Maar hij noemt zich Lee Towers.
2 Heb je je gesneden? Pas toch op met die messen.
3 Ik voelde me weer eens te dik. Nu weeg ik me iedere dag maar ik ben nog te dik.
4 We willen ons even aan u voorstellen. We zijn van de politie, bureau Tolstraat.
5 Hij voelde zich niet zo goed. Nu rust hij even.

15 ◀ Text / C3 • Mijn baas gaat weg
Maartje and Daan are discussing matters concerning Maartje's work.

Maartje	Morgen is er een borrel op mijn werk. Ga je mee?
Daan	Een borrel? Waarom?
Maartje	Mijn baas gaat weg. Hij heeft een nieuwe baan bij een Amerikaans bedrijf in Rotterdam gekregen.
Daan	Waarom zo plotseling? Was er ruzie?
Maartje	Nou nee, maar hij kan daar meer verdienen. De salarissen in het bedrijfsleven zijn veel hoger dan bij de gemeente. Maar het is geen vaste baan.
Daan	Gaat hij ook verhuizen?
Maartje	Misschien. Hij wil het wel maar het schijnt dat zijn oudste dochter hier wil blijven. Die wil niet naar een andere school.
Daan	Ja ja, dat begrijp ik.
Maartje	Je gaat toch wel mee, hè, naar die borrel?
Daan	Ja hoor. Moeten we een cadeautje meenemen?
Maartje	Eigenlijk wel. Maar wat? Hij houdt van oude jenever. Wat vind je van een fles jenever?
Daan	Prima.
Maartje	Koop jij hem of zal ik het doen?
Daan	Ik koop hem wel. Ik moet toch nog boodschappen doen.

16 ❻ Inquiring whether an offer or invitation is accepted or declined
Doe je het? (*Will you do it?*)
Je doet het toch wel? (*You will do it, won't you?*)
Je gaat toch wel? (*You are going, aren't you?*)
Je komt toch wel? (*You will come, won't you?*)

– Je gaat toch wel mee, hè?
– Ja hoor.

17 Vocabulary

de baas [bazen]	boss
weggaan [ging weg, weggegaan]	to leave
op het werk	at work
de baan [banen]	job
Amerikaans	American
het bedrijf [bedrijven]	company
plotseling	sudden(ly)
de ruzie [–s]	quarrel, argument
verdienen [verdiende, verdiend]	to earn
het salaris [–sen]	salary
het bedrijfsleven	business
hoger (*from* hoog)	higher
hoog	high
dan	than
de gemeente	municipality (local council, city)
vast	fixed; *here*: permanent
verhuizen [verhuisde, verhuisd]	to move
schijnen [scheen, geschenen]	to seem, appear
oudste (*from* oud)	oldest
dochter [–s]	daughter
blijven [bleef, gebleven]	to stay
begrijpen [begreep, begrepen]	to understand
het cadeautje [–s]	present
de jenever	Dutch gin
de fles [–sen]	bottle

18 ◀ True or false?

Text C3 'Mijn baas gaat weg'.
First read the statements. Then listen.

1	Die ochtend is er een borrel op het werk van Maartje.	waar/niet waar
2	Maartje werkt in Rotterdam.	waar/niet waar
3	De dochter van de baas wil niet verhuizen.	waar/niet waar
4	Daan en Maartje gaan samen naar de borrel.	waar/niet waar

19 Fill in:

Change the form when required.

baan / baas / bedrijf / dochter / plotseling / ruzie / schijnen / verdienen / verhuizen / weggaan

1 Ik heb een nieuwe ..... op mijn werk. Hij is wel aardig, geloof ik.
2 Eric, wil je nu .....? Ik wil even alleen zijn.
3 Het bedrijf waar ik werk ..... volgend jaar naar Duitsland.
4 Ik vind mijn werk niet leuk. Ik zoek eigenlijk een andere .....
5 Wat een prachtig gebouw! Daar woont niemand, daar zit vast een ..... in.
6 Ach blijf nog even. Waarom moetje nu zo ..... weg?
7 Ik praat niet meer met Jack. Ik heb ..... met hem.
8 Leo en Bertha hebben twee kinderen: een zoon en een .....
9 Als ik een nieuwe baan krijg, wil ik zeker niet minder .....
10 Hij ..... al jaren in het buitenland te werken. Maar ik weet het niet zeker.

20 Fill in:

Change the form when required.

begrijpen / blijven / cadeau / op het werk / vast / fles / gemeente / hoog

1   Dat boek ligt te ..... voor mij. Wil jij het even pakken?
2 A Werkt Peter bij een bedrijf?
   B Nee hij werkt bij de .....
3   Ik heb liever een ..... baan bij de gemeente dan een hoog salaris bij een Amerikaans bedrijf.
4   Eerst wilde dit bedrijf naar het buitenland gaan, maar nu ..... het toch in Nederland.
5   Je moet geen moeilijke woorden gebruiken, kinderen ..... dat niet.
6   Leo is morgen jarig. Heb jij al een ..... voor hem?
7   Zullen we iets drinken? Ik heb nog een ..... lekkere wijn.
8   Bij mij ..... hebben we vijf weken vakantie per jaar.

21 Matching opposites

1	dochter	a	nieuw	1 =	
2	gemeente	b	minder	2 =	
3	vast	c	blijven	3 =	
4	oud	d	zoon	4 =	
5	meer	e	los	5 =	
6	weggaan	f	bedrijfsleven	6 =	

22 ◀ C4 Listen to the following words and repeat

23 Grammar

Nou nee, maar hij kan daar **meer** verdienen.
Hij wil het wel maar het schijnt dat zijn **oudste** dochter hier wil blijven.

For the comparative and superlative forms of the adjective see Grammar Section 23.

24 Fill in:

meer ... dan / hoogste / minder dan / rijkste / beter dan / zwaarste

1 Het ..... gebouw in Rotterdam is de Euromast.
2 Gaat het dit jaar met Philips ..... in 2007? Toen ging het niet zo goed.
3 Grote bedrijven hebben op dit moment ..... problemen ..... de kleinere.
4 Ik verdien wel ..... mijn baas, maar ik doe het ..... werk.
5 Wie is de ..... vrouw van Nederland?

25 ◀ Text / C5 • Een kaart

Beste tante Cora en oom Dik,

Ik ben goed aangekomen. Ook wil ik jullie nog eens bedanken voor de fijne tijd die ik bij jullie gehad heb: het was een heerlijke vakantie. Jammer dat het voorbij is.
Volgens mijn moeder ben ik magerder geworden. Maar ik ben gewoon weer gegroeid, daarom lijk ik magerder. Mijn ouders vragen of jullie volgend jaar bij ons komen. Dan kunnen we jullie iets van Canada laten zien.

Hartelijke groeten,
Bert

Lieve Susan,

Het congres duurt nog tot maandag. Het is erg interessant. Ik heb daarom toch maar besloten tot het eind te blijven. Er zijn mensen uit veel verschillende landen. Daar praat ik mee aan het ontbijt en tijdens de lunch. Die internationale sfeer maakt het zo bijzonder. Verder geen nieuws. Ik mis je. Tot dinsdag.

Liefs,
Thomas

26 ⊕ Opening letter

Beste ..., / **Lieve ...,** (*Dear ...,* informal)
Geachte heer / mevrouw ...., (*Dear Mr./Mrs./Ms. ....,* formal)

– Beste tante Cora en oom Joop,

– Lieve Petra,

27 ❻ Closing letter

(Hartelijke) groeten, (*Best wishes, greetings,*)
Liefs, (*Love from ...*)
Hoogachtend, (*Yours sincerely,*)

- Hartelijke groeten, Bert

- Liefs, Thomas

28 Vocabulary

de tante [–s]	aunt
aankomen [kwam aan, aangekomen]	to arrive
bedanken [bedankte, bedankt]	to thank
fijn	nice, great
voorbij	past, over
mager	thin
groeien [groeide, gegroeid]	to grow
de ouder [–s]	parent
bij ons	at our place
het congres [–sen]	congress, conference
interessant	interesting
besluiten [besloot, besloten]	to decide
mensen	people
het eind(e)	end
verschillend	several, different
het ontbijt	breakfast
tijdens	during
internationaal	international
de sfeer [sferen]	character
verder	further, for the rest
het nieuws	news
missen [miste, gemist]	to miss

29 Matching opposites

1	aankomen	a	dik	1 =	
2	verhuizen	b	hetzelfde	2 =	
3	mager	c	kleiner worden	3 =	
4	oom	d	vertrekken	4 =	
5	verschillend	e	blijven	5 =	
6	groeien	f	langzaam	6 =	
7	plotseling	g	tante	7 =	

30 Fill in:
Change the form when required.

aankomen / daarom / fijn / groeien / internationale / mager / tante / tijdens / voorbij

1   Mijn oom Cor en ..... Gerda zijn volgende week allebei jarig. Welk cadeau zal ik
    ze geven?
2   Hallo Charles, ik denk dat ik om 19.30 uur ..... Ik kom met de trein.
3   Ik vind het ..... voor Diana dat ze een nieuwe baan heeft.
4   Nog twee dagen, en dan is de vakantie weer .....
5   Goh, wat is tante Catherine ..... geworden. Eet ze wel genoeg?
6   Tomaten ..... in Nederland niet goed.
7   ..... onze vakantie in Nederland zijn we ook nog naar België geweest.
8   Stoppen er op dit station ook ..... treinen?
9   Ze kan geen leuker werk vinden. ..... blijft ze maar bij haar oude baas.

31 Fill in:
Change the form when required.

besluiten / eind / land / missen / ontbijt / verder / verschillend / volgens

1   Ik heb ..... dit jaar niet op vakantie te gaan.
2   De Geleenstraat? Hier rechtdoor, en aan het ..... van de straat rechts.
3   Piet en Hans zijn broers, maar het zijn heel ..... mensen.
4   –   Hoeveel ..... zijn er eigenlijk in Zuid–Amerika?
    –   Tien, geloof ik.
5   Mijn vader eet elke ochtend een ei bij zijn .....
6   Nee, vanavond kan ik niet. Er komt een voetbalwedstrijd op de tv, en die wil ik
    niet .....
7   Hij zegt dat hij morgen ook komt, maar ..... mij komt hij niet.
8   Het ontbijt was niet zo lekker, maar ..... vond ik het hotel heel goed.

32 Fill in:
bedanken / groeten / heerlijke / interessante / mensen / nieuws / sfeer / verder

Sydney, 13 januari

1   Lieve .....,
2   Ik heb een ..... tijd gehad en ik wil dan ook iedereen nog eens ..... voor wat jullie
3   voor me hebben gedaan: de goede ....., het lekkere eten enzovoort.
4   En dan al die ..... dingen die jullie me hebben laten zien!
5   ..... nog even het laatste .....: ik word vader!
    Leuk hè! Volgend jaar komen Edith en ik met de baby.
6   ....., Herman

QUIZ

Part 1 *What would you say?*

1 Ga jij volgende week ook naar het congres?
  a Doe je het?
  b Hartstikke leuk.
  c Ik denk het wel.

2 Hij zegt dat hij nu nog maar 80 kilo weegt.
  a Ja, geloof jij het?
  b Ja, volgens mij wel.
  c Nou, dat vind ik ook.

3 Je gaat toch wel even mee een borrel drinken hè?
  a Ja, dat is waar.
  b Nee, dat ben ik niet met je eens.
  c Nou, ik ben nogal moe.

4 Denk je dat je nu stopt met roken?
  a Fijn hoor.
  b Ja hoor.
  c Goed.

5 Dus je neemt die baan echt?
  a Nee, dat maakt me niet uit.
  b Ja, dat begrijp ik.
  c Ja, ik heb het ze al verteld.

6 Kom je ook vanavond naar café Blind Date?
  a Doe je het?
  b Ja, wat denk je?!
  c Wanneer denk je?

Part 2 Fill in. *Change the form when required:*
baan / begrijpen / besluiten / bij ons / dan / eind / hartstikke leuk / mensen / missen /
schijnen / sfeer / verhuizen

Ton en Daan
1 T Wist je al dat Irene en ik ..... hebben om naar het buitenland te gaan?
2 D Nee, echt waar? En je ..... dan?
3 T Nou, de ..... op het werk is de laatste tijd niet zo leuk. Ik vind het niet zo erg
om weg te gaan, ... je?
4 D Maar Irene zal haar werk wel ....., denk ik.
5 T Ja, voor haar is het ook moeilijker ..... voor mij. Maar ik denk dat ze wel snel
iets vindt. Ze kent veel ..... in het internationale bedrijfsleven, dus dat lijkt
me geen probleem.
6 D En wanneer ..... jullie?
7 T ..... april, dus over drie weken.
8 D Wat snel al! Maar ik vind het ..... datjullie het doen. Naar welk land ga
jetrouwens?
9 T Naar Canada. Het ..... een mooi landte zijn.
10 D Ja, daar is het toch veel mooier dan .....

Part 3 Choose the right word.
1 A Een dochter lijkt me eigenlijk veel **leuk / leuker** dan een zoon, vind je niet?
2 B Oh nee, mij lijkt een zoon veel **leuker / het leukst**.

3 A Hoe **duur / duurder** zijn die plaatsen?
4 B Dat zijn **duurder / de duurste** mevrouw, die kosten 40 euro per stuk.

5 A Ik denk dat ik **zwaarder / het zwaarst** weeg van allemaal.
6 B Welnee, Maartje is toch veel **zwaarder / het zwaarst** dan jij!

7 A Heeft u echt geen **goedkope / goedkopere** sokken dan die?
8 B Nee meneer, dat zijn de **goedkoopste / het goedkoopst**.

Part 4 ◀ *Listen to text C1 'Een baby'. Complete the sentences.*
Ton   Heb je het al gehoord?
       Liesbeth heeft ..... zoon.
Irene Wat leuk! Wanneer is hij geboren?
Ton   ..... heel vroeg. Om half zes geloof ik. ..... is heel vlug gegaan.
Irene Hoe heet .....?
Ton   Kasper Jeroen. Maar ze noemen hem Kas.
Irene Leuke .....
Ton   Het is een flinke baby: hij weegt 8 ..... En hij lijkt op zijn vader.
Irene En ..... voelt Liesbeth zich?
Ton   Prima. Jaap zegt dat ..... nog wel erg moe is.
Irene Dus nu ..... je oom.
Ton   Ja. Hartstikke leuk. Vanmiddag ga ..... meteen even bij ze langs.

14 / C1 De bruiloft

From Babs' letter to her friend Margriet.

1 ◀ Text • De bruiloft

Leiden, 16 september 2007

Beste Margriet,

(...)
Gisteren is mijn vriendin Annemarie getrouwd met James. (Ik weet niet zeker
of jij ze kent.) 's Middags was het officiële deel. Annemarie droeg een
prachtige blauwe jurk en een hoed. Ze zag er fantastisch uit en erg gelukkig.
James zag er vreemd uit in zo'n pak omdat hij meestal een spijkerbroek
aanheeft. Om zes uur gingen we met de familie eten in een restaurant. Van
beide kanten was er veel familie. Om half negen begon het feest voor vrienden,
kennissen en collega's. Ik had samen met wat vriendinnen een lied gemaakt
over Annemarie. Iedereen moest er vreselijk om lachen. Vrienden van James
hebben ook gezongen. Later hebben we gedanst. Zelfs de ouders van James
vonden het geloof ik wel leuk. Ik was vannacht om twee uur pas thuis. (...)

Groetjes,
Babs

2 ❻ Expressing how (un)certain one is of something

++	Ik weet zeker dat ... (*I'm sure* ...)
+	Ik weet dat ... (*I know* ...)
+/–	Ik denk het wel. (*I think so*)
+/–	Ik geloof het wel. (*I suppose so*)
+/–	Ik geloof dat ... (*I suppose* ...)
+/–	Ik denk/dacht dat ... (*I think* ...)
?	Misschien (*Perhaps*)
?	Het kan zijn dat ... (*He/she etc. may* ...)
?	Ik weet niet zeker of ... (*I'm not sure* ...)
?	Ik vraag me af of ... (*I wonder if* ...)
–	Ik denk het niet. (*I don't think so*)
–	Ik denk niet dat ... (*I don't think* ...)

3 Vocabulary

de bruiloft [–en]	wedding
gisteren	yesterday
de vriendin [–nen]	(female) friend
trouwen [trouwde, getrouwd]	to get married
officieel	official
dragen [droeg, gedragen]	to wear
gelukkig	happy
eruitzien	to look
[zag ... er ... uit, er ... uitgezien]	
vreemd	strange, odd
zo'n	such a, one of those
meestal	usually

aanhebben	to wear
beide	both
de kant [–en]	side
beginnen [begon, begonnen]	to begin
het feest [–en]	party
vrienden	friends (male and female)
de kennis [–sen]	acquaintance
de collega ['s]	colleague
het lied [–eren]	song
vreselijk	awful(ly)
lachen [lachte, gelachen]	to laugh
de vriend [–en]	(male) friend
zingen [zong, gezongen]	to sing
dansen [danste, gedanst]	to dance
zelfs	even
de ouder [–s]	parent
vannacht	last night, tonight
groetjes	see you

4 ◀ True or false?

Text C1 'De bruiloft'.
First read the statements. Then listen.

1 Annemarie zag er vreemd uit. — waar/niet waar
2 James draagt meestal officiële kleren. — waar/niet waar
3 Het liedje van Babs over Annemarie werd leuk gevonden. — waar/niet waar
4 Babs vindt dat ze na de bruiloft vroeg thuis was. — waar/niet waar

5 a, b or c?
Which line corresponds with the statement from text 1?

1 Ik weet niet zeker of jij ze kent.
a Babs denkt niet dat Margriet ze kent.
b Babs vraagt zich af of Margriet ze kent.
c Babs weet zeker dat Margriet ze kent.

2 Ze zag er erg gelukkig uit.
a Babs denkt niet dat Annemarie erg gelukkig is.
b Babs gelooft dat Annemarie erg gelukkig is.
c Babs weet zeker dat Annemarie erg gelukkig is.

3 Zelfs de ouders van James vonden het geloof ik wel leuk.
a Babs weet zeker dat de ouders van James het leuk vonden.
b Babs denkt dat de ouders van James het wel leuk vonden.
c Babs vraagt zich af of de ouders van James het wel leuk vonden.

6 Finish the following sentences: a, b or c?

1	Ik vraag me af	a	dat hij komt.
	b		dat hij komt wel.
	c		of hij wel komt.
2	Weet je zeker	a	dat Annemarie is wel gelukkig?
	b		dat Annemarie wel gelukkig is?
	c		of is Annemarie wel gelukkig?
3	Het kan zijn	a	dat tante Mies wat later komt.
	b		of tante Mies wat later komt.
	c		tante Mies komt wat later.
4	Ik weet niet zeker	a	dat ze in de kerk getrouwd zijn.
	b		of ze in de kerk zijn getrouwd.
	c		ze in de kerk getrouwd zijn.
5	Ik geloof	a	dat de kinderen een dag vrij hebben.
	b		de kinderen hebben een dag vrij.
	c		of de kinderen een dag vrij hebben.

7 Matching

1	bruiloft	a	gewoon	1 =
2	collega	b	kind	2 =
3	gisteren	c	vriendin	3 =
4	lied	d	werk	4 =
5	ouder	e	zingen	5 =
6	vreemd	f	vandaag	6 =
7	vriend	g	feest	7 =

8 Fill in:

beide / collega / droeg / familie / groetjes / kant / lied / vreselijk / zelfs / zo'n

De bruiloft van Wilma
1 Wilma ..... een prachtige jurk. En het was ..... leuke bruiloft.
2 We hebben ..... veel plezier gehad.
3 Dirk, een ..... van Wilma, vertelde gekke dingen over haar.
4 Ken je de ..... van Wilma, trouwens? Haar ..... tantes waren ook op het feest. En die zijn al in de tachtig!
6 Ze hebben ..... nog een ..... gezongen.
7 Alleen toen er gedanst werd, wilden ze liever aan de ..... zitten.
8 ....., Janneke

9 Fill in:
Change the form of the words when required.

deel / dragen / gelukkig / gisteren / trouwen / vriendin / zelfs
1 Vandaag is het woensdag, dus ..... was het dinsdag.
2 Wie is dat meisje bij Bob? Is dat zijn nieuwe .....?
3 De Nederlanders ..... tegenwoordig als ze al wat ouder zijn.

4   Is Marokko een ..... van Europa of van Afrika?
5   Dit is mijn blauwe pak. Dat ..... ik alleen op officiële dagen.
6   Ik heb niets bij me, ... geen pen!
7   Ik heb een lieve vrouw en een leuke baan: ik ben ......

10 Fill in:
Change the form of the words when required.
beginnen / dansen / er ... uitzien / feest / kennis / lachen / lied / meestal / vannacht / vreemd / zingen

1   Wat .....! Het is al negen uur en er is nog niemand op school.
2   Maaike heeft een nieuwe jurk gekocht. Wat zal ze ..... mooi .....!
3   Hoe laat ik klaar ben met mijn werk? Nou, ... om vijf uur, maar sommige dagen is het wat later.
4   Is iedereen er? Dan kunnen we .....
5   Volgende week ben ik jarig en dan geef ik een groot .....
6   Bart is eigenlijk geen vriend van me, hij is meer een .....
7   Luister eens, wat een prachtig .....! En Jessye Norman ..... het zo mooi.
8   Als ik Gerard zie, moet ik meteen ..... Hij vertelt altijd gekke verhalen.
9   Het was een leuk feest en er was goede muziek: ik heb veel ......
10 –   Wat zie je er slecht uit!
    –   Ja, ik heb ..... slecht geslapen.

11 ◀ Text / C2 • De buurvrouw

Wil tells her partner about her neighbour's accident.

Wil	Zeg, de buurvrouw heeft een ongeluk gehad.
Marco	Ach nee!
Wil	Ja vanochtend. Ze ligt in het ziekenhuis.
	Volgens de buurman is ze midden op straat gevallen terwijl ze overstak. Waarschijnlijk is ze geraakt door een auto die te hard reed. En er kwam ook nog een vrachtwagen aan. Die reed gelukkig niet zo hard, zodat de chauffeur nog net kon stoppen. Anders was ze dood geweest. Het is een wonder dat ze nog leeft.
Marco	Nou, nou! Wat een toestand. Hoe is het nu met haar?
Wil	Dat weet ik niet precies.
Marco	Hoe oud is de buurvrouw eigenlijk?
Wil	Ik dacht dat ze 83 was. Maar ik weet het niet zeker.
Marco	Voor mensen van haar leeftijd is het verkeer soms erg gevaarlijk.
Wil	Nou, en of! Voor iedereen trouwens. Maar voor oude mensen helemaal. Net als voor kinderen. Die zien het gevaar ook niet. Ik ga de buurman vragen of ik iets voor hem kan doen. Hij is zo geschrokken. En hij voelt zich vast erg alleen. Ga je mee?
Marco	Ja goed.

12 ❻ Accepting an offer or invitation

Dank je/u wel. (*Thank you.*)
Bedankt. (*Thanks.*)
Alsjeblieft/Alstublieft. (*Yes, please.*)
(Ja) graag. (*Yes, please.*)
Goed. (*Allright.*)
– Wilt u nog koffie?
– Alstublieft.

– Ga je mee?
– Ja goed.

13 Vocabulary

de buurvrouw [–en]	neighbour (woman)
het ongeluk [–ken]	accident
ach nee!	oh dear!
vanochtend	this morning
ze ligt	she is
de buurman [–nen]	neighbour (man)
midden op/in	in the middle of
vallen [viel, gevallen]	to fall
terwijl	while
raken [raakte, geraakt]	to hit
hard	fast
rijden [reed, gereden]	to drive
de vrachtwagen [–s]	lorry, truck
gelukkig	fortunately
zodat	so (that)
chauffeur [–s]	driver
stoppen [stopte, gestopt]	to stop
dood	dead
het wonder [–en]	miracle
leven [leefde, geleefd]	to live, to be alive
nou, nou	my goodness
de toestand [–en]	situation; *here*: mess
leeftijd [–en]	age
het verkeer	traffic
soms	sometimes
gevaarlijk	dangerous
nou en of!	you bet!
het gevaar	danger
schrikken [schrok, geschrokken]	to get a shock
alleen	alone

14 ◀ True or false?

Text C2 'De buurvrouw'.
First read the statements. Then listen.

1 De buurvrouw ligt in het ziekenhuis omdat ze een ongeluk
   heeft gehad.   waar/niet waar
2 De vrachtwagen reed te hard.   waar/niet waar
3 Wil en Marco gaan meteen naar het ziekenhuis.   waar/niet waar

15 What would you say?
1 Alsjeblieft, hier is je koffie.
   a Alsjeblieft.
   b Bedankt.
   c Graag.

2 Wil je nog een haring?
   a Alsjeblieft.
   b Geen dank.
   c Nou, nou.

3 Ga je mee naar de film?
   a Dank u.
   b Goed.
   c Graag gedaan.

16 List the words
List all the words from text 11 that have a relation with traffic.

ongeluk, ...

17 Matching opposites
1	alleen	a	dood	1 =
2	buurvrouw	b	geluk	2 =
3	hard	c	kinderen	3 =
4	leven	d	vanavond	4 =
5	ongeluk	e	langzaam	5 =
6	oude mensen	f	missen	6 =
7	raken	g	buurman	7 =
8	vanochtend	h	samen	8 =

18 Fill in:
Change the form when required.

buurvrouw / hard / midden / ongeluk / oversteken / terwijl / vanochtend / waarschijnlijk

1 Kijk, daar loopt onze nieuwe ..... Ze woont in het huis aan de overkant.
2 Ik moet vanmiddag hard werken, ... heb ik niet veel gedaan.
3 Otto heeft een ..... gehad en hij ligt nu in het ziekenhuis.
4 Ik heb nu geen tijd, ik zit ..... in de problemen.
5 Ik luister 's ochtends altijd naar de radio ..... ik de krant lees.
6 Jonge kinderen en oudere mensen moeten soms geholpen worden bij het .....
7 Misschien is het morgen mooi weer, maar erg ..... is het niet.
8 Als je in Nederland te ..... met je auto rijdt, moet je veel geld betalen als de politie het ziet.

19 Fill in:
ach nee / nou en of / nou, nou

1 A Moet je horen. Eerst viel hij van zijn fiets, toen werd hij geraakt door een vrachtwagen en daarna viel hij voor een auto. En hij leefde nog! Hij hoefde niet eens naar het ziekenhuis.
  B .....! Dat is echt een wonder.
2 A Mijn beste vriendin gaat verhuizen naar het buitenland en mijn zus gaat voor twee jaar naar Australië.
  B .....! Wat vervelend voor je.
3 A Ik vind het erg belangrijk dat kinderen goed kunnen zwemmen.
  B .....! Dat vind ik ook.

20 Fill in:
Change the form of the words when required.
buurman / chauffeur / dood / rijden / stoppen / vallen / vrachtwagen / zodat

1 Henk, we krijgen een nieuwe ..... Het huis naast ons is verkocht.
2 In Nederland mag je nergens sneller dan 120 kilometer per uur .....
3 Met een 'gewoon' rijbewijs mag je niet in een ..... rijden.
4 Angeline had weer eens geen geld bij zich, ... ik voor haar moest betalen.
5 We zijn met een bus op vakantie geweest en we hadden een heel aardige .....
6 Hoe het ongeluk is gebeurd? Nou, de chauffeur reed zó hard dat hij niet meer op tijd kon .....
7 Mijn oma leeft niet meer, ze is al tien jaar .....
8 Pas op, ... niet: je kunt hier niets zien.

21 Fill in:
Change the form of the words when required.
gevaar / gevaarlijk / leeftijd / leven / schrikken / soms / toestand / verkeer

1 Wat een vervelende .....! Mijn auto is stuk en ik kan geen taxi krijgen.
2 Mensen die roken ..... minder lang dan mensen die niet roken.
3 Hou oud ze is? Ik weet haar ..... niet, ik denk ongeveer 35.
4 Je moet hier niet oversteken, er is veel te veel .....
5 Meestal ga ik met de fiets naar mijn werk, maar ..... gebruik ik de auto.
6 Ik zwem nooit in de Noordzee, dat vind ik te .....
7 Een kind van drie ziet geen ..... en kan de straat oversteken zonder te kijken.
8 Ik ..... toen plotseling de telefoon ging.

22 Grammar
Er kwam een vrachtwagen aan.

The verb is: aankomen. For some more examples of this type of verb (compound verbs) see Grammar Section 24.

23 Follow the instructions
Look at the compound verbs in the following sentences.
In what form would you look those verbs up in your dictionary?
Example: Er **kwam** ook nog een vrachtwagen **aan**.   verb: **aankomen**

1 James heeft meestal een spijkerbroek aan.   .....
2 Je gaat toch wel mee, hè?   .....
3 Neem jij een cadeautje mee?   .....
4 Ze stak de straat over zonder te kijken.   .....
5 Mevrouw, ik verbind u door met de monteur.   .....
6 Waarom heb je me niet teruggebeld?   .....
7 Jaap stelde zijn vriendin voor aan zijn moeder.   .....
8 Nodig je zijn ouders ook uit voor die borrel?   .....
9 Je hoeft dat adres niet op te schrijven.   .....
10 Het is niet makkelijk, maar ik zal proberen het je uit te leggen.

24 ◀ C3 Listen to the following words and repeat

25 ◀ C4 *lijk* as in *eigenlijk*
Listen and repeat

26 ◀ Text / C5 • Lange Nederlanders

In geen enkel ander land worden mensen zo lang als in Nederland. Een Nederlandse man is gemiddeld 183,2 centimeter lang en de gemiddelde Nederlandse vrouw 170,6 centimeter. Jonge mensen zijn bovendien langer dan oude. Men verwacht dat de gemiddelde lengte nog zal stijgen. Dat zal echter niet meer dan 2 centimeter kunnen zijn omdat dat gemiddelde het maximum is.
Niemand weet precies waardoor Nederlanders zo lang zijn geworden. Wel kunnen we de situatie vergelijken met die in landen als Noorwegen en Zweden. Dat zijn ook rijke landen en daar krijgt iedereen, net als in Nederland, goede gezondheidszorg. Misschien is dat de reden dat de mensen langer worden.
Amerikanen zijn 200 jaar de langste mensen geweest. Rond 1860 waren de Amerikanen nog 7 centimeter langer dan de Nederlanders. Nu zijn Amerikanen kleiner maar ook zwaarder. Ook Nederlanders worden dikker. Veel mensen vinden het fijn om lekker achter de pc of voor de tv te zitten, waardoor ze te weinig bewegen.

27 Vocabulary

als	as, like
gemiddeld	average
de vrouw [–en]	woman
jong	young
men	one, 'they'
verwachten [verwachtte, verwacht]	to expect
stijgen [steeg, gestegen]	to rise
echter	however
de situatie [–s]	situation
vergelijken [vergeleek, vergeleken]	to compare
de gezondheidszorg	health care
de reden [–en]	reason
rond	round, around
bewegen [bewoog, bewogen]	to move

◀ 28 True or false?

Read text 26 'Oude ouders'.
Then read the statements. Finally try to find the answers in the text.

1 Nederlanders worden net zo lang als andere mensen.   waar/niet waar
2 Men denkt dat de Nederlanders nog langer zullen worden.   waar/niet waar
3 Nederlanders worden zo lang omdat Nederland een rijk land is. waar/niet waar

Now you can listen to C5 and read along.

29 Fill in:
Change the form of the words when required.
als / gemiddeld / rond / stijgen / verwachten / vrouw

1 A Wist u dat de ..... leeftijd van de Nederlandse man drieënzeventig jaar is?
2 B Nou nee, en van de Nederlandse ..... ?
3 A Dat weet ik niet precies. ..... de tachtig, dacht ik.
4 B Dus de man wordt niet zo oud ..... de vrouw.
5 A Gemiddeld dan, natuurlijk. Men ..... trouwens niet dat de gemiddelde leeftijd nog veel zal .....

30 Fill in:
Change the form of the words when required.

bewegen / jong / men / reden / situatie / vergelijken / verwachten / worden /
1 Wat ziet oom Johan er oud uit! In twee jaar is hij wel tien jaar ouder .....
2 ..... zegt dat er in het jaar 2000 ongeveer zestien miljoen mensen in Nederland zullen wonen.
3 Ik heb een nieuwe baas op mijn werk en ik ..... veel van haar.
4 In Nederland is het voor moeders met kinderen moeilijk om werk te vinden en die ..... zal nog wel even zo blijven.
5 Je kunt die twee dingen niet met elkaar .... Ze zijn zo verschillend.
6 Bernard wil meer ..... omdat hij te dik is.
7 – Fons, je bent te laat. Wat is daarvan de .....?
   – Oh, de brug was open, meneer.
8 Mijn opa is al vierentachtig, maar hij voelt zich nog .....

31 Grammar
[...] , waardoor ze te weinig bewegen.

For some more examples of this use of prepositions see Grammar Section 25.

32 Underline the word(s) er or daar is referring to.
Example: U kunt *een fiets huren* bij bijna 100 stations in Nederland. U moet **daarvoor** het volgende doen.

1 Er zijn nog plaatsen voor het concert. Vind je het leuk om **ernaar toe** te gaan?
2 C Maar we gaan toch naar de opera?
   A Wat bedoel je **daarmee**?
3 Mijn banden zijn te zacht. Kunt u **er** wat lucht **bij** doen?
4 Er zijn mensen uit veel verschillende landen. **Daar** praat ik **mee** aan het ontbijt.
5 Ik had samen met wat vriendinnen een lied gemaakt over Annemarie. Iedereen moest **er** vreselijk **om** lachen.

33 Grammar
Veel mensen vinden het fijn om om lekker achter de pc of voor de tv te zitten.
For the use of **om + te + infinitive** see Grammar Section 26.

34 Matching
1	We hebben vreselijk	a	Om kwart over acht.	1 =
2	Vind je het leuk	b	om room mee te kloppen.	2 =
3	Hoe laat begint het?	c	om mijn agenda thuis te laten.	3 =
4	Ik was zo dom	d	om met mij naar Londen te gaan?	4 =
5	Een slagroomklopper is een ding	e	om dat verhaal gelachen.	5 =

35 ◀ C6 Listen to the following words and repeat

QUIZ
Part 1   What would you say?

1   Weet je zeker dat James morgen aankomt?
   a   Ik geloof niet dat hij komt.
   b   Misschien weet ik het niet.
   c   Weet je het zeker?

2   Ga je mee boodschappen doen vanmiddag?
   a   Alstublieft.
   b   Ja, goed.
   c   Geen dank.

3   Wat had Annemarie aan op de bruiloft?
   a   Ik geloof een roze jurk.
   b   Ik geloof het wel.
   c   Ik weet het zeker.

4   Wilt u misschien een borrel?
   a   Geen dank.
   b   Graag gedaan.
   c   Nou, graag.

Part 2   Fill in. Change the form.

beginnen / gelukkig / jong / leeftijd / nou en of / trouwen / vergelijken / vreemd / vriend

Margriet en Annemarie zitten in het café

1 M Zal ik je eens wat vertellen? Ik heb een .....
2 A O, wat leuk! En dat op jouw .....
3 M Hij is fantastisch! Alleen is hij wel .....: 33. En ik ben natuurlijk 59. Wat vind jij, kan dat?
4 A Waarom niet? Vind je dat ..... of zo? Marco is zelfs 28 jaar ouder dan ik.
5 M Ja, maar dat kun je niet ..... Marco is ouder dan jij, en bij ons ben ik juist ouder.
6 A Dat maakt toch niets uit? Ben je ..... met hem?
7 M .....! Ik wil alleen nog maar bij hem zijn, weet je.
8 A Nou, nou. Zo meteen vertel je nog dat jullie gaan .....
9 M Nee, dat niet. Maar hij is echt heel leuk. Twee maanden geleden dacht ik nog:
       ik ..... nooit meer in mijn leven aan een man, maar ja, je ziet het.

Part 3   Complete the sentences with the verbs in parentheses. You should change the forms when required and put them in the right places.

1 A Zeg Wilma, met Maaike. Wat jij vanavond naar het feest (aandoen)?
2 B Eh sorry, ik heb nu geen tijd. Ik je over een half uurtje even, ok (terugbellen)?
3 A Waar moet ik voor het Van Goghmuseum (uitstappen)?
4 B De volgende halte. Dan u de straat (oversteken) en dan neemt u de eerste straat rechts. Daar is het aan de linkerkant.
5 A Ik om kwart voor zeven (aankomen), gate 12.
6 B Momentje, ik het even (opschrijven).
7 A Sorry, ik heb haast. Ik je zo meteen wel (terugbellen).

La eerst het hele gesprek.

Part 4 ◀ *Listen to text C2 'De buurvrouw'. Complete the sentences.*

Wil	Zeg, de buurvrouw heeft een ongeluk gehad.
Marco	..... nee!
Wil	Ja vanochtend. Ze ligt in het ..... Volgens de buurman is ze midden op ..... gevallen terwijl ze overstak. Waarschijnlijk is ze ..... door een auto die te hard reed. ..... kwam ook nog een vrachtwagen aan. ..... reed gelukkig niet zo hard, zodat de chauffeur ..... net kon stoppen. Anders was ze dood ..... Het is een wonder dat ze nog .....
Marco	Nou, nou! Wat een toestand. Hoe is ..... nu met haar?
Wil	Dat weet ik niet .....
Marco	Hoe oud is de buurvrouw eigenlijk?
Wil	Ik ..... dat ze 83 was. Maar ik weet ..... niet zeker.
Marco	Voor mensen van haar leeftijd ..... het verkeer soms erg gevaarlijk.
Wil	Nou, en .....! Voor iedereen trouwens. Maar voor oude mensen ..... Net als voor kinderen. Die zien het ..... ook niet. Ik ga de buurman vragen ..... ik iets voor hem kan doen. Hij ..... zo geschrokken. En hij voelt zich vast ..... alleen. Ga je mee?
Marco	Ja goed.

15 / C 1 Het lichaam

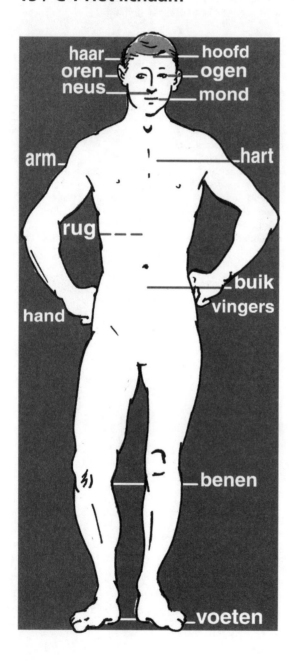

◀ **1 Het lichaam**

2 Vocabulary

het lichaam [lichamen]	body
het hoofd [–en]	head
het oog [ogen]	eye
de neus [neuzen]	nose
de mond [–en]	mouth
het oor [oren]	ear
het haar	hair
het gezicht [–en]	face
de buik [–en]	belly
het hart [–en]	heart
de rug [–gen]	back
de arm [–en]	arm
de hand [–en]	hand
de vinger [–s]	finger
het been [benen]	leg
de voet [–en]	foot

3 Matching

1	denken	a	hart	1 =	
2	horen	b	hand	2 =	
3	kloppen	c	hoofd	3 =	
4	pakken	d	mond	4 =	
5	praten	e	ogen	5 =	
6	lopen	f	oren	6 =	
7	zien	g	voeten	7 =	

4 Fill in:
Change the form of the words when required.
gezicht / haar / hand / mond / neus / oog / oor / voet

1 Als je ..... te lang wordt, ga je naar de kapper.
2 Als je ..... slecht worden, moet je een bril hebben.
3 Als je iets in je ..... stopt, hoor je niets meer.
4 Een bril zet je op je .....
5 Eten en praten doe je met je .....
6 Je neus zit midden in je .....
7 Schoenen zitten aan je .....
8 Als je iemand voor het eerst ziet, geef je hem of haar een .....

5 Fill in:

Change the form of the words when required.
arm / been / buik / hart / hoofd / rug / vinger

1 Aan elke hand zitten vijf .....
2 De voet zit onder het .....
3 Als je te veel rookt, krijg je misschien problemen met je .....
4 'Hij is het ..... van dit bedrijf' betekent: hij is de baas van dit bedrijf.
5 Soms slaap ik op mijn buik maar meestal op mijn .....
6 Aan je lichaam zitten twee ..... en twee benen.
7 Als je te veel bier drinkt, krijg je een dikke .....

6 Look at 2, vocabulary

Which words are parts of your head?

haar, ...

7 Look at 2, vocabulary

Which body parts from 2, vocabulary, can you see from the back?

8 ◀ C2 Look at 1 'Het lichaam' again

Listen and repeat.

9 ◀ C3 *ng* as in *vinger*

Listen to the following words and repeat.

10 ◀ Text / C4 • Ziek

Olga is trying to wake up her son Mark.

Olga	Mark! Wakker worden, opstaan!...
	Ben je wakker, Mark?
Mark	Oh nee. Au, mijn hoofd.
Olga	Wat is er?
Mark	Ik voel me zo ziek. Ik werd midden in de nacht wakker omdat ik een vervelende droom had. En toen had ik het zo koud.
Olga	Arme jongen. Nou, blijf dan maar lekker in bed. Wil je nog een kussen?
Mark	Nee dank je. Maar ik heb zo'n dorst.
Olga	Wil je wat water?
Mark	Graag.
Olga	Met een paar aspirientjes?
Mark	Liever niet. Vergeet je niet naar mijn werk te bellen dat ik niet kan komen?
Olga	Komt in orde.
Mark	Oh, die hond van de buren maakt zo'n lawaai.
Olga	Daar kan ik niks aan doen. Ik doe het raam wel dicht. Ga maar slapen.
Mark	Het is hier niet donker genoeg.
Olga	Doe je ogen dan dicht. Welterusten.
Mark	Mmm.

11 ❻ Asking questions about health and answering them

Question	Answer
Hoe gaat het met je/u? (*How are you?*)	Goed. (*Fine.*)
	Gaat wel. (*Not so bad.*)
Hoe voel je je?/Hoe voelt u zich?	Ik voel me goed/beter.
	(*How do you feel?*)
	(*I feel fine/better.*)
	Ik voel me niet lekker.
	(*I'm not feeling too well.*)
Wat is er? (*What's wrong?*)	Ik heb hoofdpijn etc.
	(*I have a headache etc.*)
	Niets. (*Nothing.*)

– Wat is er?
– Ik voel me zo ziek.

12 Vocabulary

ziek	ill, sick
wakker worden	to wake up
wakker	awake
opstaan [stond op, opgestaan]	to get up
de nacht [–en]	night
de droom [dromen]	dream
koud	cold
het koud hebben	to feel cold
arm	poor
het bed [–den]	bed
het kussen [–s]	pillow
dorst hebben	to be thirsty
het water	water
een paar	a couple of
het aspirientje [–s]	aspirin
vergeten [vergat, vergeten]	to forget
komt in orde	I'll see to it
de hond [–en]	dog
lawaai	noise
niks	nothing
ik kan er niks aan doen	there's nothing I can do
donker	dark
dichtdoen	to close
welterusten	sleep well

13 ◀ True or false?

Text C4 'Ziek'.
First read the statements. Then listen.

1 Mark is later wakker dan Olga.	waar/niet waar
2 Mark wil geen water.	waar/niet waar
3 Mark wil geen aspirientjes.	waar/niet waar
4 Het raam van Mark gaat dicht.	waar/niet waar

14 Which answer would be correct?

                                        (You're feeling well.)
1 Hoe gaat het met je?   a   Dank u.
                                        b   Gaat wel.
                                        c   Heel goed.

                                        (You're feeling terrible.)
2 Hoe voel je je nou?   a   Daar kan ik niks aan doen.
                                        b   Ik voel me helemaal niet lekker.
                                        c   Ik voel me veel beter.

3 Wat is er?   a   Goed.
                                        b   Liever niet.
                                        c   Niks.

15 Fill in:
Change the form of the words when required.
bed / donker / dorst / droom / kussen / lawaai / wakker / water / welterusten / ziek

1 Wat is het hier .....! Ik kan niets zien.
2 Ik ben moe. Ik ga vanavond vroeg naar .....
3 Ik heb vannacht zo'n mooie ..... gehad: ik woonde in een land waar het nooit koud was.
4 Wat een .....! Wil je de radio wat zachter zetten?
5 Ik heb zo'n ..... Heb je een glas ..... voor me?
6 – Slaap lekker, kind.
    – ..... mama.
7 Vorig jaar ben ik drie dagen niet op mijn werk geweest, maar verder ben ik nooit .....
8 Als ik op vakantie ben, slaap ik altijd zonder ..... onder mijn hoofd.
9 Ik heb slecht geslapen en ik was al om vier uur .....

16 Fill in:
Change the form of the words when required.
arm / dichtdoen / hond / koud / midden / nacht / opstaan / een paar / vergeten

1 Ik vind vroeg ..... altijd erg moeilijk. Ik blijf liever nog even in mijn bed liggen.
2 Het wordt toch te gek! Nu is al mijn derde fiets gestolen, ... op de dag!
3 Ik schrok heel erg, toen midden in de ..... de telefoon ging.
4 Drink je koffie op, anders wordt hij .....
5 Als je ..... biertjes hebt gedronken, moet je geen auto gaan rijden.
6 Zonder mijn agenda ..... ik alles.
7 Die ..... Mark is al weer ziek. En altijd in de vakantie.
8 Kun je de deur even .....? Het wordt hier zo koud.
9 Als je een ..... hebt, moet je een paar keer per dag met hem wandelen.

17 ◀ C5 Listen and repeat

18 ◀ Text / C6 • Verkouden
Wat u zelf kunt doen

Slaap met het raam open. U kunt het beste met uw hoofd wat hoger slapen.
Rook niet. Als uw neus dicht zit, kunt u neusdruppels gebruiken of zout
water. Doe dit niet langer dan een week.
Tegen hoofdpijn kunt u paracetamol nemen. Was vaak uw handen. Geef
anderen geen hand, anders worden ze ook verkouden.
Bel de dokter als u oorpijn hebt.

Bij kinderen
Geef ze genoeg te drinken, vooral warme dranken. Het kind mag naar buiten.
Als u denkt dat het kind pijn heeft, moet u de dokter bellen.

(Naar: E. van der Does en R. G. Metz. *Wat doe ik? Ga ik naar de huisarts?*)

19 ❻ Advising others to do something
Je/u moet ... (*You should* ....)
Je/u kunt beter/het beste ... (*You'd better/best* ...)
Slaap ... enz. (*Sleep* ... *etc.*)

– Als u denkt dat (...), moet u de dokter bellen.

– U kunt het beste met uw hoofd wat hoger slapen.

– Slaap met het raam open.
– Rook niet.

20 Vocabulary

verkouden zijn	to have a cold
open	open
dicht	closed; *here*: stuffed up
neusdruppels	nose drops
zout	salt, salty
de hoofdpijn [–en]	headache
de pijn [–en]	ache, pain
de paracetamol	paracetamol
wassen [waste, gewassen]	to wash
vaak	often, frequently
een hand geven	to shake hands
anderen	other people
de dokter [–s]	doctor, GP
de oorpijn	earache
vooral	particularly
warm	warm; *here*: hot
de drank [–en]	drink
(naar) buiten	outside

21 ◀ Read text 18 'Verkouden'

First read the text. Then read the statements.
Finally try to find the answers in the text.

1 Het raam moet open/dicht als je verkouden bent.
2 Je moet met je hoofd hoger/lager slapen.
3 Je mag wel/niet roken.
4 Als je hoofdpijn hebt, moet je wel/niet de dokter bellen.
5 Kinderen moeten koude/warme dranken drinken als ze verkouden zijn.

Now you may listen to C6 'Verkouden' and read along.

22 What advice could you give?

1 Als je honger hebt,   a moet je een broodje nemen.
                                      b moet je paracetamol nemen.
                                      c kun je het beste de dokter bellen.

2 Als u hoofdpijn hebt,   a kunt u een aspirientje nemen.
                                        b kunt u het beste neusdruppels gebruiken.
                                      c moet u vaak uw handen wassen.

3 Als je verkouden bent,   a kun je beter roken.
                                        b kun je me beter een hand geven.
                                      c moet je niet roken.

23 Matching opposites

1	arm	a	alles	1 =			
2	buiten	b	dag	2 =			
3	nacht	c	dicht	3 =			
4	niks	d	koud	4 =			
5	open	e	rijk	5 =			
6	warm	f	vuur	6 =			
7	water	g	binnen	7 =			

24 Fill in:
Change the form of the words when required.

buiten / dicht / dokter / open / pijn / verkouden / vooral / warm / wassen / zout

1 Morgen ga ik op vakantie en ik moet al mijn kleren nog .....!
2 – Hallo, ben jij dat, Peter? Je hebt een andere stem.
   – Ja, ik ben nogal .....
3 Het is hier erg warm. Wil jij het raam even ..... doen?
4 Als je ziek bent, moet je naar de .....
5 Als je te veel alcohol hebt gedronken, heb je de volgende dag ..... in je hoofd.
6 Ik vond het concert erg mooi, ... het laatste deel.
7 Hoe laat gaan op vrijdagavond de winkels .....?
8 Ik doe altijd een beetje ..... op een gekookt ei.
9 Ik vind het hier binnen te .... Ik ga even naar .....

25 ◀ Text / C7 • Het recept
Ed has just seen a doctor, who has given him a prescription. Where does he go?

Ed	Dag mevrouw. Alstublieft.
Juffrouw	Wat is dat?
Ed	Een recept van dokter Wemelink.
Juffrouw	Het spijt me, maar dan bent u verkeerd: u moet bij de apotheek zijn.
Ed	O, waar ben ik hier dan?
Juffrouw	Bij een drogist. De apotheek is aan de overkant. Het staat duidelijk boven de deur.
Ed	O, sorry.
	...
Ed	Goedemorgen. Alstublieft.
Assistente	Een ogenblikje ...
	Meneer, driemaal daags 1 capsule voor het eten. Ze zijn erg sterk. U mag niet autorijden!
	En wees voorzichtig met alcohol.
Ed	Begrepen. Hoeveel zitten er in het doosje?
Assistente	Genoeg voor 1 week, meneer. Hoe bent u verzekerd?
	...
Ed	Hebt u ook drop?
Assistente	Ja zeker. Zoete of zoute?
Ed	Zoete graag.
Assistente	Alstublieft. Anders nog iets?
Ed	Nee dank u.

26 ◄ Warning others

Warning others to take care or refrain from doing something

Wees voorzichtig! (*Be careful!*)
Pas op!/Kijk uit! (*Watch out!*)
Niet/geen ...! (*Don't .../no ...!*)

– Niet autorijden! En wees voorzichtig met alcohol.
– Begrepen.

27 Vocabulary

het recept [–en]	prescription
verkeerd	wrong; *here*: at the wrong place
de apotheek [apotheken]	the chemist's, pharmacy
de drogist	the chemist's, drugstore
duidelijk	clear(ly)
boven	over, above
de assistente [–s]	(female) assistant
driemaal daags	three times a day
de capsule [–s]	capsule
voor het eten	before meals
sterk	strong
autorijden	to drive
voorzichtig	careful
begrepen	'got it'
het doosje [–s]	(small) box
verzekeren [verzekerde, verzekerd]	to insure
het drop	liquorice, licorice
zoet	sweet

28 ◄ Rearrange the sentences

Text C7 'Het recept'.
First read the sentences. Then listen.
While you listen rearrange the sentences until they match the order in the text.

a	Ed gaat daarnaar toe.	1 =
b	Ed gaat bij de drogist naar binnen.	2 =
c	De assistente vraagt hoe Ed verzekerd is.	3 =
d	De apotheek is aan de overkant.	4 =
e	De assistente vertelt Ed hoe hij de capsules moet gebruiken.	5 =

29 What would you say?

1 Kijk, ik kan fietsen met mijn ogen dicht.
   a Ga maar liggen!
   b Pas toch op!
   c Komt in orde!

2 Dus ik moet die brief aan meneer Rademaker geven?
   a Ja, komt in orde.
   b Ja. Niet vergeten.
   c Nee, u bent verkeerd.

3 Ik kan helemaal naar de overkant zwemmen.
   a Ja, daar kan ik niks aan doen.
   b Ja, maar wees voorzichtig.
   c O, waar ben ik hier dan?

30 Fill in:

Change the form of the words when required.
apotheek / autorijden / capsule / doosje / drop / duidelijk / recept

1 Een recept breng je naar de .....
2 Daar kun je ook aspirientjes kopen of .....
3 Dat kan zonder .....
4 De dokter heeft me deze ..... gegeven.
5 Nu mag ik niet .....
6 Dat hebben ze in de apotheek ..... gezegd.
7 Er zitten er nog vijf in het .....

31 Fill in:

Change the form of the words when required.
apotheek / boven / maal / drogist / recept / verkeerd / verzekerd / voorzichtig

1 Nee, dat doe je ....., dat moet je anders doen.
2 Ik ben bij de dokter geweest en die heeft me een ander ..... gegeven.
3 Hoe oud Gerard is? Nou, ik denk jonger dan vijftig, maar ..... de veertig.
4 Je moet ..... zijn met vuur.
5 Ik ga twee ..... per week naar Rotterdam.
6 Als je een recept van de dokter hebt, moet je naar de ..... en niet naar de .....
7 Als je je auto niet ..... hebt, mag je er niet in rijden.

32 ◀ C8 First read the following sentences

Then listen again to C5 'Het recept' and fill in the gaps.

1 De assistente geeft Ed ..... voor zijn recept.
2 De assistente zegt: ..... daags 1 capsule ..... het eten.
3 Ed mag niet .....
4 En ook moet hij weinig of geen ..... drinken.
5 In het doosje zitten genoeg capsules voor een .....

33 Fill in:

boven / genoeg / met / verkeerde / voor / zoete

1 ..... en zoute drop.
2 ..... en goede dingen.
3 ..... en na het eten.
4 ..... en onder water.
5 ..... of zonder suiker?
6 Is dit ..... of te weinig?

34 ◄ C9 Listen to C5 'Het recept' and repeat

QUIZ

Part 1 Which reaction is best?

1 Je kunt het beste de eerste straat rechts nemen.
  a Dat zal ik doen.
  b En wees voorzichtig, hè!
  c Dan bent u verkeerd.

2 Wil jij wat fruit voor me meenemen?
  a Heel fijn.
  b Komt in orde.
  c Nee, dank je.

3 Zo, je bent weer beter, zie ik.
  a Het gaat wel.
  b Ja, dat is goed.
  c Ja, dat klopt.

4 Zeg, kan je met deze auto 160 rijden?
  a Ben je wakker?
  b Je moet het doen.
  c Nee, niet doen.

Part 3 Choose the right word.

1 A Je moet **vaak / vooral** niet op me blijven wachten, want het kan erg laat worden.
  B Komt in orde.

2 A Nou, jij bent **duidelijk / voorzichtig** te laat naar bed gegaan.
  B Fijn dat je dat even zegt.

3 A **Zoet / zout** hè, die witte wijn?
  B Ja, maar dat vind ik wel lekker.

4 A O pardon, ik denk dat ik een **donker / verkeerd** nummer gedraaid heb.
  B O, dat geeft niet hoor.

5 A   Laat die **arme** / **warme** hond nou eens rustig slapen!
   B   Zal ik doen.

Part 2   Fill in.

Change the form of the words when required:
aspirientje / bed / hoofd / vaak / voorzichtig / welterusten

Mark en Olga
1 M Oh, ik heb zo'n pijn in mijn ....., ik heb gisteravond echt veel te veel gedronken.
2 O Neem dan een ..... en ga lekker naar bed. Hoe ben je trouwens thuisgekomen vannacht?
3 M Gewoon met de auto. Maar ik heb heel ..... gedaan.
4 O Hoe ..... heb ik je nou niet gezegd dat je dat niet moet doen? Je moet niet rijden als je alcohol op hebt.
5 M Ja, ja, ik weet het. Nou, ik geloof dat ik toch maar even naar ..... ga.
6 O .....

Part 4   ◀ Listen to text C7 'Het recept'. Complete the sentences.

Ed   Dag mevrouw. Alstublieft.
Juffrouw   Wat is dat?
Ed   Een ..... van dokter Wemelink.
Juffrouw   Het spijt me, maar ..... bent u verkeerd: u moet bij de ..... zijn.
Ed   O, waar ben ik hier dan?
Juffrouw   ..... een drogist. De apotheek is aan de ..... Het staat duidelijk boven de deur.
Ed   O, ...

Ed   Goedemorgen. Alstublieft.
Assistente Een ogenblikje...
            Meneer, driemaal daags 1 ..... voor het eten. Ze zijn erg sterk. ..... mag niet autorijden! En wees voorzichtig ..... alcohol.
Ed   Begrepen. Hoeveel zitten er in het .....?
Assistente Genoeg voor 1 week, meneer. Hoe bent ..... verzekerd?

Ed   Hebt u ook drop?
Assistente Ja zeker. Zoete ..... zoute?
Ed   Zoete graag.
Assistente Alstublieft. Anders nog iets?
Ed   Nee .....

16 / C1 In het park

Gert and Rob are jogging in the park until Rob stumbles over a stone.

1 ◀ Text • In het park

Rob	Zullen we nog doorgaan?
Gert	Okay. Nog een stukje verder. Tot aan de molen.
Rob	Au! Mijn voet!
Gert	Wat is er?
Rob	Mijn enkel doet zo'n pijn.
Gert	Doe je schoen eens uit. Kun je hem nog buigen?
Rob	Au, niet zo hard drukken. Ik hoop dat hij niet gebroken is. Nee, ik geloof het niet, want ik kan hem nog bewegen.
Gert	Jawel, maar deze kant is duidelijk dikker dan die kant. Zullen we maar even naar de dokter gaan?
Rob	Die heeft op zaterdag geen dienst.
Gert	Nou dan gaan we naar het ziekenhuis. Kunnen ze meteen een foto maken.
Rob	Nou, dat lijkt me niet nodig.
Gert	Zeg, ik kan je niet dragen. Kan je staan?
Rob	Ja. 't Gaat wel.
Gert	Probeer nu eens te lopen. Lukt 't?
Rob	Au, nee!
Gert	Wat is er eigenlijk gebeurd?
Rob	Ik weet het niet. Ik viel over een losse steen of zo. Voordat ik het wist, lag ik op de grond. Kijk nou, mijn shirt is gescheurd en mijn broek is nat. En dat allemaal om gezond te blijven! Laten we maar naar huis gaan.

2 ❻ Expressing hope
Ik hoop het. (*I hope so.*)
Ik hoop dat ... (*I hope (that)* ...)

– Ik hoop dat hij niet gebroken is. Nee, ik geloof het niet (...).

3 Vocabulary

het park [–en]	park
doorgaan [ging door, doorgegaan]	to continue
het stukje	a little bit
verder	farther
de molen [–s]	mill
de enkel [–s]	ankle
pijn doen	to hurt
uitdoen	to take off
buigen [boog, gebogen]	to bend
drukken [drukte, gedrukt]	to press, push
breken [brak, gebroken]	to break
jawel	certainly, oh yes
de dienst	service; *here:* (on) duty
(dan) kunnen ze	then they can
een foto maken	*here:* take an x–ray

nodig	necessary
dragen	to carry
staan [stond, gestaan]	to stand
't gaat wel	I'm OK
lukken [lukte, gelukt]	to succeed
lukt het?	can you manage?
de grond	ground
de steen [stenen]	stone
scheuren [scheurde, gescheurd]	to tear
nat	wet
gezond	healthy

◀ **4 True or false?**

Text C1 'In het park'.
First read the statements. Then listen.

1 Gert wil verder dan de molen lopen.   waar/niet waar
2 Rob zegt dat zijn voet gebroken is.   waar/niet waar
3 Rob kan nog wel staan.   waar/niet waar

5 a, b or c?

1 Rob hoopt
   a dat niet gebroken zijn voet is.
   b dat zijn voet niet gebroken is.
   c zijn voet is niet gebroken.

2 Gert hoopt
   a dat Rob nog kan lopen.
   b Rob dat nog kan lopen.
   c Rob kan nog lopen.

3 Ze hopen
   a dat ze gaan kunnen naar huis.
   b dat ze kunnen naar huis gaan.
   c dat ze naar huis kunnen gaan.

6 Matching opposites

1	aandoen	a	opstaan	1 =
2	doorgaan	b	zacht	2 =
3	gezond	c	vast	3 =
4	hard	d	stoppen	4 =
5	los	e	uitdoen	5 =
6	staan	f	ziek	6 =
7	vallen	g	zitten	7 =

7 Fill in:
Change the form of the words when required.
breken / dragen / duidelijk / enkel / kant / lukken / molen / nat / pijn / steen / verder

1 Wat is je haar .....! Heb je gezwommen?
2 De Helmsonstraat? Oh, die is helemaal aan de andere ..... van Maastricht.
3 – Oom Henk, zijn we er al?
   – Nee, we moeten nog een stukje ..... lopen.
4 – Weet jij waar in Nederland veel ..... staan?
   – Ik dacht in de buurt van Rotterdam, bij Kinderdijk.
5 Bernard heeft zijn been ..... en nu ligt hij in het ziekenhuis.
6 Ik kan dit recept niet lezen. Oh, is het van dokter Klaassen? Ja, die schrijft niet
   .....
7 Tussen je been en je voet zit je ....
8 Ik heb geprobeerd Norma te bellen, maar het ..... niet.
9 Welke ..... vind je het mooist, onyx of jade?
10 Hé, niet doen! Dat doet .....
11 Zeg, die doos is te zwaar. Die kan ik echt niet .....

8 Fill in:
Change the form of the words when required.
bewegen / buigen / dienst / door-gaan / drukken / gezond / grond / los / park / scheuren / uitdoen

1 Elke zondagochtend ga ik wandelen in het .....
2 Als ik een leuk boek lees, wil ik maar ..... met lezen.
3 Even niet ..... Zo, de foto is klaar.
4 Ik ..... mijn jas ..... Het is lekker warm.
5 De bioscoop? Hier rechtdoor, dan ..... de weg naar links en na tweehonderd meter ziet u de bioscoop aan uw linkerhand.
6 Kijk, als je hierop ....., dan gaat de tv aan.
7 Heeft dokter Van Gool dit weekend .....?
8 Pas op, er hangt een ..... draad aan je jas.
9 Die broek is net nieuw en hij is nu al ...... Wees toch wat voorzichtiger met je kleren.
10 Mijn oma is 80, maar ze is nog heel .....
11 Pas op, als je koekje op de ..... valt, mag je het niet meer opeten.

9 'Nodig hebben' or 'nodig zijn'?
Change the form of the verb when required.
Example: Ik *heb* geld nodig. Heb jij nog wat?
        Ga je alweer naar de kapper? *Is* dat nu echt nodig?

1 Ik ga boodschappen doen. Wat ..... we nodig?
2 Het ..... niet nodig dat jij ook komt.
3 Jij ziet niet goed: je ..... een bril nodig.
4 Ik ..... u niet langer nodig. U mag naar huis.
5 ..... het nu echt nodig dat je al weer bij je moeder eet?

10 ◀ C2 Listen to C1 'In het park' and repeat

11 ◀ Text / C3 • Inpakken

Hans has to take an early train. Sonja is trying to help him.

Sonja	Opschieten! Kleed je aan, anders mis je de trein.
Hans	Ik moet m'n tas ook nog inpakken. Waarom heb je me niet eerder geroepen?
Sonja	Wat ben jij vriendelijk, zeg. Jij deed alsof je me niet hoorde. Ik help je toch? Hier: zeep, handdoek, tandenborstel, kam.
Hans	Wacht, ik moet eerst even douchen en mijn tanden poetsen.
Sonja	Gauw dan maar. Je bent erg laat.
	...
Hans	Er zit een gat in mijn sok en mijn overhemd is vuil. En nou is de knoop ook nog van mijn broek. Ik neem wel een trein later ...
Sonja	Hé, draai die kraan eens dicht als je toch klaar bent.
Hans	Jaja. Rustig maar!

12 Vocabulary

inpakken [pakte in, ingepakt]	to pack
opschieten [schoot op, opgeschoten]	to hurry (up)
zich aankleden [kleedde aan, aangekleed]	to get dressed
anders	or else
de tas [–sen]	bag
eerder	earlier, sooner
roepen [riep, geroepen]	to call
vriendelijk	friendly
doen alsof	to pretend
alsof	as if
de zeep	soap
de handdoek [–en]	towel
de tandenborstel [–s]	toothbrush
de kam [–en]	comb
douchen [douchte, gedoucht]	to take a shower
de tand [–en]	tooth
poetsen [poetste, gepoetst]	to clean, to brush
gauw	quick(ly)
het gat [–en]	hole
vuil	dirty
de knoop [knopen]	button
van	*here*: off
dichtdraaien [draaide dicht, dichtgedraaid]	to turn off
de kraan	tap, faucet
rustig maar	take it easy

13 ◀ True or false?

Text C3 'Inpakken'.
First read the statements. Then listen.

1 Sonja vindt dat Hans aardig doet.	waar/niet waar
2 Hans wil zijn tanden nog poetsen.	waar/niet waar
3 Hans neemt een trein later.	waar/niet waar

14 Matching

1	de trein	a	dichtdraaien	1 =
2	je haar	b	inpakken	2 =
3	de kraan	c	nemen	3 =
4	je tanden	d	wassen	4 =
5	je tas	e	poetsen	5 =

15 Fill in:

Change the form of the words when required.
dichtdraaien / douchen / inpakken / knoop / kraan / laat / opschieten / rustig / tas / wachten

1 Er zitten misschien wel twaalf ..... aan mijn jas.
2 Ga je alleen ..... of wil je ook nog je haar wassen?
3 Laten we nog even ..... met eten. Misschien komt hij nog.
4 Schiet nou toch op. We komen nog te .....
5 Zal ik dit voor u ..... of neemt u het zo mee?
6 Heb je de ramen van de auto .....?
7 .....! De taxi staat al voor de deur.
8 Wilt u een plastic ..... voor de boodschappen of hebt u er zelf een?
9 Het water uit deze ..... kun je gerust drinken.
10 ..... maar. Waarom heb je zo'n haast?

16 Fill in:

Change the form of the words when required.
aankleden / alsof / anders / eerder / gat / gauw / roepen / tand / vriendelijk / vuil / zeep

1 Ach, ... jij Sandra even dat ze moet binnenkomen voor het eten.
2 Ik ga ..... weg, want ik moet snel naar mijn werk.
3 Ik moet echt stoppen met roken. ..... blijf ik niet gezond.
4 Het lijkt net ..... ik dikker ben dan toen ik nog rookte.
5 Het ontbijt is klaar! Of wil je je eerst nog .....?
6 Ik heb een heel aardige buurman. Hij is altijd heel ..... tegen me.
7 Johan, weet jij waar de ..... ligt? Ik wil me wassen.
8 Ik ben gevallen en nu is er een ..... uit mijn mond.
9 Wat zijn je kleren .....! Ik zal ze meteen wassen.
10 Ach, ben je gevallen? Er zit een groot ..... in je broek.
11 Zeg, heb ik je al niet eens ..... gezien? Ken je me nog?

17 Packing
You're packing a suitcase for a short trip.
Which of the following items would you take along?

een handdoek –   een tandenborstel –   een gat – een kam –   een
    kraan –een tas –   zeep –   een knoop –   een steen

18 What could it be?
Example: a 'tandenborstel' is a 'toothbrush'. What is a 'haarborstel'?
Answer: *a hairbrush*

		Wat is dit?	
1	dichtdraaien	opendraaien	.....
2	inpakken	uitpakken	.....
3	aankleden	uitkleden	.....
4	betaalautomaat	koffieautomaat	.....
5	kippensoep	tomatensoep	.....
6	neusdruppels	oogdruppels	.....
7	tramhalte	bushalte	.....
8	zwembad	zwempak	.....

19 Grammar
Kleed je aan, anders *mis* je de trein.
Get dressed or you'll miss the train.

For this indication of time see grammar section 27.

20 Now or later?
Look at the following sentences from 'Inpakken'. Determine from each of them if
the event/situation is going to happen now or later.

1	Kleed je aan.	now/later
2	Anders mis je de trein.	now/later
3	Ik help je toch?	now/later
4	Je bent erg laat.	now/later
5	Ik neem wel een trein later	now/later

◀ 21 / C4 Listen to C3 'Inpakken'
Determine in what order Hans is probably doing things in C2 'inpakken'.

a	aankleden	1 =
b	kraan dichtdraaien	2 =
c	tas inpakken	3 =
d	douchen	4 =
e	de trein nemen	5 =

◀ **22 Text / C5 • Au!**
Jaap is playing with his three-year-old son.

Jaap	Toe maar! Gooi die bal naar papa.
Omar	Au! Waaaaa!
Jaap	Wat een verdriet. Kusje erop. Over. Is je hand vies? Kom maar, dan zal ik hem even afvegen.

23 Vocabulary

toe maar!	go on!
gooien [gooide, gegooid]	to throw
de bal [–len]	ball
papa	daddy
het verdriet	grief, distress
het kusje [–s]	(little) kiss
over	over, gone
vies	dirty
afvegen [veegde af, afgeveegd]	to wipe

24 What would you say?

1 Ik kan het echt niet. Het is zo hoog   a   Gauw dan maar.
                                                    b   Kusje erop.
                                                    c   Toe maar.

2 Heb je nog hoofdpijn?   a   Bah, wat vies.
                                                    b   Dat is niet nodig.
                                                    c   Nee, het is over.

25 Fill in:
Change the form of the words when required.
afvegen / bal / gooien / vallen / vies / verdriet

1 Kom maar bij mama. Heb je zo'n .....?
2 Wat is er? Ben je .....?
3 Bah, je broek is .....
4 Ik zal hem even .....
5 Waar is je .....?
6 Nee, niet .....
   Doe hem maar in mijn tas.

26 Grammar
Wat een verdriet. Kusje erop. Over.

For diminutives see Grammar Section 28.

27 Look at the following sentences

Does **je** turn the word into something smaller or does the word mean something different?

Example: Lust je een **ijsje?** small/*different* (ijs – ice; ijsje – ice cream cone)

1	Mag ik nog een broodje met ham?	small/different
2	Mijn zoontje wordt morgen zes.	small/different
3	Ik heb hier een briefje van € 500,–.	small/different
4	Au, er zit een steentje in mijn schoen.	small/different
5	Kijk eens, een cadeautje voor je.	small/different

28 ◀ Text / C6 • Langzaam slank

Veel mensen zijn in de winter zwaarder dan in de zomer. Dat komt omdat ze in de wintermaanden wat vetter eten en minder bewegen. Aan het begin van de zomer merken ze ineens dat er een aantal ponden af moet. Maar hoe? Minder eten natuurlijk. Voordat je echter aan een bepaald dieet begint, moet je je afvragen of je echt wel te zwaar bent en of je goed gezond bent. Vrouwen volgen tweemaal zo vaak een dieet als mannen. En dat terwijl dikke mannen meestal meer problemen krijgen met hun gezondheid dan vrouwen die te zwaar zijn. Het blijkt dat minder dan de helft van de mensen die een dieet volgt, dit korter dan een jaar doet. Slechts 10–20 procent houdt het lagere gewicht. De rest wordt weer dikker en kan opnieuw beginnen. Sommige mensen worden zelfs dikker dan ze ooit geweest zijn.

Dik zijn is ook een sociaal probleem. Maar dat is het alleen in landen waar genoeg te eten is. 'Slank is mooi' vindt men daar en wie te dik is, is dom: ieder pondje gaat door 't mondje.

De enige manier om slank te worden en te blijven is een goed dieet, genoeg lichaamsbeweging en de motivatie om door te gaan, mogelijk voor de rest van je leven. Je moet niet alleen de manier waarop je eet bekijken en deze langzaam maar zeker veranderen, maar ook wandelen, fietsen of zwemmen.

29 Vocabulary

slank	slim
de winter [–s]	winter
de zomer [–s]	summer
dat komt, omdat ...	... that comes from ...
de wintermaand [–en]	winter month
vet	fat, fatty
het begin	the beginning
merken [merkte, gemerkt]	to notice
ineens	suddenly
het aantal [–len]	number
af	off
bepaald	particular(ly)

het dieet [diëten]	diet
(zich) afvragen [vroeg af, afgevraagd]	to wonder
tweemaal zo … als	twice as … as
blijken [bleek, gebleken]	to appear
de helft [–en]	half
volgen [volgde, gevolgd]	to follow
kort	short
de gezondheid	health
slechts	only, just
laag	low
de rest	rest
opnieuw	again
ooit	ever
sociaal	social
door	through
enig(e)	only
de manier [–en]	way, manner
de lichaamsbeweging	exercise
de motivatie	motivation
mogelijk	possibly, possible
langzaam maar zeker	slowly but surely
veranderen [veranderde, veranderd]	to change

30 ◀ True or false?

First read text 28 'langzaam slank'
Then read the statements and the questions.
Finally try to find the answers in the text.

1 In de winter beweegt men minder.   waar/niet waar
2 Wat moet je je afvragen als je aan een dieet begint?
 a …
 b …
3 Vrouwen volgen vaker een dieet dan mannen.   waar/niet waar
4 10–20 procent van de mensen wordt na het dieet
 weer dikker.   waar/niet waar
5 Als je slank wilt blijven, moet je waarschijnlijk
 altijd voorzichtig eten.   waar/niet waar

Now you can listen to C6 and read along.

31 Matching opposites

1	vet	a	eind	1 =		
2	dom	b	dik	2 =		
3	gezond	c	hoog	3 =		
4	slank	d	mager	4 =		
5	minder	e	ziek	5 =		
6	kort	f	slim	6 =		
7	laag	g	meer	7 =		
8	begin	h	lang	8 =		

32 Matching synonyms

1	echter	a	plotseling	1 =	
2	ieder	b	maar	2 =	
3	opnieuw	c	elk	3 =	
4	lichaams-	d	nog eens	4 =	
	beweging				
5	slechts	e	sport	5 =	
6	ineens	f	alleen	6 =	

33 Fill in:

Change the form of the words when required.

aantal / bepaald / bewegen / echter / ineens / kort / merken / rest / vaak / zomer

1 In Nederland zijn in de winter de dagen kort, en in de ..... de nachten kort.
2 Piet kijkt niet zo veel tv. Hij kijkt alleen naar ..... programma's.
3 Er is een groot ..... boeken over de geschiedenis van Amsterdam geschreven.
4 Als u ..... dat u dikker wordt, moet u minder gaan eten.
5 Pas op. Niet ..... anders zien ze je.
6 Hoe ..... moet ik het nog zeggen? Doe de deur dicht!
7 Ik heb al twee glazen wijn gedronken. Drink jij de ..... maar op.
8 Ik was Noor aan het zoeken en ..... stond ze voor me!
9 We wilden graag dat prachtige, oude huis bekijken. Dat was ..... niet mogelijk.
10 Ik heb ..... tijd bij de gemeente gewerkt en toen ben ik zelf een bedrijf begonnen.

34 Fill in:

Change the form of the words when required.

zich afvragen / begin / blijken / enig / helft / maand / manier / minder / mogelijk / veranderen / volgen

1   Ik ga één keer per ..... naar de kapper.
2   Ik eet ..... dan Paulien; daarom ben ik niet zo dik.
3   In het ..... was de wedstrijd niet zo leuk, maar later werd hij beter.
4   Ik ..... of het nou wel zo leuk is om slank te zijn.
5   Ik heb deze appel maar voor de ..... opgegeten. Wil jij de rest?
6   De ..... middag dat ik vrij heb, regent het weer! Wat vervelend.
7   Veel lachen, dat is mijn ..... om gezond te blijven.
8   Is het ..... om morgen wat eerder op je werk te komen?
9   Ze heeft haar naam ..... Eerst heette ze Kiki. Nu noemt ze zich Frederiek.
10 Toen ik op het feest kwam, ... dat iedereen er al was.
11 Als u naar het station wilt, moet u deze weg .....

35 Finish the following sentences

Example: Een kilo is duizend gram. Een pond is vijfhonderd gram. Een kilo is **twee keer zo zwaar als** een pond.

1   Ik ben 20. Hij is 40. Hij is ..... ik.
2   Zij is 60 cm. Ik ben 1 meter 80. Ik ben ..... zij.
3   Hij weegt 100 kilo. Ik weeg 53. Hij weegt bijna ..... ik.
4   Deze agenda kost € 7,50 en die zwarte € 24,95. Die zwarte kost dus meer dan ..... deze.

36 ◀ C7 Listen to the following words and repeat

37 ◀ C8 Maanden en seizoenen

De maanden van het jaar:
januari – februari – maart – april – mei – juni – juli – augustus – september – oktober – november – december

De seizoenen:
lente, voorjaar – zomer – herfst, najaar – winter

38 Vocabulary

de maand [–en]	month
het seizoen [–en]	season
de lente	spring
het voorjaar	spring
de herfst	autumn, fall
het najaar	autumn, fall

39 Fill in:
Example: Mei is in de **lente**.

1 Augustus is in de .....
2 Februari is in de .....
3 November is in de .....
4 April is in de .....
5 In september begint de .....

40 Finish by filling in the names of the months

	Winter	Herfst	Zomer	Lente
1	december	1	1	1 .....
2	.....	2	2	2 .....
3	.....	3	3	3 .....

QUIZ

Part 1 What would you say?

1 Denkt u dat u nog op tijd bent?

    a Gauw dan maar.
    b Ik hoop het.
    c Wacht even.

2 Ik hoop niet dat hij de trein gemist heeft.

    a Nee, ik ook niet.
    b Nee, 't gaat wel.
    c Ja, toe maar.

3 Heb je geen zin?

    a Jawel!
    b Lukt 't?
    c Toe maar!

4 Moet al het werk nu opnieuw?

    a Ik hoop het niet.
    b O, 't gaat wel.
    c Opschieten!

Part 2 Fill in.
Change the form of the words when required.

dragen / eerder / enige / foto / helft / kort / mogelijk / nat / vriendelijk

Rob, Gert en Sonja are preparing for a holiday in the mountains. They will leave in two weeks' time.

1 R Nou, inpakken doe ik niet ..... dan de laatste avond voor ons vertrek. Jullie?
2 S Ja, ik ook. We moeten wel proberen echt zo weinig ..... mee te nemen.
3 G Ja. Vooral niet te veel kleren. Meestal gebruik je maar de ..... van wat je bij je hebt.
4 R Het ..... wat ik meeneem is een lange broek, een trui, twee T–shirts en twee ..... broeken. Dat is het.
5 S Lijkt me prima. Of heb je zin om ..... te worden? Neem je geen jack mee?
6 R Ja, een jack natuurlijk ook. Maar niet meer, je moet het allemaal maar op je rug ....., hè?
7 G Wie gaat er trouwens ..... maken? Als één van ons het doet, is dat genoeg, toch? Sonja, jij misschien?
8 S Nou, omdat je het zo ..... vraagt.

Part 3 Choose the right word.
1 A Het eten is wel erg **vet** / **vuil** hè?
2 B Laat het **aantal** / **de rest** maar staan.
3 A Je haar is **kort** / **slank** zeg!
4 B Ja, vreselijk hè? Ik **bewoog** / **merkte** het te laat. Ik ga nooit meer naar die kapper.
5 A Hè, er gaat een **gat** / **knoop** van m'n jas!
6 B Doe maar even een andere aan dan. We moeten **opschieten** / **veranderen**, want Hans staat buiten al met de auto te wachten.
7 A Ik kom **gauw** / **opnieuw** terug hoor!
8 B Ja, en dan heb ik je trui **anders** / **klaar**.

Part 4 ◀ Listen to text C3 'Inpakken'. Complete the sentences.
Sonja   Opschieten! Kleed je aan anders mis je ..... trein.
Hans   Ik moet m'n tas ook nog ..... Waarom heb je me niet eerder geroepen?
Sonja   ..... ben jij vriendelijk, zeg. Jij deed alsof ..... me niet hoorde. Ik help je toch? .....: zeep, handdoek, tandenborstel, kam.
Hans   Wacht, ik moet ..... even douchen en mijn tanden poetsen.
Sonja   Gauw ..... maar. Je bent erg laat.
Hans   Er zit ..... gat in mijn sok en mijn overhemd ..... vuil.
          en nou is de knoop ook ..... van mijn broek.
          Ik neem wel een ..... later...
Sonja   Hé, draai die kraan eens dicht als ..... toch klaar bent.
Hans   Jaja. Rustig maar!

17 / C1 Een nieuw huis

Els is visiting her old friend Titia who recently moved into a new house.

1 ◀ Text • Een nieuw huis

Titia	Hè, hè, eindelijk ben je er. Kon je het niet vinden?
Els	Nou, met moeite. Ik heb anderhalf uur in de auto gezeten.
Titia	O, dat is wel erg lang. Doe je jas uit. Wil je direct het huis bekijken of eerst koffie?
Els	Nee, eerst het huis.
Titia	Hier is de keuken.
Els	Goh, lekker licht en zulke warme kleuren...
Titia	De gang is een beetje donker. Dat is de deur naar de kelder.
Els	Wat een grote!
Titia	En dan is hier is de woonkamer.
Els	O, wat mooi! Is die vloer van hout?
Titia	Ja, dat is het werk van Martijn.
Els	Prachtig. En wat een mooie klok hangt daar!
Titia	Die is nog van mijn grootouders geweest net als die kast en de bank. Martijn vindt die klok heel lelijk, maar ik vind hem mooi, dus blijft hij daar hangen. ... En dan is hier de wc. Boven is er nog een. De trap is nog niet helemaal klaar. Zullen we meteen naar boven gaan? ... Hier is de kamer van de meisjes en deze is van Bas. En dit is onze slaapkamer.
Els	Grote kamers, zeg.
Titia	En hier is de badkamer: met douche én bad.
Els	Wat een verschil met jullie vorige huis, hè!
Titia	Ja, en het feit dat het ons eigen huis is, is voor ons heel belangrijk. We hadden veel eerder iets moeten kopen, maar we durfden het nooit: zoveel geld. Maar nu ben ik blij dat we het gedaan hebben.
Els	Hoe zijn de buren?
Titia	Wel aardig, geloof ik. Een gezin met vier kinderen. Alleen hun katten komen steeds in onze tuin en dat vind ik vervelend. Kom, we gaan naar beneden. Ik ga koffie zetten.

2 Vocabulary

het huis [huizen]	house
hè, hè!	phew!
eindelijk	finally, at last
de moeite	effort
anderhalf	one and a half
direct	direct(ly), immediate(ly)
licht	light, bright
zulk(e)	such
de gang [-en]	hall, corridor
de kelder [-s]	cellar
een grote	a big one
de (woon)kamer [-s]	(living)room

de vloer [–en]	floor
(van) hout	(made of) wood
de klok [–ken]	clock
hangen [hing, gehangen]	to hang
grootouders (opa en oma)	grandparents
de kast [–en]	cupboard (also closet)
de bank [–en]	couch, bench
lelijk	ugly
de wc [–'s]	toilet
(naar) boven	upstairs
de trap [–pen]	stairs, staircase
het meisje [–s]	girl
de slaapkamer [–s]	bedroom
de badkamer [–s]	bathroom
de douche [–s]	shower
het bad [–en]	bath
het verschil [–len]	difference
vorig	last, previous
het feit [–en]	fact
ons eigen huis	a house of our own
eigen	own
durven [durfde, gedurfd]	to dare
zoveel	so much/many
blij	glad
de buren	neighbours
het gezin [–nen]	family
de kat [–ten]	cat
steeds	always, all the time
de tuin [–en]	garden
(naar) beneden	downstairs
koffie zetten [zette, gezet]	to make coffee

3 ◀ True or false?

Text C1 'Een nieuw huis'.
First read the statements. Then listen.

1 Els krijgt meteen koffie.   waar/niet waar
2 Wat bekijken Titia en Els? Zet in de goede volgorde:
   a   de badkamer   1 =
   b   de kast in de woonkamer   2 =
   c   de keuken   3 =
   d   de slaapkamer van de meisjes   4 =
   e   de slaapkamer van Bas   5 =
   f   de wc   6 =
   g   de woonkamer   7 =

3   De kast van Titia is nog van haar grootouders geweest.   waar/niet waar
4   Els vindt de woonkamer erg groot.   waar/niet waar
5   Titia is erg tevreden over haar nieuwe buren.   waar/niet waar

4   Matching opposites

1	boven	a donker	1 =
2	licht	b later	2 =
3	meisje	c mooi	3 =
4	vorig	d koud	4 =
5	warm	e jongen	5 =
6	eerder	f beneden	6 =
7	lelijk	g volgend	7 =

5   Fill in:

Change the form of the words when required.
anderhalf / bad / badkamer / eigen / licht / meisje / moeite / trap / tuin / wc

1   Kun je even op me wachten? Ik moet naar de .....
2   Mijn moeder wordt erg oud en ze kan niet goed meer lopen. Ze kan nu niet meer alleen met de ..... naar boven.
3   Is dat Wilma? Die had vroeger toch donker haar, en nu is het .....
4   Als ik moe ben, vind ik het heerlijk om een uur lang in een warm ..... te zitten.
5   ..... jaar geleden hebben we een nieuw huis gekocht.
6   Wil je je even wassen? Kijk, daar is de .....
7   Ik heb er erg veel ..... mee om elke dag op tijd op mijn werk te komen.
8   Nee, mijn kam geef ik je liever niet. Gebruik je ..... kam maar.
9   Waarom blijf je binnen? Kom toch lekker in de .....
10 Twee jaar geleden was Aafke nog een ....., maar nu is het een echte vrouw geworden.

6   Fill in:

Change the form of the words when required.
beneden / direct / eindelijk / feit / grootouders / hangen / kamer / klok / lelijk / zulk

1   Het ..... dat we een auto hebben, betekent niet dat we die altijd gebruiken.
2   Monica vindt het nieuwe briefje van € 100 mooi, maar ik vind het .....
3   Ik kan bijna geen schoenen voor mezelf vinden. Ik heb ..... grote voeten!
4   We hebben een groot huis gekocht, want we willen dat alle kinderen hun eigen ..... hebben.
5   Na twee uur wachten kwam ..... de trein.
6   Elsje, wil je naar ..... komen? We gaan eten.
7   Bij Rijk en Lina ..... wel twintig foto's aan de muur.
8   Wat een mooie .....! Alleen jammer, dat je er zo moeilijk op kunt zien hoe laat het is.
9   De ouders van mijn ouders zijn allemaal dood: ik heb dus geen ..... meer.
10 Toen ik hoorde dat Michael Jackson naar Nederland kwam, heb ik ..... kaartjes besteld.

7 Fill in:

Change the form of the words when required.

boven / buren / douche / durven / gezin / hout / kast / kat / verschil / vorig / zetten

1 Hebben we geen suiker meer? Ach, vraag even bij de ..... of ze ons wat suiker kunnen geven.
2 We hebben een nieuwe, grote auto gekocht. Onze ..... auto was kapot.
3 Ben je naar de kapper geweest? Het spijt me, ik zie geen .....
4 Ik ..... het bijna niet te zeggen, maar ik heb wel vijf biertjes gedronken.
5 De glazen? Oh, die staan in die ..... daar.
6 Een hond en een ..... zijn meestal geen grote vrienden.
7 Heb je al koffie .....? Ik heb dorst.
8 Als je een ..... neemt, moet je er niet te lang onder staan.
9 Veel ..... dat in Nederland voor bijvoorbeeld deuren wordt gebruikt, komt uit Zweden.
10 Theo, kom je even naar .....? Ik wil het bed ergens anders zetten.
11 We zijn met het hele ..... op vakantie geweest, alleen kleine Nathalie is bij oma gebleven.

8 List the words

List all the words from text 1 'Een nieuw huis' which have to do with house and furniture.

keuken, ...

9 ◀ C2 What does Titia's new house look like?

Listen to C1 'Een nieuw huis' and try to fill in the gaps.

1 de keuken: lekker ..... en zulke ..... kleuren.
2 de gang: een beetje .....
3 de woonkamer: de vloer is van ....., de ......, de ..... en de ..... zijn van Titia's grootouders geweest.
4 er zijn twee wc's: één beneden en één .....
5 De kamers van de kinderen zijn .....
6 In de badkamer is een bad en een .....

10 Ik heb een huis

Ik heb
een huis.

Het huis
dat ik heb
is mijn leven.

Wat ik gedaan heb.
Wat ik ben.

Ik vraag
geen mensen
bij mij thuis.

Ik weet
dat wie koffie
bij mij drinkt
zich later ophangt.

Jan Arends (1925–1974)

11 ◀ Text / C3 • Een huisje huren

Josien is talking with her friend Wiebe.

Josien	Wij zijn van plan in oktober een paar dagen de stad uit te gaan. Zo af en toe moet je er echt eens uit, vind ik.
Wiebe	Waar gaan jullie naar toe?
Josien	Ik weet het nog niet, maar we dachten eraan om een huisje te huren of een hotel te zoeken in de buurt van Maastricht. Hebben jullie geen zin om mee te gaan?
Wiebe	Even denken... Ik geloof dat Fred toevallig nog een paar vakantiedagen over heeft. Ik zal het hem vragen. Voor mij is het geen probleem. Behalve in de laatste week van oktober. Dan kan ik niet.
Josien	Ik moet wel onmiddellijk iets reserveren, want ik ben bang dat in de herfstvakantie alles vol is. Als ik iets heb, bel ik je.
Wiebe	Wiebe Anema.
Josien	Hoi, met Josien. Ik heb wat gevonden.
Wiebe	Echt waar? Vertel eens.
Josien	Het is een huisje in de buurt van Maastricht, in de richting van de Belgische grens. Toen ik belde, zeiden ze dat normaal alles al vol was geweest maar ze hadden gelukkig nog een huisje over. Het is heel eenvoudig: twee kamers en een keukentje, een tafel met vier stoelen, bedden. Meer niet. Maar er is wel verwarming. Ik heb beloofd dat we vandaag zullen beslissen.
Wiebe	Nou lijkt me prima. Dat betekent dat we geen tv kunnen kijken. Kan ik eindelijk weer eens een boek lezen.
Josien	Het adres is...
Wiebe	Dat kan ik niet onthouden. Wacht, ik pak even pen en papier, dan kan ik het opschrijven.

12 Vocabulary

van plan zijn	to be going to, to intend to
het plan [–nen]	plan
de stad uit	out of town
de stad [steden]	town, city
eruit gaan	to get away
(zo) af en toe	now and then
het huisje [–s]	*here*: bungalow, cottage
het hotel [–s]	hotel
vakantiedagen	holidays, vacation
over	left over
behalve	except (for)
onmiddellijk	immediately
reserveren [reserveerde, gereserveerd]	to make a reservation
bang	afraid
de herfstvakantie	autumn half–term, fall break
de richting [–en]	direction
Belgisch(e)	Belgian
de grens [grenzen]	border
toen	when
normaal	normally
de stoel [–en]	chair
meer niet	no more, that's all
de verwarming	heating
beloven [beloofde, beloofd]	to promise
beslissen [besliste, beslist]	to decide
betekenen [betekende, betekend]	to mean
Kan ik = Dan kan ik	
onthouden [onthield, onthouden]	to remember
het papier	paper

◀ **13 True or false?**

Text C3 'Een huisje huren'.
First read the statements. Then listen.

1 Wiebe kan alleen in de laatste week van oktober op vakantie.   waar/niet waar
2 Josien, Wiebe en Mark gaan in de herfstvakantie op vakantie.   waar/niet waar
3 Het huisje ligt in België.   waar/niet waar
4 Wiebe vindt het vervelend dat er geen tv in het huisje is.   waar/niet waar

14 Fill in:

Change the form of the words when required.

af en toe / behalve / grens / huisje / over / plan / richting / stad / toen / toevallig

1 Utrecht is een ..... in het midden van Nederland.
2 Luister, ik heb een .....: we gaan meteen weg en we betalen niet.
3 Vroeger, ... ik nog geen kinderen had, maakte ik verre reizen.
4 – Loop je even met me mee?
   – Nee, ik moet de andere ..... op.
5 Ik kijk niet vaak naar de tv, maar ..... vind ik het wel leuk.
6 Kijk, hier is de ..... tussen Nederland en Duitsland.
7 Er is nog een koekje ...... Wil jij het?
8 Hé Simone, wat .....! Ik wist niet dat je ook kon komen.
9 Ik heb alle cd's van De Beatles, ... 'Rubber Soul'.
10 Wij gaan naar België op vakantie. Daar hebben we een klein ..... gehuurd.

15 Fill in:

Change the form of the words when required.

bang / beloven / beslissen / betekenen / normaal / onmiddellijk / onthouden / papier / reserveren / stoel / verwarming

1 Hier ben ik en op tijd zelfs. Dat had ik je toch .....!
2 Rita, kom ..... hier! We gaan eten.
3 Als klein kind was ik altijd heel ..... in het donker.
4 € 100,– voor een tafel en vier .....? Dat is goedkoop!
5 ..... het nu eens. Je vergeet ook altijd alles.
6 Ik heb nog nooit een ..... gesprek gehad met Rob. Hij zegt altijd van die gekke dingen.
7 Wat is het hier koud. Is de ..... kapot?
8 Er is een goede film in de bioscoop. Zal ik kaartjes .....?
9 Ik ga misschien een nieuw huis kopen. Morgen moet ik .....
10 – Wat ..... 'a.u.b.'?
   – 'Alstublieft'.
11 Pak nu uw pen en ..... en schrijf op.

16 om/ø or dat?

1 We zijn van plan ..... een paar dagen de stad uit te gaan.
2 We dachten eraan ..... een huisje te huren.
3 Hebben jullie geen zin ..... mee te gaan?
4 Ik geloof ..... Fred nog wat vakantiedagen heeft.
5 Ik ben bang ..... in die tijd alles al vol is.
6 Ik heb beloofd ..... we vandaag zullen beslissen.
7 Dat betekent ..... we geen tv kunnen kijken.

17 / C4 Look and listen

Look at the following list and listen to C3 'Een huisje huren'.
Which items are in the bungalow?
Mark the words you hear.

1 tafel
2 glazen
3 verwarming
4 bad
5 tv
6 bank
7 stoelen
8 bedden
9 keukentje
10 borden

18 ◀ Text / C5 • Wat is het hier mooi

Sixteen–year–old Wouter is reluctantly showing his cousin Eileen a typical area of the Dutch countryside.

Eileen	Wat een mooi gezicht. Die lucht: je kunt zo ver kijken! Het lijkt werkelijk wel of de aarde toch plat is. Zo ziet Nederland er ook uit op foto's. Dorpjes aan de horizon. Kerktorens, boerderijen met rode daken en hoge bomen eromheen. Koeien. En wat zijn dat voor dieren?
Wouter	Sufferd, dat zijn paarden.
Eileen	Ja, dat weet ik wel, maar ik was het woord vergeten. Het gras blijft het hele jaar groen, hè?
Wouter	Ja. Hoewel... in droge zomers...
Eileen	Kijk eens omhoog. Wat zijn dat voor vogels?
Wouter	Geen idee.
Eileen	Zullen we nog even langs dat water lopen? Ik zie daar zulke bijzondere planten.
Wouter	Dan moeten we wel over die sloot heen springen.
Eileen	Ik heb de indruk dat jij op dit moment liever iets anders had gedaan.
Wouter	Dat is waar. Meestal oefen ik op zondag met de band.

19 Vocabulary

het gezicht	sight
de lucht [–en]	sky
werkelijk	really
de aarde	earth
plat	flat
het dorpje [–s]	'small' village
de horizon	horizon
de (kerk)toren [–s]	(church) tower
de boerderij [–en]	farm; here: farmhouse
het dak [–en]	roof
de boom [bomen]	tree
eromheen	round/around it
de koe [koeien]	cow
het dier [–en]	animal
sufferd!	idiot, fool!
het paard [–en]	horse
het gras	grass
hoewel	although
droog	dry
omhoog	up
de vogel [–s]	bird
langs	along
de plant [–en]	plant
de sloot [sloten]	ditch
springen [sprong, gesprongen]	to jump
de indruk [–ken]	impression
oefenen [oefende, geoefend]	to practise
de band	band

20 ◀ True or false?

Text C5 'Wat is het hier mooi'.
First read the statements. Then listen.

1 Eileen heeft nog nooit paarden gezien.   waar/niet waar
2 Wouter weet de naam van de vogels niet.   waar/niet waar
3 Wouter wilde liever iets anders doen.   waar/niet waar

21 Fill in:

Change the form of the words when required.
dier / gras / hoewel / indruk / koe / oefenen / paard / plant / plat / vogel

1 Ik heb geen ..... in huis; die moet je iedere dag water geven.
2 Mijn opa had vroeger nog een ..... om op te rijden.
3 Oh, wat een mooie tuin! En wat is het ..... mooi groen.
4 Ze zeggen weleens dat Nederland zo '..... als een dubbeltje' is. Daarom kun je er zo lekker fietsen.
5 Ik had de ..... dat tante Ans niet zo blij was met haar cadeau.
6 – Mama, geven bruine ..... ook witte melk?
   – Ja, kind.
7 Ze hebben bij onze buren wel zes .....: vier katten en twee honden.
8 Ik ga toch op vakantie, ... ik daar eigenlijk geen tijd voor heb.
9 Nou Frans, als je een goede voetballer wilt worden, moet je nog veel .....
10 – Mama, waarom kunnen ..... vliegen en honden niet?
   – Dat is een moeilijke vraag.

22 Fill in:

Change the form of the words when required.
boom / dak / dorp / droog / gezicht / langs / omhoog / springen / werkelijk / woord

1 Kijk eens ..... Een vliegtuig.
2 Hoe komt dit water in de kamer? Zit er soms een gat in het .....?
3 Ik weet nog niet wat ik wil kopen. Zullen we eerst even ..... de winkels lopen?
4 In de tuin van mijn ouders staat een ....., en die was vroeger even hoog als ik, en nu is hij zo hoog als het huis.
5 Dames en heren, ik drink even wat water. Ik heb zo'n ..... mond.
6 – Heeft het Engels een ..... dat precies hetzelfde betekent als 'gezellig'?
   – Nee, ik geloof het niet.
7 – Wat is dat voor lawaai?
   – Oh, dat zijn de kinderen. Die zijn boven op hun bed aan het .....
8 Is het nu ..... zo dat je nergens meer mag roken?
9 Ik woon nu in een stad, maar ik ben geboren in een .....
10 Wat een gek .....! Paultje met de hoed van zijn vader.

23 Fill in:

aarde / boerderij / dak / horizon / lucht / toren / vogels / water
1 Er zit ..... in de sloot.
2 In de lucht vliegen .....
3 Op het huis zit een rood .....
4 De ..... is rond.
5 De ..... is laag.
6 In de ..... hangt een klok.
7 Koeien vind je bij een .....
8 Aarde en ....., water en vuur.

24 ◀ C6 Look at the picture

Listen to C5 'Wat is het hier mooi' and write down what is missing in the picture.

QUIZ

Part 1   a, b or c? Finish the following sentences.

1   Ik ben blij
a   dat je toch gekomen bent.
b   je bent toch gekomen.
c   om toch te komen.

2   Het lijkt wel
a   dat hier geen mensen wonen.
b   hier wonen geen mensen.
c   of hier geen mensen wonen.

3   Ik heb de indruk
a   dat je geen zin hebt om naar huis te gaan.
b   geen zin te hebben naar huis te gaan.
c   je hebt geen zin om naar huis te gaan.

Part 2   Fill in. Change the form of the words when required.

bang / behalve / dorpje / hoewel / onthouden / plan / stad / vakantie-dagen / verschil / vorig / zin hebben

Wiebe praat met zijn collega Fred. Freds ouders hebben een boerderij.

1   F Kom je uit de .....?
2   W Nee, ik kom uit een heel klein ..... We woonden er trouwens buiten, want mijn ouders hebben een boerderij.
3   F O, wat leuk! ....., 't is hard werken zeker?
4   W Ja, precies. Je hebt natuurlijk geen ....., hè, zoals wij. Nou ja, ... als je een zoon hebt die zo gek is als ik.
5   F Ben je van ..... om het bedrijf straks over te nemen?
6   W Ik weet het nog niet. Ik weet niet of ik het alleen kan. Bovendien ben ik ..... dat mijn vriendin het niet wil.
7   F Ja, het is wel een ..... met het leven in Amsterdam. Is het trouwens een oude boerderij, die van je ouders?
8   W Ja, heel oud. 't Is prachtig. Het ligt heel mooi, een prachtige tuin. ..... jaar heeft mijn vader er een nieuwe keuken en badkamer in gemaakt.
9   W Als je ....., moet je eens langskomen als ik er ook ben. Dat vinden mijn ouders ook gezellig.
10 F Ja, leuk. Dat zal ik .....

Part 3   Choose the right word.

1   A   Zullen we die klok maar hier **hangen / reserveren**?
2   B   Ja, **beneden / boven** de bank lijkt me prima.
3   A   Hé, waarom ben je niet **direct / langs** na je werk gekomen?
4   B   Ik had Paul toch **beloofd / beslist** te helpen bij zijn nieuwe vloer. Dat heb ik je trouwens gisteren nog gezegd.
5   A   Is het al zo laat? Dan moet ik **onmiddellijk / steeds** weg!
6   B   Als je in de **grens / richting** van het centraalstation moet, kan je wel met mij meerijden.
7   A   Ik weet niet precies wat dat woord **bedoelt / betekent**.
8   B   Je **bedoelt / betekent** dat je dat woord niet kent?

Part 4	◀ *Listen to text C5 'Wat is het hier mooi'. Complete the sentences.*
Eileen	Wat een mooi gezicht. Die lucht: je ..... zo ver kijken! Het lijkt werkelijk wel ..... de aarde toch plat is. Zo ziet ..... er ook uit op foto's. Dorpjes aan ..... horizon. Kerktorens, boerderijen met rode daken en ..... bomen er omheen. Koeien. En wat zijn ..... voor dieren?
Wouter	Sufferd, dat zijn paarden.
Eileen	Ja, ... weet ik wel, maar ik was het ..... vergeten. Het gras blijft het hele jaar ....., hè?
Wouter	Ja. Hoewel... in droge zomers...
Eileen	Kijk ..... omhoog. Wat zijn dat voor vogels?
Wouter	Geen .....
Eileen	Zullen we nog even langs dat water ..... Ik zie daar zulke bijzondere planten.
Wouter	Dan ..... we wel over die sloot heen springen.
Eileen	..... heb de indruk dat jij op dit ..... liever iets anders had gedaan.
Wouter	Dat is ..... Meestal oefen ik op zondag met de .....

18 / C1 Wat een weer!

1 ◀ Text • Wat een weer!

A	Wat een weertje, hè buurman!
B	Ja heerlijk. Lekker zonnetje. Niet te warm.
A	Goedemorgen. Wat een wind!
B	Nou. Ze zeggen dat het morgen nog harder gaat waaien. Maar het blijft gelukkig wel droog.
Oom Jan	Wat ben je nat!
Marvin	Bah. Wat een regen.
Oom Jan	Had je geen paraplu bij je?
Marvin	Nee, die ben ik kwijt. Houdt die regen nooit op?
Oom Jan	Ja jongen, dit is Nederland. Het regent hier meer dan bij jullie.

2 Vocabulary

het weer — weather
wat een weertje — what a beautiful day
de zon [het zonnetje] — sun
de wind [–en] — wind
waaien [waaide/woei, gewaaid] — to blow
de regen — rain
de paraplu ['s] — umbrella
kwijt (zijn) — (to have) lost
ophouden [hield op, opgehouden] — to stop
regenen [regende, geregend] — to rain

3 ◀ True or false?

Text C1 'Wat een weer'.
First read the statements. Then listen.

Oom Jan en Marvin.

1 Marvin heeft geen paraplu meer.	waar/niet waar
2 Marvin woont in Nederland.	waar/niet waar

4 Fill in:

Change the form of the words when required.

kwijt / ophouden / paraplu / regenen / waaien / weer / wind / zon

1 Wat ..... het vandaag hard! Maar gelukkig is het droog.
2 Als je niets meer weet te zeggen, kun je altijd nog een gesprek over het ..... beginnen.
3 Ik ga morgen niet op de fiets naar mijn werk. Het zal de hele dag ..... en ik heb geen zin om nat te worden.
4 Karel, wil je ..... met praten? Ik wil dat het rustig is.
5 Ik ben mijn pen ..... Ik heb al overal gezocht.
6 O nee! Wat een regen. En ik heb geen ..... bij me.
7 – Hoe kom je aan die rode neus?
   – Oh, ik heb gisteren te lang in de ..... gelopen.
8 Houd je paraplu goed vast! Anders waait hij weg door de .....

5 Fill in:

Find the words you need in 2, Vocabulary.

1 In Nederland ..... het vaak. Daarom is het er zo groen.
2 Vooral in de herfst kan het ook nog hard .....
3 Sommige mensen houden ervan in de ..... te lopen of te fietsen. 'Uitwaaien' heet dat.

6 Het weer

Verwachting voor vanmiddag 13.00 uur

bewolkt	warmtefront
regen	windrichting
zonnig	koufront
hagel	L	lagedruk
mist	H	hogedruk
sneeuw	19	temperatuur
onweer	-1000-	luchtdruk in hectopascal
opklaringen		

7 Vocabulary

het noorden

het westen ◄──┼──► het oosten

het zuiden

de verwachting	forecast
bewolkt	cloudy
zonnig	sunny
de hagel	hail
de mist	fog
de sneeuw	snow
de temperatuur [temperaturen]	temperature
het onweer	thunderstorm
opklaringen	bright periods

8 Centigrade and Fahrenheit

$C = 5/9 (F - 32?)$ (subtract 32, multiply by 5, and divide by 9)
$F = 9/5 C + 32?$ (multiply by 9, divide by 5, and add 32)
Look at the weather forecast in chart 6. Then fill in.

1 Hoe warm wordt het in het hele land? .....?C. Dat is .....?F.
2 In het noorden verwacht men ..... en .....
3 In het zuiden verwachten ze .....
4 In het westen gaat het niet alleen regenen maar zijn er ook .....
5 In het oosten komt er .....

9 ◄ C2 Listen to C1 'Wat een weer!' and repeat

10 Strip

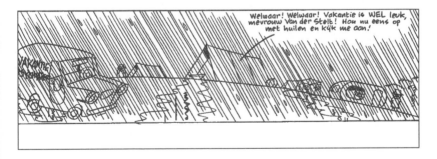

11 Vocabulary

ophouden [hield op, opgehouden]	to stop
huilen [huilde, gehuild]	to cry
aankijken [keek aan, aangekeken]	to look at

12 ◀ Text / C3 • Naar het strand

Joan and Kiki are spending a day on the beach.

Kiki	Zo, leg de handdoeken maar hier en zet de tassen er maar op.
Joan	Heb je de auto wel op slot gedaan?
Kiki	Ja hoor. Ik doe de sleutels in jouw tas. Okay?
	Goh, jij wordt nu al rood. Als de zon zo blijft schijnen, moet je wel iets aantrekken.
Joan	Ik heb wel een dun blousje bij me.
Kiki	In ieder geval is het strand lekker leeg. Gewoonlijk ga ik op zondag en dan is het heel druk. We hebben trouwens echt geluk met het weer vandaag. Ze zeggen dat het morgen verandert...
Joan	Is de zee hier diep?
Kiki	Mm.
Joan	Geef eens antwoord. Is de zee hier diep?
Kiki	Ik sliep bijna. Nee, het is nu laag water maar je moet toch wel voorzichtig zijn.
Joan	Ik ga even zwemmen.
Kiki	Kijk uit! De zee is bij eb sterker dan je denkt.

13 Vocabulary

het strand [–en]	beach
leggen [legde, gelegd]	to lay, put
zetten [zette, gezet]	to set, put
op slot doen	to lock
het slot [sloten]	lock
de sleutel [–s]	key
schijnen [scheen, geschenen]	to shine
dun	thin
leeg	empty
gewoonlijk	usually
geluk hebben	to be lucky
het geluk	luck, happiness
de zee [–ën]	sea
diep	deep
het antwoord [–en]	answer
laag	low
bij eb	at low tide

14 ◀ True or false?

Text C3 'Naar het strand'.
First read the statements. Then listen.

1 Joan is vergeten de auto op slot te doen.   waar/niet waar
2 Meestal is het erg druk als Kiki naar het strand gaat.   waar/niet waar
3 Kiki zegt dat Joan niet in zee moet gaan.   waar/niet waar

15 Matching opposites

1	leeg	a	dik	1 =	
2	laag	b	hoog	2 =	
3	dun	c	droog	3 =	
4	druk	d	koud	4 =	
5	hard	e	rustig	5 =	
6	nat	f	vol	6 =	
7	warm	g	zacht	7 =	

16 Find the appropriate words in 12, Naar het strand

1 Als je zware dingen wilt dragen, moet je ..... zijn.
2 Als je in ..... water springt, moet je kunnen zwemmen.
3 Als het koud is, trek ik geen ..... kleren aan.
4 Als die flessen ..... zijn, mag je ze naar de supermarkt brengen.
5 Als een man een ..... stem heeft, heeft hij een basstem.

17 Fill in:

Change the form of the words when required.
schijnen / strand / temperatuur / weg / zee / zon

Naar zee
Op zonnige dagen in de zomer gaan veel Nederlanders naar ..... Vooral de
..... van Zandvoort en Scheveningen worden dan heel druk bezocht. Op de
..... naar het strand staan de auto's lang te wachten. Als de ..... rond de
dertig graden is, is dat heel vervelend.
Maar op het strand is het heerlijk. Je kunt er zwemmen of in de ..... liggen.
Ook kun je er patat, ijs en haring eten. Het is alleen jammer dat de zon in
Nederland niet vaker .....

18 Fill in:

geluk / gewoonlijk / op slot / sleuteltje / slot / terwijl

1 Gisteren was ik vergeten mijn fiets ..... te doen.
2 Het ..... zat vanmorgen nog in het .....
3 En dat ..... de fiets buiten voor de deur stond.
4 ..... zet ik hem in de stalling.
5 Ik had echt ..... dat niemand hem had meegenomen.
6 Volgens mijn moeder ben ik een geluksvogel.

19 Fill in:
antwoord / in (2x) / naar / op / rood / slecht

1   We gaan met de auto ..... zee.
2   We liggen ..... het strand.
3   Als ik te lang ..... de zon lig, word ik .....
4   Als ik het erg warm heb, ga ik ..... zee.
5   Gisteren vroeg iemand me of ik wist dat veel zon ..... voor je is.
6   Mijn ..... was: roken en vet eten zijn ook al slecht. Mag ik dan helemaal niets meer?

20 zet/zetten or leg/legt/leggen?
1   Joan ..... de handdoek op de grond.
    Daarna ..... ze de tas op de handdoek.
2   Ik ..... mijn fiets buiten tegen de muur.
    Mijn fietssleuteltje ..... ik binnen op tafel.
3   ..... je zonnebril maar op de tas en ..... je schoenen naast de stoel.
4   Zal ik je koffie op tafel .....?
5   Je kunt de baby wel in ons bed .....

21 Look at the following words:
diep –   ondiep (*shallow*)
bewolkt –   onbewolkt (*cloudless*)
weer –   onweer (*thunderstorm*)

The meaning of **on–** is usually **not**. Sometimes it adds a negative aspect.
Could you guess the meaning of the underlined words?

1   Je zegt altijd zulke **onaardige** dingen tegen je zus.
2   Je moet niet zo vet eten. Dat is **ongezond**.
3   De hond is zo **onrustig**. Misschien loopt er iemand in de tuin.
4   Vroeger was het **onbeleefd** als je 'jij' en 'jou' tegen je ouders zei.
5   Heeft ze in één maand Nederlands geleerd? Maar dat is toch **onmogelijk**?
6   Wat is het hier **ongezellig**. Kun je niet wat planten voor het raam zetten?

22 ◀ C4 Listen to the following words and repeat

23 De zee
De zee kun je horen
met je handen voor je oren,
in een kokkel,   *cockle*
in een mosterdpotje,   *mustard jar*
of aan zee

Judith Herzberg (1934)

24 Text / C5 • Verslag van een gesprek met Ronald van den Berg

Ronald van den Berg is vogelaar. Bijna elke zaterdag kun je hem vinden in het Gaasperplaspark of in het gebied van Klarenbeek. En als hij naar zijn werk fietst, luistert hij altijd of hij tussen de bladeren en ander groen ook vogels hoort. 'Na jaren weet je welke vogel welk geluid maakt. Dat leer je door er heel veel mee bezig te zijn.' Ronald zegt dat hij altijd en overal vogels hoort en ziet. 'Net als iemand die van katten houdt overal katten ziet. In een boekje schrijf ik op wanneer en waar ik een bijzonder soort vogels gezien heb. Gewone soorten noteer ik niet. Het is echt een hobby van me. Ik zou het trouwens ook wel voor mijn beroep willen doen. Voor de gemeente of zo.' Wie vogels wil kijken, moet 's morgens vroeg opstaan, want vogels zingen meestal al vóór de zon opkomt. Waarom ze dat doen, weet de vogelaar precies. 'Zo'n drie kwartier voor zonsopgang beginnen ze. Alleen de mannetjes zingen. Ze laten de anderen merken dat ze er zijn, vooral de vrouwtjes natuurlijk.' Volgens Ronald van den Berg is het het leukste om met een klein groepje, niet meer dan vijf personen, vogels te gaan kijken. De een ziet dit, de ander dat. Maar met meer dan vijf mensen maak je te veel lawaai. Je moet je wel heel stil kunnen houden, want dan zie je het meest. Het beste is te lopen. Op de fiets beweeg je meer en dan schrikken de vogels. Ronald vindt het jammer dat er in dit gebied steeds meer huizen gebouwd worden. 'Als de huizen er staan, komen er misschien wel weer andere soorten vogels, maar dan wordt het wat gewoner, denk ik.'

(Uit: Amsterdams Stadsblad)

25 Vocabulary

het verslag [–en]	report
de vogelaar [–s]	bird–watcher
elk(e)	each
het gebied [–en]	area, field
tussen	between, among
het blad [bladeren]	leaf
het groen	foliage
het geluid [–en]	sound
leren [leerde, geleerd]	to learn
bezig	busy
zou willen doen	would like to do
het beroep [–en]	profession
de soort [–en]	kind; *here*: species
noteren [noteerde, genoteerd]	to note down
's morgens	in the morning
de morgen [–s]	morning
opkomen [kwam op, opgekomen]	to rise
zo'n	about
het kwartier 15 minutes	

de zonsopgang [–en]   sunrise
het mannetje/vrouwtje   male/female
laten merken   to make clear
anderen   the others
de groep [–en]   group
de persoon [personen]   person
de een... de ander   some ... some ...
stilhouden   to keep quiet
het meest   (the) most
steeds meer   more and more
blad [bladen]   magazine, paper

26 True or false?

Read 'Verslag van een gesprek met Ronald van den Berg'.
Then read the question and statements.
Finally try to find the answers in the text.

1 Waar komt dit interview vandaan?   .....
2 Ronald van den Berg is vogelaar van beroep.   waar/niet waar
3 Ronald van den Berg noteert alle soorten vogels.   waar/niet waar
4 Hij gaat het liefst vogels kijken met een paar
   andere mensen.   waar/niet waar
5 Hij vindt dat je met vijf mensen te veel lawaai maakt. waar/niet waar
6 Van den Berg vindt dat je beter kunt lopen dan
   fietsen als je vogels wilt zien.   waar/niet waar

Now you can listen to C5 and read along.

27 Fill in:
's avonds / 's middags / 's morgens /'s nachts

..... om zeven uur sta ik op.
Dan werk ik tot ..... vijf uur.
..... kijk ik televisie.
..... slaap ik.

28 Fill in:
Change the form of the words when required.
blad / bloem / sneeuw / vogel

1 In de lente zingen de .....
2 In de zomer zijn er veel .....
3 In de herfst vallen de ..... van de bomen.
4 In de winter ligt er soms .....

29 Fill in:
Change the form of the words when required.
elk / gebied / geluid / groep / leren / 's morgens / soort / steeds

1 Ben je weleens in de Flevopolder geweest? Daar is een ..... waar veel vogels zijn.
2 Er komen ..... meer auto's terwijl de wegen al vol zijn.
3 Leo en Anneke hebben veel geld, ze gaan ..... jaar drie keer op vakantie.
4 Wil je het ..... van de tv wat zachter zetten? Ik ben aan het telefoneren.
5 Als je veel vogels wilt horen en zien, moet je ..... vroeg naar buiten gaan.
6 Komen er morgen 100 mensen? Laten we dan vier ..... van 25 maken.
7 – Hoeveel ..... katten zijn er eigenlijk?
   – Dat weet ik niet precies, maar volgens mij wel meer dan 100.
8 Vanavond heb ik geen tijd, ik moet voor school nog mijn geschiedenis .....

30 Fill in:
Change the form of the words when required.
anderen / beroep / bezig / kwartier / persoon / tussen / verslag

1 Heb jij de krant van vandaag? Ik wil het ..... van Ajax –   AC Milan graag lezen.
2 Joan en ik gingen naar het strand. De ..... wilden liever naar Amsterdam.
3 – Dorien, wat wil je later worden?
   – Dokter, dat lijkt me een mooi .....
4 Volgens mij is Dirk niet de juiste ..... om mee op vakantie te gaan.
5 Kun je even stil zijn? Ik ben ..... met een belangrijk telefoongesprek.
6 Okay, dan kom ik morgen ..... twee en drie even bij je langs.
7 Wist je dat de wedstrijd een ..... later begint dan in de krant staat?

31 ◀ C6 Listen to the following words and repeat

32 Water bij dag en bij nacht
Bij dag is het water iets lichter
groen dan de bossen, iets lichter   *woods*
blauw dan de hemel, iets lichter   *sky*
dan je wilt zeggen, dat is water.

De maan rijst, het water is zwarter   *the moon is rising*
dan de bossen die grijs zijn, zwarter *grey*
dan de hemel die grijs is. De maan
daalt in het water, zilveren   *is sinking*
gulden in spaarpot van dichter.   *money box; poet*

Wolken schuiven voor de maan   *clouds are blotting out the moon*
en alles is weg.

                        Rutger Kopland (1934)

QUIZ

Part 1   What would you say?

1 Wat een regen, hè!
   a   Ja hoor.
   b   Kijk uit.
   c   Nou, zeg.

2 Lekker zonnetje, hè!
   a   Ja en weinig wind.
   b   Morgen wordt het beter
   c   Nou, wat een wolken.

Part 2   Fill in:
geluid / hobby / kat / stil / soort

1 A Wat hoor ik daar voor .....?
2 B Een vogel. Maar wel een bijzonder ....., denk ik.

1   Vogels kijken is mijn .....
2   Als we heel ..... zijn, zien we hem misschien.
3 A Ach joh, dat is gewoon een .....

Part 3   Fill in: Change the form of the words when required.
leeg / sterk / strand / waaien / wind / zonnig

Als het hard ....., is het vaak mooier aan het strand dan op een ..... dag in de zomer.
Het strand is dan heel ..... Alleen een paar mensen die ook van ..... houden.
Soms is de wind zo ..... dat je niet op je benen kunt blijven staan.
De meeste mensen echter gaan in de winter liever naar het ..... in warmere landen.

Part 4   ◀ Listen to text C1 'Wat een weer!' Complete the sentences.
A Wat een ....., hè buurman!
B Ja heerlijk. Lekker ..... Niet te warm.

A Goedemorgen. Wat een wind!
B Nou. Ze zeggen dat ..... morgen nog harder gaat waaien.
   Maar het ..... gelukkig wel droog.

Oom Jan	Wat ben ..... nat!
Marvin	Bah. Wat een regen.
Oom Jan	Had je geen paraplu ..... je?
Marvin	Nee, die ben ik kwijt.
	..... die regen nooit op?
Oom Jan	Ja jongen, dit is Nederland.
	Het ..... hier meer dan bij jullie.

Grammar Section

Contents

1 subject pronouns + verb: regular conjugation

singular

1	ik	werk	I work
2	je / jij	werkt (werk je)	you work [informal]
	u	werkt	you work	[formal]
3	hij	werkt	he works
	ze / zij	werkt	she works
	het	werkt	it works

plural

1	we / wij	werk**en**	we work
2	jullie	werk**en**	you work
3	ze / zij	werk**en**	they work

When the verb precedes the subject **je** or **jij**, as in questions, it has no **-t**.

2 object pronouns
singular

1	hij ziet **me** / **mij**	he sees me
2	hij ziet **je** / **jou**	he sees you [informal]
	hij ziet **u**	he sees you [formal]
3	hij ziet **hem**	he sees him
	hij ziet **haar**	he sees her
	hij ziet **het** he sees it	

plural

1	hij ziet **ons** he sees us	
2	hij ziet **jullie**	he sees you
3	hij ziet **ze** / **hen**	he sees them

3 je / jij, ze / zij, we / wij, me / mij, je / jou, ze / hen
In case of emphasis or contrast you use a slightly different set of pronouns.

	subject			object		
Emphasis or contrast:	jij	zij	wij	mij	jou	hen
Otherwise:	je	ze	we	me	je	ze

Examples:

No contrast		Contrast
Hoe gaat het met **je**?	–	Goed, en met **jou**?
(How are you?	–	Fine, how are you?)
Ik hou van **je**.	–	Maar **jij** houdt niet van **mij**.
(I love you.	–	But you don't love me.)
We gaan naar huis.	–	Maar **wij** niet.
(We are going home.	–	But we aren't.)

4 word order

A In a simple main clause the conjugated verb takes second position.
(Examples 1-5)
The subject in the examples is printed in *italics*.

conjugated verb

1	*Ik*	**kom**	uit Frankrijk.	(I am from France.)
2	*Dat*	**is**	Michel.	(That is Michel.)
3	Daar	**woon**	*ik* vlakbij.	(I live close to that.)
4	Waar	**komt**	*u* vandaan?	(Where are you from?)
5	*We*	**gaan**	iets drinken.	(We are going to have a drink.)
6	**Mag**	*ik*	je even voorstellen?	(May I introduce you?)
7	**Is**	*het*	al drie jaar geleden?	(Is it already three years ago?)

B In compound sentences the conjugated verb of the dependent clause is always at the end.

		subject	rest	verb(s)
1	Weet je	of	**we**	nog messen	**hebben?**

(Do you know whether we still have any knives?)

| 2 | Ik ga niet naar school | omdat | **ik** | ziek | **ben.** |

(I'm not going to school because I am ill.)

| 3 | Hij zegt | dat | **hij** | morgen | **komt.** |

(He says that he will come tomorrow.)

| 4 | Hij vindt | dat | **hij** | genoeg | **heeft gedaan.** |

(He thinks that he has done enough.)

In case of example 4 **heeft gedaan** and **gedaan heeft** are both correct.

C When the dependent clause precedes the main clause, the subject follows the conjugated verb in the main clause.

Omdat ik ziek ben, **ga** ik niet naar school.
(Because I am ill, I won't go to school.)

Als ik hard loop, **ben** ik er op tijd.
(If I walk fast, I will be there on time.)

5 numbers

	cardinal		ordinal
0	nul		
1	een	1e	eerste
2	twee	2e	tweede
3	drie	3e	derde
4	vier	4e	vierde
5	vijf	5e	vijfde
6	zes	6e	zesde
7	zeven	7e	zevende
8	acht	8e	achtste

9	negen	9e	negende
10	tien	10e	tiende
11	elf	11e	elfde
12	twaalf	12e	twaalfe
13	dertien	13e	dertiende
14	veertien	14e	veertiende
15	vijftien	15e	vijftiende
16	zestien	16e	zestiende
17	zeventien	17e	zeventiende
18	achttien	18e	achttiende
19	negentien	19e	negentiende
20	twintig	20e	twintigste
21	eenentwintig	21e	eenentwintigste
22	tweeëntwintig	22e	tweeëntwintigste
23	drieëntwintig	23e	drieëntwintigste
24	vierentwintig	24e	vierentwintigste
25	vijfentwintig	25e	vijfentwintigste
26	zesentwintig	26e	zesentwintigste
27	zevenentwintig	27e	zevenentwintigste
28	achtentwintig	28e	achtentwintigste
29	negenentwintig	29e	negenentwintigste
30	dertig	30e	dertigste
40	veertig	40e	veertigste
50	vijftig	50e	vijftigste
60	zestig	60e	zestigste
70	zeventig	70e	zeventigste
80	tachtig	80e	tachtigste
90	negentig	90e	negentigste
100	honderd	100e	honderdste
200	tweehonderd	200e	tweehonderdste
300	driehonderd	300e	driehonderdste
400	vierhonderd	400e	vierhonderdste
500	vijfhonderd	500e	vijfhonderdste
600	zeshonderd	600e	zeshonderdste
700	zevenhonderd	700e	zevenhonderdste
800	achthonderd	800e	achthonderdste
900	negenhonderd	900e	negenhonderdste
1000	duizend	1000e	duizendste

125	honderd vijfentwintig
1512	vijftienhonderd twaalf
5088	vijfduizend achtentachtig

100.000	honderdduizend
1.000.000	een miljoen
1.000.000.000	een miljard

6 spelling

The spelling of the vowels is related to the pronunciation. You could listen to the vowels in the following exercises:

[a] and [aa] in lesson 1, exercise 23/C5.
[o] and [oo] in lesson 2, exercise 11/C3.
[ee] in lesson 4, exercise 13/C2.
[e] in lesson 2, exercise 30/C9.
[uu] in lesson 3, exercise 46/C15.
[u] in lesson 6, exercise 37/C8.

1 The sounds [aa], [oo], [ee] and [uu] are written as **a**, **o**, **e**, **u** when the syllable ends on **a** vowel.

de str**aa**t	stra-ten
the street	streets

Ik w**oo**n in Edam.	Wij w**o**-nen in Edam.
I live in Edam.	We live in Edam.

Ik w**ee**t het.	Wij w**e**-ten het.
I know.	We know.

Je st**uu**rt een e-mail.	Jullie st**u**-ren een e-mail.
You send an e-mail.	You send an e-mail.

2 After the sounds [a], [o], [e], [u] or [i]: the consonant is doubled if a vowel follows:

de man	ma**nn**en	the man	men
Hij is dom.	een do**mm**e man	He is stupid.	a stupid man
ik zeg	wij ze**gg**en	I say	we say
de bus	bu**ss**en	the bus	buses
ik lig	wij li**gg**en	I am lying	we are lying

3 **f** or **s** at the end of a word or before a consonant change into **v** or **z** before a vowel:

ik blij**f**	wij blij**v**en
I stay	we stay
het hui**s**	hui**z**en
the house	houses

7 articles: de, het, een

In Dutch there are two categories of nouns. Some nouns take **de** as the definite article, other nouns **het**.

There are no good rules for knowing which nouns take **het** and which take **de**, so you should always memorize each new noun you learn together with the article.
Both noun categories take the article **de** in the plural.
Diminutive nouns take always **het**: **het** straatje (the little street), **het** woordje (the little word) etc. (see Section 28)

de moeder	**de** moeders	**een** moeder	moeders
the mother	the mothers	a mother	mothers
het woord	**de** woorden	**een** woord	woorden
the word	the words	a word	words

8 verbs

the conjugation of some irregular verbs
hebben (to have), **zijn** (to be), **gaan** (to go), **zullen** (shall, will), **kunnen** (can), **willen** (to want), **mogen** (may)

1	ik	heb	I have
2	je	hebt (heb je)	you have [informal]
	u	hebt / heeft	you have [formal]
3	hij	heeft	he has
	ze	heeft	she has
	het	heeft	*it has*
	we, jullie, ze	hebben	we, you, they have

1	ik	ben	I am
2	je	bent (ben je)	you are [informal]
	u	bent	you are [formal]
3	hij	is	he is
	ze	is	she is
	het	is	it is
	we, jullie, ze	zijn	we, you, they are

1	ik	ga	I go
2	je	gaat (ga je)	you go [informal]
	u	gaat	you go [formal]
3	hij	gaat	he goes
	ze	gaat	she goes
	het	gaat	it goes
	we, jullie, ze	gaan	we, you, they go

1	ik	zal
2	je	zult, zal (zul je, zal je) [either form is correct]
	u	zult, zal [either form is correct]
3	hij	zal
	ze	zal
	het	zal
	we, jullie, ze	zullen

1	ik	kan
2	je	kunt, kan (kun je, kan je) [either form is correct]
	u	kunt, kan
3	hij	kan
	ze	kan
	het	kan
	we, jullie, ze	kunnen

1	ik	wil
2	je	wil, wilt (wil je) [either form is correct]
	u	wilt
3	hij	wil
	ze	wil
	het	wil
	we, jullie, ze	willen

1	ik	mag
2	je	mag
	u	mag
3	hij	mag
	ze	mag
	het	mag
	we, jullie, ze	mogen

Word order: **gaan, kunnen, zullen, willen, mogen, moeten** (see also Section 4, examples 5 and 6)

Pardon mevrouw, **mag** ik u iets **vragen**?	Excuse me madam, may I ask you something?
U **kunt** het beste de tram **nemen**.	You'd better take a tram.

9   question words

wie	–	Wie is dat?	–	Dat is Kathy.
who	–	Who is that?	–	That is Kathy.

wat	–	Wat ga je doen?	–	Ik ga familie bezoeken.
what	–	What are you going to do?	–	I am going to visit relatives.

hoe	–	Hoe oud ben je?	–	Vijf. Bijna zes.
how	–	How old are you?	–	Five. Nearly six.

waar	–	Waar ga je naar toe?	–	Naar Den Haag.
where	–	Where are you going?	–	To Den Haag.
wanneer	–	Wanneer ben ik in Londen?	–	Om acht uur 's avonds.
when	–	When will I be in London?	–	At 8 pm.

welk(e)	–	Welke tram moet ik nemen?	–	Zestien of vijfentwintig.
which/what	–	Which tram should I take?	–	Sixteen or twenty-five.
	–	Op welk nummer woon je?	–	Op nummer vijftien.
	–	At what number do you live?	–	At number fifteen.

Welk / welke behave like adjectives. See Grammar Section 15.

10   nouns / plurals

The regular plural ending is **-en** or **-s**. The majority of nouns end in **-en**. Nouns ending in **-el, -er, -en, -je** or **-ie** take **-s**. Nouns ending in **-a, -i, -o, -u, -y** take **-'s**.

singular	*plural*		
trein	trein**en**	train	trains
fiets	fiets**en**	bicycle	bicycles
lep**el**	lepel**s**	spoon	spoons
numm**er**	nummer**s**	number	numbers
jong**en**	jongen**s**	boy	boys
kaart**je**	kaartje**s**	ticket	tickets
vakant**ie**	vakantie**s**	holiday	holidays
tax**i**	taxi**'s**	taxi	taxis
aut**o**	auto**'s**	car	cars

Some exceptions:

kind	kind**eren**	child	children
ei	ei**eren**	egg	eggs

In some words the vowel changes:

stad	st**e**den	city/town	cities/towns
dag	d**a**gen	day	days

(see Grammar Section 6 on spelling)

Sometimes the spelling of a noun changes when you add the plural form **-en**.

In these cases you should apply the spelling rules from Grammar Section 6.

straat	stra-ten	street	streets
boot	bo-ten	boat	boats
uur	u-ren	hour	hours
week	we-ken	week	weeks

If you are in doubt about the plural of a noun, you could look it up in a dictionary.

11 demonstratives: deze, die, dit, dat

Deze, die, dit and **dat** refer to something that is known or that has been mentioned before. We also use **dit** and **deze** to talk about things near the speaker, **dat en die** about things that are farther away from the speaker. **Deze** and **die** are used with nouns that take the article *de*; **dit** and **dat** are used for nouns that take the article *het*. Both type of nouns use **deze** and **die** in the plural.

singular   *plural*

Is **deze** plaats vrij?	Zijn **deze** plaatsen vrij?	(**de** plaats)
Is **this** seat taken?	Are **these** seats taken?	

Hoeveel kost **dit** kaartje?	Hoeveel kosten **deze** kaartjes?	(**het** kaartje)
How much is **this** ticket?	How much are **these** tickets?	

Is **die** plaats vrij?	Zijn **die** plaatsen vrij?	(**de** plaats)
Is **that** seat taken?	Are **those** seats taken ('free')?	

Hoeveel kost **dat** kaartje?	Hoeveel kosten **die** kaartjes?	(**het** kaartje)
How much is **that** ticket?	How much are **those** tickets?	

Sometimes you'll hear **die** used as a pronoun instead of the pronouns mentioned in Grammar Section 1:

- Ik ken alleen het Rijksmuseum en het Van Goghmuseum.
- **Die** zijn in Amsterdam, hè?
  (*they*)

- Ken je de zus van Jan?
- Annelies? Natuurlijk.
- **Die** gaat ook mee.
  (*she*)

12 dit is, dat is, dit zijn, dat zijn

- **Dit** is mijn dochter.	- **Dit** zijn mijn kinderen.
- This is my daughter.	- These are my children.

- Hé, **dat** is Michel.	- **Dat** zijn onze plaatsen.
- Hey, that is Michel.	- Those are our seats.

13 negation: niet en geen

Geen corresponds more or less with **no**: it is used with nouns.

–	Heb je geld bij je?	–	Ik heb helemaal **geen** geld bij me.
(–	Have you money on you?	–	I've no money on me I'm afraid.)
–	Heb je een fiets?	–	Ik heb **geen** fiets.
(–	Do you have a bike?	–	I don't have a bike.)

Niet is used in about the same way as **not**. Generally speaking **niet** is placed after the conjugated verb (examples 1–2) but its position may be different because it also depends on other words in the sentence (examples 3–6).

1	–	Ik rook **niet**.	I don't smoke.
2	–	Ga je mee fietsen?	
	–	Nee, ik kan **niet** mee.	No, I can't come.
3	–	Ga je mee?	
	–	Ik weet het **niet**.	I don't know.
4	–	Ken je de zus van Jan?	
	–	Nee, die ken ik **niet**.	No, I don't know her.
5	–	Ik weet het nog **niet**.	I don't know yet.
6	–	(..) Je mag hier **niet** roken.	(..) *You're not allowed to smoke here.*

14 possessive pronouns

1	mijn	my
2	je, jouw	your [informal]
	uw	your [formal]
3	zijn	his
	haar	her

1	ons, onze	our
2	jullie	your [informal]
3	hun	their

–	Pas op, **mijn** bril.	(Be careful, my glasses.)
–	Kijk eens, **je** pils.	(Look, your beer.)

Ons is used with nouns that take *het*; **onze** is used with nouns that take *de*. Both type of nouns take **onze** in the plural.

Dit is **ons** huis en dit zijn **onze** kinderen.   This is our house and these are our children.

Jouw is used in case of emphasis or contrast and **je** in more neutral situations.
–	Is dat **jouw** koffer?	(Is that your suitcase?)
–	Nee, die is van mijn moeder.	(No, that's my mother's.)

15 adjectives

A Most adjectives have a long form (adjective + e) and a short form (adjective without extra e).

	singular		*plural*

de **het** **de / het**

de nieuwe haring het bruine broodje de nieuwe haringen
(the new herring) *(the brown roll)* *(the new herrings)*
de bruine broodjes
(the brown rolls)

een nieuwe haring een bruin broodje nieuwe haringen
(a new herring) *(a brown roll)* *(new herrings)*
bruine broodjes
(brown rolls)

However:

de haring is zacht the herring is soft
de haringen zijn zacht the herrings are soft

het broodje is bruin the roll is brown
de broodjes zijn bruin the rolls are brown

de koffie lekkere koffie
nice coffee

het brood lekker brood
nice bread

The extra **e** may cause a change in the spelling of the adjective. For the rules see Grammar Section 6.

(groot) gro-te glazen large glasses
(dik) dikke mannen fat men

B Some adjectives always keep the same form so there is no extra -e:
Examples:

het houten	huis	the wooden house
een katoenen	broek	a pair of cotton trousers
de zilveren	lepels	the silver spoons
nylon	kousen	nylon stockings
een roze	bloem	a pink flower

16 er, daar

A

– Kent u **Neptunus**?	Do you know Neptunus?
– Je kunt **er** ook prima lunchen.	You can have a nice lunch there, too.
	[there: unstressed]
– Om één uur **in de Blauwe Kip**?	At one o'clock in de Blauwe Kip?
– Goed. Dan zien we elkaar **daar** om één uur.	O.k. Then we will meet there at one o'clock.
	[there: stressed]

B

Er is also used with an indefinite subject:

Er is een programma over muziek.	**There** is a programme about music.
Er zijn nog plaatsen voor het concert.	**There** are still seats for the concert.
Er is geen melk in huis.	**There** is no milk in the house.

17 Imperative

When you want to express a command, a warning or encourage someone to do something you use the stem of the verb. The stem of the verb equals the first person singular. (i.e.the stem from the verb 'spreken' is *spreek*.)

– **Pas** op, het is heet!	Be careful, it is hot!

When you want to be less direct you could use **jij** [informal] or **u** [stem of the verb + t = formal] and/or additional words like **eens, maar, hoor** or **even**.

Herman, **ga jij maar** naast Ilse zitten.	Herman, please sit next to Ilse.
Meneer Van Dam, **gaat u** zitten.	Mr. Van Dam, take a seat, please.
Geef me het zout en de peper **eens**.	Please, pass me the salt and pepper.

18 Verbs – tenses

infinitive	present	imperfect	perfect
to work	I work/ I am working	I worked I was working	I have worked / I have been working
werken	ik werk	ik werk**te**	ik heb **gewerkt**
	je werkt	je werk**te**	je hebt **gewerkt**
	u werkt	u werk**te**	u hebt **gewerkt**
	hij werkt	hij werk**te**	hij heeft **gewerkt**
	ze werkt	ze werk**te**	ze heeft **gewerkt**
	het werkt	het werk**te**	het heeft **gewerkt**
	we, jullie, ze werk**en**	we, jullie, ze werk**ten**	we, jullie, ze hebben **gewerkt**

wandelen	ik wandel	ik wandelde	ik heb gewandeld
	je wandelt	je wandelde	je hebt gewandeld
	u wandelt	u wandelde	u hebt gewandeld
	hij wandelt	hij wandelde	hij heeft gewandeld
	ze wandelt	ze wandelde	ze heeft gewandeld
	het wandelt	het wandelde	het heeft gewandeld
	we, jullie, ze wandelen	we, jullie, ze wandelden	we, jullie, ze hebben gewandeld

A Perfect tense

hebben/zijn + *past participle*

There are two types of verbs: regular and irregular.
The past participle of regular verbs consists of: **ge** + stem + **t/d**
(The stem equals the first person singular.)
If the stem ends in the letters –t, –k, –f, –s, –ch, –p, the past participle ends in a **t**:

ge + stem + **t**

If the stem ends in other letters, the past participle ends in a **d**:

ge + stem + **d**

Examples:

	fietsen	roken	wonen	spellen
	to cycle	to smoke	to live	to spell
stem	fiets	rook	woon	spel
past partciple	**ge**fietst	**ge**rookt	**ge**woond	**ge**speld

ik heb **bet**aald	from 'betalen' (to pay)
we hebben **gebruikt**	from 'gebruiken' (to use)
ze heeft **verd**iend	from 'verdienen' (to earn)
hij heeft **ont**houden	from 'onthouden' (to remember)

Irregular verbs have a different pattern. They frequently change the vowel in the stem of the past participle.

We hebben veel ge**daan**.   We did lots of things.
[from **doen**]
See the list of irregular verbs on p. 271-273 for more examples.

The majority of verbs take *hebben* in the perfect tense.

Ik **heb** een sigaret ge**rookt**.   I smoked a cigarette.
Ik **heb** drie jaar in Rotterdam ge**woond**.   I have lived in Rotterdam for three years.

B   *Imperfect tense*

singular: stem + **te/de**

	ik werk**te**	I worked
	ik wandel**de**	I went for a walk

plural: stem + **ten/den**

	wij werk**ten**	we worked
	wij wandel**den**	we went for a walk

stem + **te(n)**: if the stem ends in –t, –k, –f, –s, –ch, –p

stem + **de(n)**: other endings
Other verbs change the vowel in the stem of the imperfect (and/or past participle).

lopen	ik loop	ik l**ie**p	ik heb gelopen

For more examples see the list of irregular verbs on p. 271-273.

Note that English and Dutch do not always use the imperfect and the perfect tense in the same way. In Dutch the perfect tense is used more frequently.

Wat hebben jullie gedaan in de	What did you do in your vacation?
vakantie?	

19 Negation of moeten
For the negation of **moeten** (to have to) the words **niet/geen** + **hoeven (te)** are used:

A	**Moet** ik dat doen?	A	Do I have to do that?
B	Nee, dat **hoef** je **niet te** doen.	B	No, you don't have to do that.

A	**Moet** je nog brood halen?	A	Do you still have to buy bread?
B	Nee, ik **hoef geen** boodschappen meer **te** doen.	B	No, I 've no more shopping to do.

20 Verbs - passive form

Active	*Passive*
Hij verkoopt dat huis.	Dat huis wordt (door hem) verkocht.
(He is selling that house.	That house is being sold (by him).)
Hij verkocht dat huis.	Dat huis werd (door hem) verkocht.
(He sold that house.	That house was being sold (by him).)
Hij heeft dat huis verkocht.	Dat huis is (door hem) verkocht.
(He has sold that house.	That house has been sold (by him).)

When a sentence has a passive form, you often don't mention explicitly who is performing the action.

We worden naar het station gebracht.	(We are being taken to the railway
	station.)

21 al / alle

non-countable nouns		*countable nouns*	
alle melk	**de** melk	alle bloemen	**de** bloem
alle muziek	**de** muziek	alle kinderen	**het** kind
al het bier	**het** bier		
al het geld	**het** geld		

22 Reflexive pronouns

Some verbs take a reflexive pronoun.

zich wassen	to wash oneself
zich voelen	to feel

Here are the forms:

1	ik was	**me**
2	je wast	**je** / was je **je**?
	u wast	**u** /**zich** [either form is correct]
3	hij wast	**zich**
	ze wast	**zich**

A number of verbs always occur with a reflexive pronoun (*zich afvragen*), other verbs may or may not occur with it (*wassen, snijden*).

1	we wassen	**ons**
2	jullie wassen	**je**
3	ze wassen	**zich**

Ik vraag **me** af of ze komen.	I wonder if they'll come.
Hij wast **zich** niet vaak.	He doesn't often wash.
Hij wast zijn kleren niet vaak.	He doesn't often wash his clothes.
Ik heb **me** in mijn vinger gesneden.	I cut my finger.
Ik heb de uien gesneden.	I cut the onions.

23 Adjectives

		comparatives		*superlatives*	
groot	big	**groter**	bigger	**grootst**	biggest
lang	long	**langer**	longer	**langst**	longest

Note some irregular forms:

goed	good	**beter**	better	**best**	best
veel	many	**meer**	more	**meest**	most
weinig	little/few	**minder**	less	**minst**	least

graag	**liever**	**liefst**

As in:

Ik wil **graag** koffie.	I would like to have coffee.
Ik drink **liever** thee.	I'd prefer tea.
Ik drink het **liefst** water.	I like water most of all.

Irregular in the *comparative* only:

| duur | expensive | duur**der** | more expensive |
| ver | far | ver**der** | farther |

24 Compound verbs

Many so-called compound verbs consist of two elements, for example:

simple verb		*compound verb*	
eten	to eat	**op**eten	to eat **up**
zetten	to put	**neer**zetten	to put **down**
vullen	to fill	**in**vullen	to fill **in**

The two elements of compound verbs take various forms and positions, as shown below:

1   Conjugated compound verbs in main clauses:

Hij **eet** het broodje niet helemaal **op**.   He 's not eating up the roll.
De trein **komt** om tien uur **aan**.   The train arrives at ten.

2   Conjugated compound verbs in dependent clauses:

Hij zegt dat hij het broodje **opeet**.   He says he'll eat up the roll.
Ik weet dat de trein om tien uur   I know (that) the train will arrive at ten.
aankomt.

3   Infinitive:

Hij wil het broodje niet **opeten**.   He doesn't want to eat up.
De trein zal pas om tien uur **aankomen**.   The train won't arrive till ten.

4   Infinitive with **te**:

Hij hoeft het broodje niet **op te eten**.   He doesn't have to eat up the roll.
De trein hoeft niet **aan** te **komen** om .   The train doesn't have to arrive at ten.
   tien uur

5   Past participle of compound verbs:

Hij heeft het broodje niet **opgegeten**.   He hasn't eaten up the roll.
De trein is om tien uur **aangekomen**.   The train arrived at ten.

25 Prepositional constructions

The words **er**, **daar**, and **waar** sometimes form a combination with a preposition (words such as **in**, **op**, **uit**, **over**, **van** etc). Sometimes the two elements are next to each other and sometimes they are separated.

erin / er ... in	in it
daarin / daar ... in	in it
waarin? / waar ... in?	in what?
waarin / waar ... in	in which

| – Die doos is voor jou. | – That box is for you. |
| – Wat zit **erin**? | – What's in it? |

–	Houd jij van voetbal?	–	Do you like soccer?
–	Nee, **daar** houd ik niet **van**.	–	No, I don't like it.
–	**Waar** gaat dit boek **over**?	–	What's this book about?

Note:

Dit is de pen **waar** ik altijd **mee** schrijf. This is the pen I always write with.
Dit is de pen **waarmee** ik altijd schrijf.

26 om + te + infinitive

Ik heb 25 euro **om** een boek **te kopen**.
(I have 25 euro's to buy a book.)
Hij gaat naar huis **om** geld **te halen**.
(He is going home to get some money.)
Hij was zo dom **(om)** over een steen **te vallen**.
(He was stupid enough to stumble over a stone.)

27 The future

To indicate something is going to happen in the future, Dutch has the tendency to use the present tense where English would use an auxiliary verb. Compare:

Ik **doe** het wel. (I'**ll do** it.)

Peter **verhuist** volgende week. (Peter **will move** next week.)

Ik **zie** je donderdag, waarschijnlijk. (I'**ll** probably **see** you on Thursday.)

28 Diminutive nouns

Diminutives are nouns ending in **-je, -tje, -etje, -pje**, or **-kje**. They are used to refer to 'small' things.

hond	hond**je**	dog	little dog, doggie
lepel	lepel**tje**	spoon	small spoon, tea spoon
zon	zon**netje**	sun	little sun, sunshine
boom	boom**pje**	tree	small tree
haring	harin**kje**	herring	small herring

Sometimes however the diminutive ending makes an noun countable or turns it into a word with a different meaning:

pils	een pils**je**	beer	a glass of beer
brief	brief**je**	letter	note, bill
brood	brood**je**	loaf of bread	roll, bun
man	man**netje**	man	little man, male animal
kaart	kaart**je**	card, map	ticket

List of irregular verbs

- When you find **zijn** behind a past partiple, the verb takes 'zijn' in the perfect tense:
  Hoe lang **zijn** jullie **gebleven** op het feest?

- You'll find few verbs with separable parts (Grammar Section 24: compound verbs) in this list. Instead you should look for the verb without the separable part. For example, when you are looking for the verb *aandoen*, see **doen**.

Infinitive	Imperfect	Perfect	
aantrekken	trok aan, trokken aan	aangetrokken	to put on
bakken	bakte, bakten	gebakken	to fry
beginnen	begon, begonnen	begonnen (zijn)	to begin
begrijpen	begreep, begrepen	begrepen	to understand
besluiten	besloot, besloten	besloten	to decide
bestaan uit	bestond uit, bestonden uit	bestaan uit	to consist of
bewegen	bewoog, bewogen	bewogen	to move
bezoeken	bezocht, bezochten	bezocht	to visit
bijten	beet, beten	gebeten	to bite
blijken	bleek, bleken	gebleken (zijn)	to appear
blijven	bleef, bleven	gebleven (zijn)	to stay
breken	brak, **braken**	gebroken	to break
brengen	bracht, brachten	gebracht	to bring
buigen	boog, bogen	gebogen	to bend
denken	dacht, dachten	gedacht	to think
doen	deed, deden	gedaan	to do
door- verbinden	verbond door, verbonden door	doorverbonden	to put through
dragen	droeg, droegen	gedragen	to wear, carry
drinken	dronk, dronken	gedronken	to drink
dwingen	dwong, dwongen	gedwongen	to force
eten	at, **aten**	gegeten	to eat
gaan	ging, gingen	gegaan (zijn)	to go
geven	gaf, **gaven**	gegeven	to give
hangen	hing, hingen	gehangen	to hang
hebben	had, hadden	gehad	to have
helpen	hielp, hielpen	geholpen	to help
heten	heette, heetten	geheten	to be called
houden	hield, hielden	gehouden	to keep
kiezen	koos, kozen	gekozen	to choose
kijken	keek, keken	gekeken	to look
komen	kwam, **kwamen**	gekomen (zijn)	to come

kopen	kocht, kochten	gekocht	to buy
krijgen	kreeg, kregen	gekregen	to get
kunnen	kon, **konden**	gekund	to be able
lachen	lachte, lachten	gelachen	to laugh
laten	liet, lieten	gelaten	to let
lezen	las, **lazen**	gelezen	to read
liggen	lag, **lagen**	gelegen	to lie
lijken	leek, leken	geleken	to seem, appear
lopen	liep, liepen	gelopen	to walk
moeten	moest, moesten	gemoeten	to have to
mogen	mocht, mochten	gemogen	to be allowed
nemen	nam, **namen**	genomen	to take
onthouden	onthield, onthielden	onthouden	to remember
opschieten	schoot op, schoten op	opgeschoten (zijn)	to hurry up
oversteken	stak over, **staken** over	overgestoken (zijn)	to cross
rijden	reed, reden	gereden	to ride, drive
roepen	riep, riepen	geroepen	to call
schijnen	scheen, schenen	geschenen	to seem, appear
schrijven	schreef, schreven	geschreven	to write
schrikken	schrok, schrokken	geschrokken (zijn)	to be shocked
slapen	sliep, sliepen	geslapen	to sleep
sluiten	sloot, sloten	gesloten	to close
snijden	sneed, sneden	gesneden	to cut
spijten	speet, –	gespeten	to be sorry
spreken	sprak, **spraken**	gesproken	to speak
springen	sprong, sprongen	gesprongen	to jump
staan	stond, stonden	gestaan	to stand
stelen	stal, **stalen**	gestolen	to steal
stijgen	steeg, stegen	gestegen (zijn)	to rise
vallen	viel, vielen	gevallen (zijn)	to fall
vergelijken	vergeleek, vergeleken	vergeleken	to compare
vergeten	vergat, **vergaten**	vergeten (zijn/hebben)	to forget
verkopen	verkocht, verkochten	verkocht	to sell
verliezen	verloor, verloren	verloren	to lose
verstaan	verstond, verstonden	verstaan	to understand
vertrekken	vertrok, vertrokken	vertrokken (zijn)	to leave
vinden	vond, vonden	gevonden	to find
vliegen	vloog, vlogen	gevlogen	to fly
vragen	vroeg, vroegen	gevraagd	to ask
wassen	waste, wasten	gewassen	to wash
wegen	woog, wogen	gewogen	to weigh
weten	wist, wisten	geweten	to know
willen	wilde/wou, wilden	gewild	to want

winnen	won, wonnen	gewonnen	to win
worden	werd, werden	geworden (zijn)	to become
zeggen	zei, **zeiden**	gezegd	to say
zien	zag, zagen	gezien	to see
zijn	was, **waren**	geweest (zijn)	to be
zingen	zong, zongen	gezongen	to sing
zitten	zat, **zaten**	gezeten	to sit
zoeken	zocht, zochten	gezocht	to look for
zwemmen	zwom, zwommen	gezwommen	to swim

Wordlist

- This list contains all the Dutch used from *Dutch for Selfstudy*, including about 1000 words which are the most useful words in the Dutch language. Some words can only be translated in context; these are marked with an asterisk *.

- The number after each Dutch word is the lesson number. In this lesson the word is introduced for the first time.

- The G–numbers refer to the Grammar Section that will give you more information on a particular word:

G1 = Grammar Section 1 (Subject pronouns)

- Numbers, cardinal ('two') and ordinal ('second') are in Grammar Section 5, not in the Wordlist.

aan (3)	at, on, to	alfabet (2)	alphabet
aandoen (8)	to put on	allebei (10)	both
aanhebben (14)	to wear	alle drie (10)	all three
aankleden (16)	to get dressed	alleen (4)	only, just
aankijken (18)	to look at	alleen (14)	alone
aankomen (13)	to arrive	allemaal (10)	all, everybody,
aannemen (10)	to accept, to		everything
	presume	alles (5)	all, everything
aantal (16)	number	als (8)	when, if; as
aantrekken (8)	to put on, to wear	als (14)	as, like
aardappel (5)	potato	alsjeblieft (2)	please
aarde (17)	earth	alsjeblieft! (5)	here you are!
aardig (5)	nice(ly)	alsof (16)	as if
abonnee-nummer	subscriber number	alstublieft (2)	please
(2)		alstublieft! (3)	here you are!
accu (12)	battery	altijd (7)	always
achter (2)	behind	ander (7)	other
achternaam (2)	surname, last	anderen (18)	other people
	name	anderhalf(17)	one and a half
adres (2)	address	anders (11)	otherwise, or else
af (16)	off	antwoord (18)	answer
af en toe (17)	now and then	apotheek (15)	the chemist's,
afstand (8)	distance		pharmacy
afvegen (16)	to wipe	appel (5)	apple
afvragen (16)	to wonder	architect (10)	architect
agenda (2)	diary, calendar	arm (15)	poor
agent (11)	policeman/	arm (15)	arm
	woman; officer	aspirientje (15)	aspirin
al (1)	already	assistente (15)	assistant (female)
al, alle (12)	all	atlete (8)	female athlete
alcohol (5)	alcohol	au! (12)	ouch!
alcoholvrij (5)	non-alcoholic	auto (4)	car

autorijden (15)	to drive	betekenen (17)	to mean
avond (3)	evening	beter (12)	better; G23
's avonds (3)	in the evening	bewegen (14)	to move
		bewolkt (18)	cloudy
baan (13)	job	bezig (18)	busy
baas (13)	boss	bezoek (5)	visitor(s)
baby (13)	baby	bezoeken (4)	to visit
bad (17)	bath	bier (5)	beer
badkamer (17)	bathroom	bij (1)	at, near, by
bah! (12)	yech!	bijna (2)	nearly, almost
bakken (6)	to fry, to bake	bijten (12)	to bite
bakker (11)	bakery	bijvoorbeeld (8)	for instance, for
bal (16)	ball		example
band (12)	tyre, tire	bijzonder (10)	particular(ly),
band (17)	band		special
bang (17)	afraid	biljet (9)	note
bank (1)	bank	binnen (11)	in(side), within
bank (17)	couch, bench	binnenkomen (5)	to come in(side)
bed (15)	bed	bioscoop (8)	cinema, movie
bedanken (13)	to thank		theater
bedankt! (2)	thanks!	blad (18)	leaf; paper,
bedoelen (2)	to mean		magazine
bedrijf (13)	company	blauw (6)	blue
bedrijfsleven (13)	business	blij (17)	glad, happy
been (15)	leg	blijken (16)	to appear, to seem
een beetje (9)	a little bit	blijven (13)	to stay
begin (16)	beginning	bloem (5)	flower
beginnen (14)	to begin, to start	blouse (10)	blouse
begrijpen (13)	to understand	boek (10)	book
behalve (17)	except (for)	boekverkoper (10)	bookseller
beide (14)	both	boekwinkel (10)	bookshop,
bekijken (4)	to look at		bookstore
belangrijk (7)	important	boerderij (17)	farm(house)
beleefd (10)	polite(ly)	boodschappen	to go shopping
bellen (2)	to phone, to call	doen (5)	
beloven (17)	to promise	boom (17)	tree
beneden (17)	downstairs	boot (3)	boat, ferry
benzine (12)	petrol, gas	bord (9)	dish
bepaald (16)	particular(ly)	borrel (5)	drink, party
beroemd (10)	famous	bos (18)	woods
beroep (18)	profession	boter (5)	butter
beslissen (17)	to decide	bouwen (10)	to build
besluiten (13)	to decide	boven (15)	over, above
bestaan uit (2)	to consist of	boven (17)	upstairs
best (3)	best; G23	bovendien (9)	moreover, besides
beste (13)	dear	breken (16)	to break
bestellen (6)	to order	brengen (2)	to bring
betaal-	cash point	brief (11)	letter
automaat (12)		briefje (9)	note, bill
betalen (4)	to pay	bril (5)	glasses

broek (10)	trousers, pants	dak (17)	roof
broer (4)	brother	dame (7)	lady
brood (6)	(loaf of) bread	dan (2)	then
broodje (6)	roll, bun	dan (13)	than
brug (11)	bridge	dank je/u (1)	thank you
bruiloft (14)	wedding	geen dank! (2)	you're welcome!
bruin (6)	brown	dansen (14)	to dance
bruinbrood (6)	brown bread	das, (strop-) (10)	tie
buigen (16)	to bend	dat (1)	that; G11,12
buik (15)	belly	dat (7)	that; G4B
buiten (15)	outside	de (1)	the; G7
buitenland (11)	(a) foreign country	deel (8)	part
buitenlands (9)	foreign	dekken (6)	to cover, to lay
buren (15)	neighbours	denken (1)	to think
bus (5)	bus	derde	third; G5
buurman (14)	neighbour (man)	deur (12)	door
buurt (11)	neighbourhood	deze (4)	this, these; G11
buurvrouw (14)	neighbour	dicht (15)	closed
	(woman)	dichtbij (8)	nearby
		dichtdoen (15)	to close
cadeautje (13)	present	dichtdraaien (16)	to turn off
café (5)	pub, bar	die (2)	that, those; G11
cappuccino (6)	cappuccino	die (2)	it, he etc. G11
capsule (15)	capsule	dieet (16)	diet
cd (7)	cd	dienst (16)	service, duty
centrum (10)	centre, downtown	diep (18)	deep
chauffeur (14)	driver	dier (17)	animal
cheque (11)	cheque, check	dik (6)	thick, fat
citroen (5)	lemon	ding (7)	thing
club (7)	club	dinsdag (4)	Tuesday
collega (14)	colleague	direct (17)	direct(ly),
concert (7)	concert		immediate(ly)
concurrent (8)	competitor	dit (1)	this
congres (13)	congress,	dit (4)	this; G11,12
	conference	dochter (13)	daughter
contant (12)	cash	doen (4)	to do
controleren (12)	to check	doen alsof (16)	to pretend
creditcard (12)	credit card	dokter (15)	doctor, GP
		dol zijn op (5)	to be fond of
x maal daags (15)	x times a day	dollar (9)	dollar
daar (1)	there; G16	dom (2)	stupid, silly
daarmee (8)	with/by that; G25	donderdag (4)	Thursday
daarna (6)	then, after that	donker (15)	dark
daarom (12)	so, that's why	dood (14)	dead
daarvoor (4)	for that, before	door (14)	by
	that	door (16)	through
dag! (1)	hello!	doorgaan (16)	to continue
dag! (1)	(good) bye!	doorverbinden	to put through, to
dag (3)	day	(12)	connect
dagkaart (4)	day ticket	doosje (15)	(small) box

dorpje (17)	small village	enkele reis (3)	single, one-way
dorst hebben (15)	to be thirsty		ticket
douche (17)	shower	envelop (11)	envelope
douchen (16)	to take a shower	enzovoort (12)	et cetera, and so
draad (12)	thread, wire		on
draaien (7)	to turn	er (6)	there, G16; G25
dragen (14)	to wear	erg (5)	very
dragen (16)	to carry	ergens (11)	somewhere,
drank (15)	drink		anywhere
drinken (1)	to drink	eruitzien (14)	to look
drogist (15)	the chemist's,	espresso (6)	espresso
	drugstore	eten (4)	to eat
droog (17)	dry	euro (3)	euro
droom (15)	dream	eurobenzine (12)	unleaded
drop (15)	liquorice, licorice		petrol/gas
druk (9)	busy	even (2)	just*
drukken (7)	to push, to press	eventjes (12)	for a moment
drukwerk (11)	printed matter	extra large (10)	extra large
duidelijk (15)	clear(ly)		
dun (18)	thin	familie (4)	relatives
duren (8)	to last	fantastisch (7)	fantastic, great
durven (17)	to dare	feest(je) (1)	(small) party
dus (8)	so	feit (17)	fact
duur (9)	expensive	fiets (4)	bicycle, bike
dwingen (12)	to force	fietsen (4)	to cycle, to bike
		fijn (13)	nice, great
eb (18)	low tide	film (8)	film, movie
echt (8)	real(ly)	een film draaien (8)	to show (a film)
echter (14)	however	fles (13)	bottle
een (1)	a, an; G7	flink (13)	big, firm
de een ... de	some ... some	formulier (2)	form
ander (18)		foto (10)	photograph,
eens (3)	'just'*		picture
eens zijn (8)	to agree	foto (16)	x-ray
eenvoudig (10)	simple	fotoboek (10)	book of
eerder (16)	earlier, sooner		photographs
eerst (6)	first; G5	fout (7)	wrong
eh ... (9)	er ...	fout (11)	mistake
ei (5)	egg	fris (5)	fresh, refreshing
eigen (17)	own	frisdrank (5)	fizzy drink, pop
eigenlijk (2)	really, exactly*	fruit (5)	fruit
eind (13)	end		
eindelijk (17)	finally, at last	gaan (3)	to go; G8
elk (8)	each	't gaat wel (16)	I'm OK
elkaar (6)	each other	ga je gang (6)	go ahead
e-mailadres (2)	e-mail address	gallon (12)	gallon
en (1)	and	gang (17)	hall, corridor
enig (16)	only	garage (12)	garage
enkel (16)	ankle	gat (16)	hole
		gauw (16)	quick(ly)

277

geachte (13)	dear	glas (5)	glass
gebeuren (11)	to happen	glazen (9)	glass
gebied (18)	area, field	goed (1)	fine, good, well,
geboorte (13)	birth		alright
geboortedatum (2)	date of birth	goedemiddag! (1)	good afternoon!
geboorteland (2)	country of origin	goedemorgen! (1)	good morning!
geboorteplaats (2)	place of birth	goedenavond! (1)	good evening!
geboren (13)	born	goedkoop (9)	cheap
gebouw (12)	building	gooien (16)	to throw
gebruiken (4)	to use	gouden (9)	golden
geel (6)	yellow	graag! (2)	yes please!
geen (4)	no, not any; G13	graag (5)	'with pleasure'*
gefeliciteerd! (5)	congratulations!		
gek (9)	crazy, funny, odd	graag gedaan! (2)	you're welcome!
geld (9)	money	gras (17)	grass
geldautomaat (11)	cash dispenser	grens (17)	border
geleden (1)	ago	grijs (18)	grey
gelijk hebben (7)	to be right	groeien (13)	to grow
geloven (13)	to believe	groen (6)	green
geluid 18)	sound	groen (18)	foliage
geluk hebben (18)	to be lucky	groente (5)	vegetables
gelukkig (14)	happy, fortunately	groep (18)	group
gemeente (13)	municipality	groeten (13)	greetings, regards
gemiddeld (14)	average	groetjes (14)	see you
genoeg (6)	enough	grond (16)	ground
gerust (4)	'without any	groot (6)	large, big
	problem'*	grootouders (17)	grandparents
geschiedenis (10)	history		
geslacht (2)	sex, gender	haar (1, 6)	her; G2,14
gesprek (2)	talk, conversation	haar (15)	hair
in gesprek (2)	engaged	haast hebben (10)	to be in a hurry
gevaar (14)	danger	hagel (18)	hail
gevaarlijk (14)	dangerous	halen (12)	to get, to fetch
in ieder geval (8)	anyway	half (3)	half
geven (2)	to give	hallo (1)	hello
gevoel (8)	feeling	halte (3)	stop
gewicht (11)	weight	ham (6)	ham
gewoon (6)	regular(ly),	hand (15)	hand
	ordinary	een hand geven (15)	to shake hands
gewoon (8)	just...	handdoek (16)	towel
gewoonlijk (18)	usually	handig (9)	handy
gezellig (2)	nice, enjoyable,	hangen (17)	to hang
	cosy	hard (7)	hard, loud, fast
gezicht (15)	face	haring (6)	herring
gezicht (17)	sight	hart (15)	heart
gezin (17)	family	hartstikke leuk (13)	fantastic
gezond (16)	healthy	hé! (1)	hey! hello!
gezondheid! (5)	cheers!	hè? (1)	right?
gezondheid (16)	health	hè nee! (5)	oh no!
gisteren (14)	yesterday	hebben (2)	to have; G8

heel (6)	very, completely	hun (5)	their; G14
heen (4)	'to'	huren (4)	to rent, to hire
heer (7)	Mr.		
heerlijk (6)	delightful,	idee (5)	idea
	delicious, great	ieder (8)	each, every, any
heet (6)	hot	in ieder geval (8)	anyway
hekel hebben (5)	to hate	iedereen (8)	everybody/-one
heel, hele (4)	whole, all	iemand (11)	somebody/-one
helemaal (12)	completely	iets (3)	something
helft (16)	half	ijs (5)	ice, icecream
helpen (2)	to help	ik (1)	I; G1
hem (1)	him; G2	in (1)	in
hemel (18)	sky	inderdaad (10)	indeed
hen (1)	them; G2,3	indruk (17)	impression
heren (6)	gentlemen	ineens (16)	suddenly
herfst (16)	autumn, fall	informatie (3)	information
herfstvakantie (17)	autumn/fall break	ingang (8)	entrance
het (2)	the; G7	inlichtingen (2)	information,
het (1)	it; G1,2		Directory
heten (1)	to be called		Enquiries
hetzelfde (6)	the same	inpakken (16)	to pack
hier (1)	here	insgelijks (6)	'and the same to
hij (1)	he; G1		you'
hobby (7)	hobby	instappen (12)	to get in/on, to
hoe (2)	how; G9		board
hoed (10)	hat	interessant (13)	interesting
hoek (11)	corner	internationaal (13)	international
hoeveel (3)	how much/many	internetcafé (2)	Internet cafe
hoeven (+niet/	don't have to; G19	internetten (2)	to access the
geen) (8)			Internet
hoewel (17)	although	interviewer (7)	interviewer
hoi! (5)	hi!		
hond (15)	dog	ja (1)	yes
honger hebben (9)	to be hungry	ja hoor (4)	sure
hoofd (15)	head	ja zeker (3)	of course, sure
hoofdpijn (15)	headache	jaar (1)	year
hoog (13)	high	wat jammer! (7)	what a pity!, too
hoogachtend (13)	sincerely		bad!
een hoop (8)	a lot, heaps	jarig zijn (5)	to have one's
*hopen (7)	to hope		birthday
horen (7)	to hear	jas (11)	coat
horizon (17)	horizon	jasje (10)	jacket
horloge (9)	watch	jawel (16)	certainly, oh yes
hotel (17)	hotel	jazz (7)	jazz
houden (14)	to keep	je (2)	your; G14
houden van (5)	to like, to love	je (1)	you; G1,2,3
hout (17)	wood	jenever (13)	Dutch gin
huis (2)	house	jeugd (7)	youth
naar huis (1)	home	jij (1)	you; G1,3
huisnummer (2)	number	joggen (8)	to jog

jong (14)	young	dat klopt (11)	that's right
jongen (7)	boy, guy	knoop (16)	button
jongens (6)	folks	koe (17)	cow
jou (1)	you; G2,3	koekje (5)	biscuit, cookie
jouw (5)	your; G14	koffer (4)	suitcase
juffrouw (5)	waitress,	koffie (5)	coffee
	saleswoman, miss	koffie zetten (17)	to make coffee
juist (9)	right, exactly	koken (6)	to cook, to boil
jullie (1)	you; G1,2	komen (1)	to come
jullie (5)	your; G14	kop (6)	cup
jurk (10)	dress	kopen (9)	to buy
		kort (16)	short
kaart (11)	postcard	kosten (3)	to cost
kaartje (3)	ticket	koud (15)	cold
kaas (5)	cheese	kous (9)	stocking
kam (16)	comb	kraan (16)	tap, faucet
kamer (17)	room	krant (7)	newspaper
kant (14)	side	krijgen (4)	to get
kantoor (11)	office	kruiden (6)	herbs and spices
kapot (12)	broken (down)	kunnen (2)	can, to be able to;
kapper (11)	hairdresser's		G8
kast (17)	cupboard, closet	kus(je) (16)	kiss
kat (17)	cat	kussen (15)	pillow
keer (3)	time	kwart (3)	quarter
nog een keer (3)	again	kwartier (18)	15 minutes
kelder (17)	cellar	kwijt (18)	lost
kennen (4)	to know		
kennis (14)	acquaintance	laag (16)	low
kenteken (12)	registration/license	laars (10)	boot
	number	laat (3)	late
kerk (4)	church	hoe laat (3)	what time
kerktoren (17)	church tower	laatste (10)	last
keuken (6)	kitchen	lachen (14)	to laugh
kiezen (10)	to choose	land (2)	country
kijk eens (5)	here you are	lang (1)	long
kijken (7)	to watch	langs (17)	along
kijken (8)	to look	langsgaan (13)	to drop in
kilo, kg (13)	kilogram	langzaam (2)	slow(ly)
kind (3)	child	last hebben (12)	to be bothered
kip (6)	chicken	laten (4)	to let
kippensoep (6)	chicken soup	laten zien (4)	to show
klaar (6)	ready	later (4)	later
klaarstaan (7)	to be ready	lawaai (15)	noise
klank (2)	sound	leeftijd (14)	age
klassiek (7)	classical	leeg (18)	empty
klein (10)	small	leggen (18)	to lay, put
kleren (8)	clothes	lekker (4)	nice(ly), well,
kleur (9)	colour		delicious
klok (17)	clock	lelijk (17)	ugly
kloppen (12)	to knock	lente (16)	spring

lepel(9)	spoon	maan	moon
leren (18)	to learn	maand (16)	month
letter (2)	letter	maandag (4)	Monday
leuk (1)	nice	maar (1)	but
leven (10)	life	maat (10)	size
leven (14)	to live, to be alive	mager (13)	slim, thin
lezen (7)	to read	mailen (2)	to send an e-mail
lichaam (15)	body	maken (5)	to make
lichaams-	exercise	makkelijk (6)	easy
beweging (16)		man (2)	man, husband
licht (17)	light, bright	manier (16)	way, manner
lid (7)	member	mannetje (18)	male
lied (14)	song	markt (9)	market
liefs (13)	love from...	marktkoopman (9)	market vendor,
liefst (7)	rather, preferably*		trader
	G23	me (1)	me; G2,3
		mee (1)	along
lieve (13)	dear	meedoen (8)	to participate
liever (5)	rather* G23	meegaan (4)	to join, to come
liggen (2)	to lie		with
lijken (9)	to seem, to appear	meenemen (10)	to take along
lijken op (13)	to be/look (a)like	meer (8)	more; G23
lijn (3)	line	meer niet(17)	no more, that's all
linkerkant (11)	left-hand side	meest (18)	most; G23
links (11)	left	meestal (14)	usually, mostly
linksaf (11)	to the left	meisje (17)	girl
liter (12)	litre	melk (5)	milk
loket (4)	window, ticket	men (14)	one, they
	office	meneer (1)	Mr, sir
loket (11)	counter	mensen (13)	people, human
lokettist (4)	counter clerk		beings
	(male)	merken (16)	to notice
lokettiste (11)	counter clerk	laten merken (18)	to make clear
	(female)	mes (9)	knife
loon (14)	wages	met (1)	with
lopen (8)	to walk, to run	meteen (7)	immediately,
los (12)	loose		straight away
lucht (12)	air	zo meteen (6)	in a minute
lucht (17)	sky	meter (8)	metre
luchtpost (11)	air mail	mevrouw (1)	Mrs., madam
luisteren (1)	to listen	middag (3)	afternoon
lukken (16)	to succeed,	's middags (3)	in the afternoon
	manage	midden op/in (14)	in the middle (of)
lunchen (6)	to have lunch	mij (1)	me; G2,3
lusten (5)	to like	mijn (1)	my; G14
		miljoen (12)	million
m/v (2)	male/female	minder (8)	less; G23
		minst	least; G23
x maal (15)	x times	minuut (3)	minute
tweemaal (16)	twice	misschien (9)	maybe, perhaps

missen (13)	to miss	net (8)	neat, decent
mist (18)	fog	netnummer (2)	dialling/area code
mmm (5)	yummy	neus (15)	nose
mode (10)	fashion	neusdruppels (15)	nose drops
moe (13)	tired	niemand (11)	nobody, no one
moeder (1)	mother	niet (1)	not; G13
moeilijk (8)	difficult	niet alleen (12)	not only
moeite (17)	effort	niet meer (8)	no more, not
moeten (4)	to have to, must;		anymore
	G19	niets (7)	nothing, not
mogelijk (16)	possible, possibly		anything
mogen (3)	may, to be	nieuw (6)	new
	allowed to; G8	nieuws (13)	news
molen (16)	mill	niks (15)	nothing
moment (12)	moment	nodig (16)	necessary
mond (15)	mouth	nodig hebben (9)	to need
monteur (12)	mechanic	noemen (13)	to call, to mention
mooi (5)	beautiful	nog (4)	still, yet*
morgen (4)	tomorrow	nog (3)	another
morgen (3)	morning	nog een keer (3)	again
's morgens (3)	in the morning	nog eens (3)	again
motivatie (16)	motivation	nog niet (4)	not yet
munt (9)	coin	nogal (3)	rather, quite
muntje (9)	coin	nooit (4)	never
museum (4)	museum	noorden (18)	north
muur (12)	wall	normaal(17)	normal(ly)
muziek (7)	music	noteren (18)	to note down
		nou (2)	well*
na (7)	after	nou en of (14)	you bet
naam (2)	name	nou nee (5)	well, no
naar (1)	to	nou, nou (14)	my goodness
naartoe (4)	'to'	nu (1)	now
naast (6)	next to	nummer (1)	number
nacht (3)	night	nylon (9)	nylon
's nachts (3)	at night		
najaar (16)	autumn, fall	o, (1)	oh,
namelijk (12)	the fact is ...	o jee! (2)	Oh no! Oh dear!
nasi goreng (6)	Indonesian fried	ober (6)	waiter
	rice	ochtend (3)	morning
nat (16)	wet	's ochtends (3)	in the morning
nationaliteit (2)	nationality	oefenen (17)	to practise
natuurlijk (4)	naturally, of	of (2)	or
	course	of (9)	if, whether
nee (1)	no	officieel (14)	official(ly)
ach nee! (14)	oh dear!	ogenblikje (2)	(just a) moment
nee zeg (7)	come on	okay (5)	OK
nemen (3)	to take	olie (6)	oil
nergens (11)	nowhere, not	om (3)	at, around
	anywhere	om te (7)	(in order) to; G26
net (4)	just	omdat (8)	because

omheen (17)	(a)round	papier (17)	paper
omhoog (17)	up	paracetamol (15)	paracetamol
onder (10)	under, underneath	paraplu (18)	umbrella
ondergoed (9)	underwear	pardon (3)	excuse me
ongeluk (14)	accident	park (16)	park
onmiddellijk (17)	immediate(ly)	parkeren (12)	to park
ons (1)	us; G2,14,21	pas op (5)	be careful
ons (5)	our; G14	pas (9)	recently
ontbijt (13)	breakfast	pasje (11)	I.D. card
onthouden (17)	to remember	paspoort (4)	passport
onweer (18)	thunderstorm	passen (10)	to try on, to fit
onze (5)	our; G14	pasta (5)	pasta
oog (15)	eye	patatje (9)	portion of chips,
ooit (16)	ever		fries
ook (1)	too, also	pen (11)	pen
oom (13)	uncle	peper (6)	pepper
oor (15)	ear	per (3)	per, a
oorlog (10)	war	persoon (18)	person
oorlogsjaren (10)	war years	pijn (15)	pain
oorpijn (15)	earache	pijn doen (16)	to hurt
op (1)	on, at	pils (5)	beer
open (15)	open	pilsje (5)	glass of beer
openbaar (12)	public	plaats (1)	place, town
opera (7)	opera	plaats (4)	seat, place
opeten (12)	to eat (up)	plan (17)	plan
ophouden (18)	to stop	van plan zijn (17)	to be going to,
opklaringen (18)	bright periods		to intend to
opkomen (18)	to rise	plant (17)	plant
opnieuw (16)	again	plat (17)	flat
opschieten (16)	to hurry (up)	plattegrond (10)	(street) map
opschrijven (3)	to write down	plein (10)	square
opstaan (15)	to get up	plezier (1)	fun
opsturen (10)	to send	veel plezier! (1)	have fun!
oranje (6)	orange	plotseling (13)	sudden(ly)
oud (2)	old	poetsen (16)	to clean, to brush
ouder (13)	parent	politiebureau (11)	police station
over (3)	over, past, after	pompbediende	service station
over (7)	about	(12)	attendant
over (17)	left, over	pond (9, 13)	pound
overal (11)	everywhere	popmuziek (7)	rock/pop music
overhemd (8)	shirt	post (11)	mail
overkant (3)	other side, across	postcode (2)	postal/zip code
oversteken (11)	to cross	postkantoor (11)	post office
		postzegel (11)	stamp
een paar (15)	a couple of	prachtig (10)	splendid, beautiful
paard (17)	horse	praten (2)	to talk, to speak
pak (8)	suit	precies (1)	exactly
pakken (11)	to get	precies (2)	right
pan (6)	pan	prettig (9)	comfortable,
papa (16)	daddy		pleasant

prijs (4)	price
prima (1)	fine, excellent
proberen (10)	to try (on)
probleem (12)	problem
procent (12)	percent
proeven (6)	to taste, to try
programma (7)	programme
proost! (5)	cheers!
punt (2)	full stop, point, dot
quiz (7)	quiz
raam (6)	window
radio (7)	radio
raken (14)	to hit
rand (9)	rand
rauw (6)	raw
recept (15)	prescription, recipe
receptioniste (12)	receptionist (woman)
recht (11)	straight
rechtdoor (11)	straight on
rechts (11)	(to the) right
rechtsaf (11)	to the right
reden (14)	reason
regen (18)	rain
regenen (18)	to rain
reis (4)	trip
goede reis! (4)	have a nice trip!
reiziger (12)	traveller, passenger
rekenen (12)	to figure
rekening (6)	bill
repareren (12)	to repair
reserveren (17)	to make a reservation
rest (16)	rest
restaurant (6)	restaurant
retourtje (3)	return/round-trip ticket
richting (17)	direction
rijbewijs (4)	driving licence, driver's license
rijden (14)	to drive, ride
rijk (8)	rich
rijst (6)	rice
roepen (16)	to call
rok (10)	skirt

roken (4)	to smoke
roker (12)	smoker
rond (14)	(a)round
rondkijken (10)	to look around, to browse
rood (5)	red
roze (9)	pink
rug (15)	back
rusten (13)	to rest
rustig (10)	quiet(ly)
ruzie (13)	quarrel, argument
salaris (13)	salary
samen (6)	together
scheidsrechter (7)	referee
scheuren (16)	to tear
schijnen (13)	to seem, to appear
schijnen (18)	to shine
schoen (10)	shoe
school (10)	school
schrijven (3)	to write
schrikken (14)	to get a shock
seizoen (16)	season
sfeer (13)	character
shirt (10)	shirt
sigarenwinkel (10)	tobacconist's
sinaasappel (5)	orange
sinds (7)	since
situatie (14)	situation
sjaal (9)	scarf
sla (5)	salad, lettuce
slaapkamer (17)	bedroom
slager (12)	butcher's
slagroomklopper (9)	kitchen utensil
slank (16)	slim
slapen (12)	to sleep
slecht (8)	bad
slechts (16)	only, just
sleutel (18)	key
slim (11)	clever(ly)
slipje (9)	panties, briefs
sloot (17)	ditch
slot (18)	lock
op slot doen (18)	to lock
sluiten (11)	to close, shut
smakelijk eten! (6)	enjoy your meal!
smaken (6)	to taste
sms'je (2)	SMS message
sneeuw (18)	snow
snel (6)	quick, fast

snijden (6)	to cut	sympathiek (5)	pleasant
sociaal (16)	social		
soep (6)	soup	tafel (6)	table
sok (9)	sock	tafel dekken (6)	to lay the table
sommige (8)	some	tand (16)	tooth
soms (14)	sometimes	tandenborstel (16)	tooth brush
soort (18)	kind, species	tank (12)	tank
sorry! (5)	I am sorry!	tanken (12)	to fill up
spelen (7)	to play	tante (13)	aunt
speler (7)	player	tarief (11)	rate
spellen (2)	to spell	tas (16)	bag
spiegel (10)	mirror	taxi (3)	taxi
spijkerbroek (8)	jeans	te (1)	to
spijten (3)	to be sorry	te (6)	too
sporten (8)	to play a sport	tegen (7)	against
sporthal (12)	sports centre	tegenover (11)	opposite
spreken (1)	to speak	tegenwoordig (8)	nowadays
springen (17)	to jump	tekenen (11)	to sign, to draw
ssst! (12)	sh!	tekst (10)	text
staan (2)	to be	telefoniste (2)	operator (woman)
staan (16)	to stand	televisie (7)	television
stad (17)	town, city	tellen (1)	to count
stalling (4)	storage	temperatuur (18)	temperature
starten (12)	to start	tenminste (8)	at least
station (3)	station	ten slotte (6)	finally
steeds (17)	always, all the time	terugbellen (12)	to call back
		terwijl (14)	while
steeds meer (18)	more and more	tevreden (7)	satisfied, content
steen (16)	stone	thee (5)	tea
stelen (11)	to steal	thuis (2)	at home
een vraag stellen (7)	to ask a question	tientje (9)	tenner
stem (7)	voice	tijd (3)	time
sterk (15)	strong	vrije tijd (7)	spare time
stijgen (14)	to rise	tijdens (13)	during
stil (18)	quiet(ly)	tjonge! (4)	my word! wow!
stil eens! (7)	be quiet!	toch (8)	right? 'isn't it'*, etc.
stoel (17)	chair		
stoppen (14)	to stop	toen (11)	then, when
straat (1)	street	toestand (14)	situation
straks (2)	later	toetje (5)	dessert
strand (18)	beach	toevallig (10)	by chance, as it happens
streep (10)	line, stripe		
stropdas (10)	tie	tomaat (5)	tomato
studeren (8)	to study	toren (17)	tower
per stuk (9)	each, apiece	tot (1)	(up) to, until
stukje (16)	a little bit	tram (3)	tram, streetcar
sturen (2)	to send	tramhalte (3)	tram stop
sufferd! (17)	idiot! fool!	trap (17)	stairs
suiker (6)	sugar	trein (3)	train
supermarkt (5)	supermarket	trouwen (14)	to get married

285

trouwens (5)	actually, besides
trui (10)	pullover, sweater
tuin (17)	garden
tussen (18)	between, among
u (1)	you; G1,2
ui (5)	onion
uit (1)	from, out (of)
uitdoen (16)	to take off
uitgaan (8)	to go out
uitgang (10)	exit
uitleggen (8)	to explain
uitnodigen (5)	to invite
uitstappen (4)	to get out
uitstekend (1)	excellent, fine
(er)uitzien (14)	to look
uur (3)	hour
uw (3)	your; G14
vaak (15)	often, frequently
vader (2)	father
vakantie (4)	vacation, holiday
vakantiedagen (17)	vacation, holidays
vallen (14)	to fall
van (2)	of, from, off
vanavond (5)	tonight
vandaag (7)	today
vandaan (1)	from
vanmiddag (13)	this afternoon
vanmorgen (13)	this morning
vannacht (14)	tonight, last night
vanochtend (14)	this morning
vast (7)	certainly
vast (13)	fixed, permanent
veel (4)	a lot (of)
veel (8)	much; G23
ver (3)	far
veranderen (16)	to change
verboden (12)	forbidden, no ...
verder (13)	further, for the rest
verder (16)	farther
verdienen (13)	to earn
verdriet (16)	grief, distress
vergelijken (14)	to compare
vergeten (15)	to forget
verhaal (4)	story
verhuizen (13)	to move
verkeer (14)	traffic
verkeerd (15)	wrong

verkopen (9)	to sell
verkoper (10)	shop assistant (man)
verkoopster (10)	shop assistant (woman)
verkouden zijn (15)	to have a cold
verlichting (12)	lights
verliezen (11)	to loose
verschil (17)	difference
verschillend (13)	several, different
verslag (18)	report
verstaan (3)	to understand
vertellen (4)	to tell
vertrekken (3)	to leave
vervelend (11)	annoying
verwachten (14)	to expect
verwachting (18)	expectation, forecast
verwarming (17)	heating
verzekeren (15)	to insure
vet (16)	fat, fatty
via (3)	through
vies (16)	dirty
vinden (6)	to think
vinden (11)	to find
vinger (15)	finger
vis (5)	fish
visrestaurant (6)	seafood restaurant
vlakbij (1)	close by
vlees (5)	meat
vliegen (4)	to fly
vliegtuig (4)	plane
vloer (17)	floor
vlug (13)	fast, quick(ly)
(zich) voelen (13)	to feel; G22
voet (15)	foot
voetbal (7)	soccer
voetballer (7)	soccer player
vogel (17)	bird
vogelaar (18)	bird-watcher
vol (12)	full
volgen (16)	to follow
volgend (4)	following, next
volgens (8)	according to
volgens mij (8)	in my opinion, I think
voluit (2)	in full
voor (3)	for, before, in front of

vooral (15)	particularly, especially	wat (2)	a bit
voorbij (13)	past, over	wat (2)	what; G9
voorbijganger (11)	passerby	water (15)	water
voordat (10)	before	wc (17)	toilet
voordeel (8)	advantage	we (1)	we; G1,3
voorjaar (16)	spring	wedstrijd (7)	match, game
voornaam (1)	first name	week (4)	week
voorstellen (1)	to introduce	weekend (8)	weekend
voorzichtig (15)	careful	weer (9)	again
vorig (17)	last, previous	weer (18)	weather
vork (9)	fork	weg (11)	gone, away
vorm (9)	shape	weg (12)	road, way
vraag (3)	question	wegen (13)	to weigh
vrachtwagen (14)	lorry, truck	weggaan (13)	to leave, to go away
vragen (3)	to ask	weinig (9)	not much, little; G23
vreemd (14)	strange, odd		
vreselijk (14)	awful(ly)	wel (5)	opposite of 'niet /geen'*
vriend (14)	friend (man)		
vriendelijk (16)	friendly	weleens (11)	sometimes, ever
vriendin (14)	friend (woman)	welk(e) (1)	which, what; G9
vrij (4)	free	welnee (8)	of course not
vrijdag (4)	Friday	welterusten (15)	sleep well
vroeg (13)	early	wereldkampioen-	world
vroeger (8)	formerly, previous	schap (7)	championship
vrouw (1)	wife	werk (13)	work
vrouw (2)	female	werkelijk (17)	real(ly)
vrouw (14)	woman	werken (1)	to work
vrouwtje (18)	female	weten (2)	to know
vuil (16)	dirty	wie (3)	who; G9
vullen (6)	to fill	wij (1)	we; G1,3
vuur (6)	fire, stove	wijn (5)	wine
		willen (2)	could, to want; G8
waaien (18)	to blow	wind (18)	wind
waar (1)	where; G9	winkel (10)	shop
waar (8)	true, right	winnen (7)	to win
waar .. heen (4)	where	winter (16)	winter
waarom (7)	why	wintermaand (16)	winter month
waarschijnlijk (12)	probably	wisselen (11)	to change (money)
wachten (8)	to wait	wit (6)	white
wakker (15)	awake	witbrood (6)	white bread
wakker worden (15)	to wake up	woensdag (4)	Wednesday
wandelen (4)	to walk, to hike	wolk (18)	cloud
wanneer (3)	when; G9	wonder (14)	miracle
want (10)	because, for	wonen (1)	to live
warenhuis (9)	department store	woning (10)	house
warm (15)	warm, hot	woonkamer (17)	living room
wassen (15)	to wash	woonplaats (2)	place of residence
wat (1)	something	woord (2)	word
wat...! (1)	how...!	worden (8)	to get, to become

worden (12)	to be; G20	zout (6)	salt
		zout (15)	salt, salty
zacht (6)	soft(ly), slow(ly)	zoveel (17)	so much/many
zak (11)	pocket	zulk(e) (17)	such
zaterdag (4)	Saturday	zullen (2)	will, shall; G8
ze (1)	she, they, them;	zus(ter) (2)	sister
	G1,2,3	zwaar (10)	heavy
zee (18)	sea	zwart (6)	black
zeep (16)	soap	zwembad (12)	pool
zeg (1)	say	zwemclub (7)	swimming club
zeggen (2)	to say	zwemmen (7)	to swim
zeker (3)	sure(ly), certain(ly)		
zelf (7)	(...)self		
zelfs (14)	even		
zetten (6)	to put, place		
zich (13)	G22		
ziek (15)	ill, sick		
ziekenhuis (12)	hospital		
zien (1)	to see		
tot ziens (1)	goodbye, see you later		
zij (1)	she, they; G1,3		
zijn (1)	to be; G8		
zijn (5)	his; G14		
zilveren (9)	silver		
zin hebben (7)	to feel like		
zingen (14)	to sing		
zitten (4)	to sit		
zo (2)	well, right		
zo (5)	in a minute		
zo (5)	so, like that		
zo meteen (6)	in a minute		
x maal zo .. als (16)	x times as .. as		
zoals (6)	such as, as		
zodat (14)	so (that)		
zoeken (10)	to look for		
zoeken (11)	to search		
zoet (15)	sweet		
zomer (16)	summer		
zon (18)	sun		
zo'n (14)	such (a), one of those		
zo'n (18)	about		
zondag (4)	sunday		
zonder (4)	without		
zonnig (18)	sunny		
zonsopgang (18)	sunrise		
zoon (13)	son		
zorgen voor (14)	to look after		
zou (18)	would		

List of countries

Amerika	America	Litouwen	Lithuania
Amerikaans	American	Lithouws	Lithuanian
Australië	Australia	Luxemburg	Luxembourg
Australisch	Australian	Luxemburgs	Luxembourg
België	Belgium	Nederland	The Netherlands,
Belgisch	Belgian		Holland
Bulgarije	Bulgaria	Nederlands	Dutch
Bulgaars	Bulgarian	Nieuw-Zeeland	New Zealand
Canada	Canada	Nieuw-Zeelands	New Zealand
Canadees	Canadian	Noorwegen	Norway
Cyprus	Cyprus	Noors	Norwegian
Cyprisch, Cypriotisch	Cypriot	Oostenrijk	Austria
Denemarken	Denmark	Oostenrijks	Austrian
Deens	Danish	Polen	Poland
Duitsland	Germany	Pools	Polish
Duits	German	Portugal	Portugal
Engeland	England, UK	Portugees	Portuguese
Engels	English, British	Roemenië	Romania
Estland	Estonia	Roemeens	Romanian
Estlands	Estonian	Schotland	Scotland
Europa	Europe	Schots	Scottish
Europees	European	Slovenië	Slovenia
Finland	Finland	Sloveens	Slovenian
Fins	Finnish	Slowakije	Slovakia
Frankrijk	France	Slowaaks	Slovak(ian)
Frans	French	Spanje	Spain
Griekenland	Greece	Spaans	Spanish
Grieks	Greek	Tsjechië	Czech Republic
Groot-Brittannië	Great Britain	Tsjech	Czech
Brits	British	Verenigde Staten	United States
Hongarije	Hongary	Amerikaans	American
Hongaars	Hungarian	Zuid-Afrika	South Africa
Ierland	Ireland	Zuid-Afrikaans	South African
Iers	Irish	Zweden	Sweden
Italië	Italy	Zweeds	Swedish
Italiaans	Italian	Zwitserland	Switzerland
IJsland	Iceland	Zwitsers	Swiss
IJslands	Icelandic		
Letland	Latvia		
Lets	Latvian		

Answer keys

Answer keys Lesson 1
A KEY TO THE EXERCISES
Exercise 7
1 true 2 false 3 false
Exercise 13
1 meneer Dikkers 2 Teun 3 Eva's
Exercise 14
1 d, b 2 a 3 c, e 4 c, e 5 b, d
Exercise 15
1 leuk 2 moeder 3 huis 4 ook 5 plezier
Exercise 16
1 vrouw 2 dank u 3 Dag/Tot ziens 4 drinken
5 Tot ziens 6 feestje
Exercise 19
3, 6, 7, 9
Exercise 20
1 ik 2 het, jou 3 u 4 jij
Exercise 21
1 Hoe gaat het met je?
2 Mag ik je even voorstellen?
3 En dit is mijn moeder.
4 Hoe maakt u het?
5 Veel plezier en tot ziens.
6 Dag mevrouw.
Exercise 23
1 x 3 x 4 x 6 x 8 x
Exercise 30
1 true 2 true 3 false 4 true
Exercise 31
1 d, e 2 a 3 e 4 b 5 c
Exercise 32
1 d 2 e 3 b 4 a 5 c
Exercise 33
1 werkt 2 woont 3 straat 4 gaat
Exercise 34
1 jaar 2 Nederlands 3 Nederland 4 lang
5 niet 6 ja
Exercise 35
1 Spreekt 2 denk 3 vlakbij 4 maar 5 goed
6 daar
Exercise 38
1 Waar woon je? 2 Ik woon daar vlakbij.
3 Werk je ook in Amsterdam? 4 Ja, ik werk
hier bij een bank. 5 Jij komt niet uit
Nederland, hè? 6 Waar kom je vandaan? 7 Nu
ga ik naar huis. 8 Ja, drie jaar, denk ik.
Exercise 41
1 tot 2 luistert 3 tellen
Exercise 43
See Grammar Section 5
Exercise 44
1 x 2 x 4 x 6 x 7 x 9 x

B KEY TO THE QUIZ
Part 1
1 a 2 a 3 b 4 b 5 a
Part 2
1 leuk 2 wat 3 voorstellen 4 bank 5 welk
6 het 7 jou
Part 3
1 is 2 Hij 3 Hij woont/werkt 4 naar 5 is
Part 4
See text 25 'Drie jaar geleden'. Check words
and spelling.

Answer keys lesson 2
A KEY TO THE EXERCISES
Exercise 6
1 false 2 false 3 true 4 true
Exercise 7
1 telefoon 2 naam 3 straks 4 helpen 5 bellen
Exercise 8
1 agenda 2 geven 3 Dank je wel 4 thuis
5 stuurt 6 Graag gedaan
Exercise 9
1 achter 2 Weet 3 ogenblikje 4 dom 5 spel
Exercise 10
1. Kunt u me helpen, mevrouw?
2. Waar kan ik internetten?
3. We kunnen haar moeder bellen.
4. KPN Inlichtingen, goedemiddag.
5. Kunt u de naam spellen?
6. Dank u wel.
7. Dan bel je haar straks maar.
Exercise 11
1 x 3 x 4 x 6 x 7 x 8 x
Exercise 16
1 punt 2 woord, letters 3 alfabet 4 punt 5 zeg
Exercise 19
1 spreken 2 weten 3 spellen 4 sturen
5 liggen 6 geven
Exercise 24
1 false 2 false 3 true
Exercise 25
1 b, f 2 b, d, f 3 b, e 4 d 5 a 6 g 7 c
Exercise 26
1 f 2 d 3 e 4 c 5 a 6 b
Exercise 27
1 Uitstekend 2 woon 3 adres 4 woont
5 spreekt 6 langzamer
Exercise 28
1 oud, bijna 2 zus, vader 3 Bedoel
Exercise 30
2 x 3 x 6 x 7 x 8 x

Exercise 33
1 ø 2 een 3 de 4 een 5 Het 6 het 7 een

B KEY TO THE QUIZ
Part 1
1 c 2 c 3 b 4 b 5 a
Part 2
1 stuur 2 bedoelt
3 woonplaats 4 bijna
5 zus 6 telefoonnummer
7 agenda 8 gezellig, Kun
Part 3
1 e 2 b 3 f
4 a 5 c 6 d
Part 4
See text 1 ' Mailen en bellen'.
Check words and spelling.

Answer keys lesson 3
A KEY TO THE EXERCISES
Exercise 5
1 false 2 false 3 true
Exercise 6
1 d 2 e 3 c 4 f 5 a 6 b 7 g
Exercise 7
1 vragen 2 Weet 3 aan de overkant 4 ver
5 zegt 6 Dank u wel
Exercise 8
1 nogal 2 neem, of 3 Pardon, iets 4 halte
Exercise 10
1 willen 2 willen, kunnen 3 zijn 4 hebben
5 mogen 6 kunnen 7 willen 8 zullen 9 gaan
Exercise 11
1 is 2 Gaat 3 kunt 4 is 5 is 6 kan 7 bent
Exercise 12
2 x 3 x 5 x 6 x 8 x 9 x 10 x
Exercise 17
1 false 2 false 3 false
Exercise 18
1 b 2 c, e 3 f 4 c, e 5 a 6 d
Exercise 19
1 trein 2 nog een keer 3 Pardon 4 kost 5 of,
en
Exercise 20
1 enkele reis 2 versta 3 nog eens 4 kind 5 hoe
Exercise 21
1 Hoeveel 2 boot 3 retour 4 trein 5 euro
Exercise 24
1 hoeveel 2 goed 3 nog 4 zeggen 5 hier
6 gesprek 7 negen 8 geleden 9 heb
10 ogenblikje
Exercise 30
1 false 2 true 3 true
Exercise 31
1 b, c 2 b, c 3 e 4 a/d 5 d/a

Exercise 32
1 b, c 2 a, c 3 a
Exercise 33
1 vraag, Wanneer 2 keer, 's avonds 3 hoe
4 uur 5 informatie
Exercise 34
1 vertrekt, opschrijven 2 het, uur 3 om
Exercise 35
1 p.m. 2 p.m. 3 a.m. 4 a.m. 5 a.m. 6 p.m.
7 a.m.
Exercise 37
1 Hoe 2 Wanneer 3 Wat/Wanneer 4 Waar
5 Welke 6 Hoeveel/Wat 7 Wie
Exercise 39
1 x 2 x 5 x 6 x 9 x 10 x
Exercise 45
1 – 2 kwart voor acht 3 vijf voor half twee
4 vijf voor twaalf 5 vijf over half zes 6 elf over
drie 7 negen over half negen
Exercise 46
1 x 2 x 5 x 6 x 8 x
Exercise 48
1 om vijf (minuten) voor half vier (15.25)
2 om negen (minuten) voor half zes (17.21)
3 om één minuut voor zes (17.59) 4 vijf uur
en drie minuten (Londen: + 1 uur) 4 om twee
(minuten) voor half acht (19.28)

Exercise 50
treinen, stations, nummers, nachten,
kinderen, vaders, agenda's, huizen, straten

B KEY TO THE QUIZ
Part 1
1 c 2 a 3 c 4 a 5 c
Part 2
1 nemen 2 Hoe laat 3 vraag 4 's avonds
5 versta 6 opschrijven
Part 3
1 Mag 2 Waar 3 Kun 4 Welke 5 wie 6 ga
Part 4
See text 13 'Op het centraalstation'. Check
words and spelling.

Answer keys lesson 4
A KEY TO THE EXERCISES
Exercise 4
1 false 2 true 3 false
Exercise 5
1 c 2 e 3 d 4 a 5 b 6 f
Exercise 6
1 plaats 2 zitten 3 reis 4 uit, trein, ver
5 familie, broer
Exercise 7
1 zitten 2 vliegt 3 bekijken 4 bezoekt
5 roken 6 uitstappen

Exercise 8
1 vrij 2 koffer 3 Kent 4 bekijken 5 doen
Exercise 9
1 vandaan 2 net 3 ver, lange 4 naartoe
Exercise 11
Neutral: dit museum, dat vliegtuig, dit
kaartje, dat kind
Exercise 12
1 deze/die 2 deze/die 3 deze/die 4 dat/dit
5 deze/die 6 dat/dit 7 Dat/Dit, dat/dit
Exercise 13
1 x 3 x 5 x 6 x 8 x 10 x
Exercise 20
1 true 2 false 3 false
Exercise 21
1 a 2 b, c 3 b, c 4 c 5 a 6 c
Exercise 22
2 weet ik nog niet 3 ja 4 ja 5 weet ik nog niet
6 nee 7 ja 8 nee
Exercise 23
1 e 2 b(e) 3 d 4 c 5 a
Exercise 24
1 fiets 2 Morgen, mee 3 Natuurlijk, nooit
4 fietsen, wandelen
Exercise 25
1 morgen/eten 2 nog niet 3 later 4 veel, eten
Exercise 26
1 vakantie 2 gefietst 3 gedaan 4 doen, gehad
Exercise 27
1 ziet 2 vertelt, (heeft) 3 eet 4 huur 5 doet
6 heeft
Exercise 28
3 x 4 x 8 x 9 x 10 x
Exercise 31
1 niet 2 geen 3 niet 4 niet 5 niet 6 geen
7 geen
Exercise 33
gedaan – doen, gefietst – fietsen, gewandeld
– wandelen, gegeten – eten, gezien – zien,
geweest – zijn
gewerkt, geteld, geluisterd, getelefoneerd,
gespeld, gebeld, gestuurd, bedoeld, gewild,
gepraat, gekost, gerookt, gekend,
(uit)gestapt
Exercise 34
1 c 2 g 3 a 4 e 5 b 6 f 7 d
Exercise 35
Kees Slagter, Geleenstraat 83, 1078 LH
Amsterdam, 020–6829173;
Jantien van der Ploeg, Hortensiastraat 9, 3551
TR Utrecht, 030–5203855
Exercise 38
1 stalling 2 huren 3 loket 4 hele dag
5 laten zien
Exercise 39
1 betalen 2 volgende 3 paspoort 4 krijgt

5 gebruiken
Exercise 40
1 c 2 e 3 f 4 b 5 a 6 d 7 g
Exercise 41
1 €7,30 2 €52,40
Exercise 43
1 uur 2 dagen 3 weken
Exercise 44
1 Zonder 2 betalen 3 loket 4 kost 5 euro
Exercise 46
1 zaterdag, maandag 2 woensdag, vrijdag
3 maandag, woensdag 4 vrijdag, zondag
5 zondag, dinsdag
6 donderdag, zaterdag
Exercise 47
2 x 5 x 7 x 8 x 10 x

B key to the quiz
Exercise 1
1 b 2 c 3 c 4 c 5 b
Exercise 2
1 huren 2 natuurlijk 3 dag 4 hele 5 deze
6 later 7 rijbewijs 8 kerk 9 fietsen
10 bedankt
Exercise 3
1 deze 2 geen 3 deze 4 die 5 niet
Exercise 4
See text 1 'In de trein'. Check words and
spelling.

Answer keys lesson 5
A key to the exercises
Exercise 4
1 waar 2 niet waar 3 waar
Exercise 5
1 a 2 b 3 b
Exercise 6
1 d, e 2 c 3 f 4 a, e 5 b 6 a
Exercise 7
1 c 2 a, e, f 3 d 4 a, b, e 5 f 6 a, b, e
Exercise 8
1 laten, café 2 drinken 3 hekel 4 glas
5 vind 6 wel
Exercise 9
uitnodigen, jarig, borrel, nog
Exercise 10
1 zullen 2 nu, bezoek, boodschappen 3 zo
4 nog
Exercise 11
1, 3, 5, 7, 8
Exercise 19
1 niet waar 2 waar 3 waar
Exercise 20
1 d 2 c 3 e 4 b 5 a
Exercise 21
gegeten, supermarkt, lekker, toetje, liever

Exercise 22
groente: uien, sla; *fruit*: appels, citroenen, sinaasappels; *?*: tomaten, aardappels
Exercise 23
melk, pils, wijn, frisdrank, borrel
Exercise 24
kaas, (ijs), boter
Exercise 25
fruit, boodschappen, idee, uien, sla, alles
Exercise 26
sla, tomaten, uien, aardappels, appels, sinaasappels, citroen, frisdrank, boter, kaas, eieren, melk, koekjes.
Exercise 27
1 x 3 x 5 x 6 x 9 x
Exercise 30
1 zijn 2 is 3 is 4 zijn 5 is 6 zijn
Exercise 36
1 waar 2 niet waar 3 waar
Exercise 37
1 d 2 b 3 e 4 c 5 a 6 f 7 g
Exercise 38
1 d 2 e 3 b 4 c 5 a
Exercise 39
koffie, thee, melk, iets fris, alcoholvrij bier
Exercise 40
binnen, bril, leuk, thee, lekkere, liever
Exercise 41
1 f 2 e 3 c 4 b 5 d 6 a
Exercise 43
1 hun, onze, jullie 2 haar 3 zijn
Exercise 44
1 b 2 e 3 f 4 a 5 d 6 c

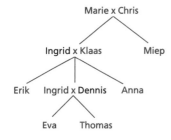

Exercise 45

B KEY TO THE QUIZ
Part 1
1 a 2 c 3 c 4 c 5 b 6 a
Part 2
1 wil 2 liever 3 mooie 4 jarig 5 mijn 6 borrel 7 uitgenodigd 8 hekel 9 aardig
Part 3
1 mijn 2 je/jouw 3 haar 4 je/jouw 5 mijn 6 zijn

Part 4
See text 30 'Op de borrel'. Check words and spelling.

Answer keys lesson 6
A KEY TO THE EXERCISES
Exercise 5
1 waar 2 waar 3 niet waar 4 niet waar
Exercise 6
1 d, b, e 2 e, f 3 c 4 a 5 f 6 b
Exercise 7
1 c 2 b 3 f 4 d 5 a 6 e
Exercise 8
1 e 2 d 3 a 4 b 5 c
Exercise 9
1 koken 2 snel en makkelijk, zoals 3 zal, keuken, vuur 4 snijden, kruiden, olie, klaar 5 tafel
Exercise 10
1, 3, 6, 7
Exercise 14
1 niet waar 2 waar 3 niet waar 4 niet waar
Exercise 15
1 a 2 c 3 a
Exercise 16
1 d 2 e 3 a 4 b 5 c
Exercise 17
bruinbrood, ham/kaas, vissoep, brood, melk/koffie, suiker
Exercise 18
haring, vis, rauwe, smaakt, zacht, ui
Exercise 19
1 rood, wit, blauw 2 rood, wit, blauw, zwart, wit
Exercise 20
1 c 2 e 3 b 4 g 5 d 6 h 7 a 8 f
Exercise 22
a 1 mooie, oude 3 rode; gele 4 blauwe 8 lekkere
b 5 alcoholvrij 6 aardig 7 gezellig 9 lang
Exercise 23
zwarte, witte, alcoholvrij, nieuwe, rauwe, bruine, oude, grote
Exercise 25
1 Lucius en Kort 2 Lucius, Vandenberg, Lorreinen 3 Lucius 4 Lucius en Vandenberg
Exercise 27
Daar (De Rode Vis), er (De Rode Vis), Daar (de Maasstraat), er (in de Maasstraat), Daar (in de Maasstraat)
Exercise 31
1 niet waar 2 niet waar 3 waar 4 waar
Exercise 32
1 a (incorrect), c (offensive) 2 b (offensive) 3 a (offensive), b (incorrect) 4 b (offensive) 5 b (incorrect)

Exercise 33
1 c 2 f 3 a 4 d 5 e 6 b
Exercise 34
1 proef 2 heet 3 zout, peper 4 raam
5 heerlijk 6 vul 7 naast
Exercise 35
1 Zo jongens 2 genoeg 3 nog wat 4 geef
5 dik 6 zo meteen
Exercise 36
1 tafel 2 daar, raam, 3 maakt, uit 4 naast
zitten 5 jongens 6 heet 7 heerlijk
8 gemaakt
Exercise 37
1 x 2 x 5 x 6 x 9 x 10 x
Exercise 39
ga jij (dan) maar ..., vul jij (...) eens, ga je
gang, pas op, geef me (...) eens, neem ...

B KEY TO THE QUIZ
Part 1
1 a 2 a, b 3 c 4 b 5 b 6 a
Part 2
1 vullen 2 heerlijke 3 gevonden 4 snel
5 genoeg 6 nog wat 7 Eerst 8 elkaar
Part 3
1 oude 2 gewone 3 mooi 4 oude 5 lang
6 nieuwe
Part 4
See text 28 'Aan tafel'. Check words and
spelling.

Answer keys lesson 7
A KEY TO THE EXERCISES
Exercise 5
1 niet waar 2 niet waar 3 waar
Exercise 6
1 c 2 e 3 d 4 a 5 b
Exercise 7
1 no 2 yes 3 no 4 no 5 yes
Exercise 8
1 stil eens 2 hoor 3 muziek 4 altijd 5 radio
Exercise 9
1 geeft 2 hoort 3 houdt, van 4 gaat/gaan
5 belt 6 leest
Exercise 10
1 nog 2 plaatsen, meteen 3 programma
4 concert, krant
Exercise 11
1 op 2 over, na, tot, van 3 naar, in
Exercise 15
1 Er is 2 Er is 3 Er zijn 4 Er is 5 Er zijn
Exercise 16
1 € 70,-, 2 0900 300 1250 3 In de Ahoy in
Rotterdam 4 14:30 (half drie)
Exercise 19
1 waar 2 niet waar 3 niet waar

Exercise 20
1 no 2 yes 3 yes
Exercise 21
1 c 2 f 3 d 4 e 5 b 6 a
Exercise 22
1 hou, lid 2 vrije tijd 3 keer, sinds 4 conditie,
dingen 5 stem
Exercise 23
1 hobby 2 jazz, klassieke muziek, popmuziek
3 per 4 Het liefst 5 vrije tijd 6 andere
Exercise 24
1 b 2 e 3 c 4 a 5 d
Exercise 25
1 Meneer Brakel, heeft u hobby's?
2 En doet u ook nog andere dingen in uw
vrije tijd?
3 Wat voor muziek? Klassiek, popmuziek,
jazz?
4 Wat was de eerste opera van Mozart?
5 Kent u deze stem?
Exercise 30
1 niet waar 2 waar 3 niet waar
Exercise 31
1 b, d 2 f 3 a 4 c, e
Exercise 32
1 Wat is dat? 2 Wat zijn dat? 3 Wie is dat?
4 Wie zijn dat? 5 Wat is dat? 6 Wie is dat?
Exercise 33
1 speler, (spelen) 2 wedstrijd
3 wereldkampioenschap 4 voetbal
5 scheidsrechter 6 voetballer 7 (winnen)
Exercise 34
1 d 2 c 3 a 4 e 5 b
Exercise 35
1 Dames 2 fantastische 3 hoor 4 speelt
5 krant 6 wint 7 drukken 8 belangrijke
Exercise 36
1 voetbal 2 Waarom 3 niets 4 harder
5 Wedstrijden 6 vandaag 7 tegen
8 draaien
Exercise 37
1 hoop 2 hele, voetballers 3 jongens,
fantastisch 4 tevreden

B KEY TO THE QUIZ
Part 1
1 a 2 c 3 b 4 b 5 c 6 b
Part 2
1 zwemmen 2 wedstrijd 3 muziek 4 fantastisch, vrije tijd 5 altijd, hobby 6 opera
7 tot 8 na 9 programma 10 goed
Part 3
1 c 2 a 3 e 4 b 5 d
Part 4
See text 1 'Een concert'. Check words and
spelling.

Answer keys lesson 8
A KEY TO THE EXERCISES
Exercise 5
1 niet waar 2 waar
Exercise 6
1 c 2 a 3 b
Exercise 7
1 c 2 b 3 a
Exercise 8
1 Moet 2 hoeft 3 Hoef 4 Moet 5 hoef
6 moet 7 hoeft
Exercise 9
1 d 2 a 3 e 4 c 5 b
Exercise 10
1 kleren 2 Als 3 zo 4 Iedereen
5 spijkerbroek 6 echt 7 pak
Exercise 12
1 zondag 2 13.30 (half twee) 3 Amstel
3, Amsterdam 4 € 105,00
Exercise 15
1 waar 2 niet waar 3 waar
Exercise 16
1 c 2 e 3 a 4 f 5 b 6 d
Exercise 17
1 d 2 c 3 b 4 e 5 a
Exercise 18
1 rijk 2 liever 3 minder 4 uitleggen 5 loopt
6 omdat 7 gevoel 8 Als 9 tenminste
10 moeilijke
Exercise 19
1 e 2 d 3 f 4 a 5 g 6 b 7 c
Exercise 20
1 rijk 2 winnen 3 goede 4 leuk 5 vroeger
6 liever
Exercise 25
1 waar 2 niet waar 3 waar
Exercise 26
1 b 2 d 3 e 4 f 5 c 6 a
Exercise 27
1 voordeel, studeren 2 gewacht 3 weekend
4 bijvoorbeeld 5 gekeken 6 reden
7 sommige
Exercise 28
1 ingang 2 bioscoop 3 iedereen 4 film
5 volgens
Exercise 29
1 e 2 d 3 a 4 b 5 c
Exercise 32
1 liep 3 werd 5 heb gezien 6 was 7 heeft
gewonnen 8 heb gezien 9 studeerde
10 wachtte, zag
Exercise 33
1 gingen 2 had 3 was, duurde 4 vond 5 zei,
ging 6 wilde
Exercise 34
1 Alhambra en Cinema 2 19.30 en 22 uur

3 Telefoon 6236615 (Cinecenter) of 6386016
(The movies)

B KEY TO THE QUIZ
Part 1
1 a 2 c 3 b 4 a 5 a 6 b
Part 2
1 kleren, uitgaan 2 natuurlijk 3 in ieder
geval, spijkerbroek 4 tegenwoordig 5 Een
hoop, wachten 6 vindt 7 gevoel 8 slecht
Part 3
1 was 2 kregen 3 hadden 4 dronken
5 wilden, konden 6 zei, had, wilde
7 vertrok
Part 4
See text 1 'Wat doe jij aan?' Check words and
spelling.

Answer keys lesson 9
A KEY TO THE EXERCISES
Exercise 6
1 waar 2 niet waar 3 waar 4 niet waar
Exercise 7
1 kosten 2 is 3 kosten 4 kost 5 kost 6 zijn
Exercise 8
1 horloge 2 echt 3 Wat 4 tientjes 5 andere
6 goedkoop, Doet
Exercise 9
1 druk, lijkt 2 prettig, wachten 3 nodig
4 bovendien 5 honger 6 weer, pas
Exercise 11
1 handig 2 leuke, gek 3 prettig 4 nieuw,
gouden/zilveren, gekke 5 goedkoop,
goedkope, goed
Exercise 12
1, 2, 4, 5, 7
Exercise 17
1 niet waar 2 niet waar 3 waar
Exercise 18
1 waar 2 niet waar 3 niet waar 4 waar
5 waar
Exercise 19
1 lepel 2 per stuk 3 nog 4 of 5 duur
6 Misschien
Exercise 20
1 borden 2 een beetje 3 misschien 4 vorm
5 natuurlijk 6 weinig
Exercise 21
1 mes 2 lepel 3 vork 4 glas 5 kop 6 pan
7 bord
Exercise 22
You might have done it this way: 1 b 2 e 3 d
4 c 5 a
Exercise 24
2 weet, hebben 3 weet, is 4 vindt, hebben
5 denk, aantrek 6 weet, gaat 7 zeggen, is

8 zei, wilde, kopen 9 sport, wil, winnen
10 koopt, houdt
Exercise 25
1 borden 2 duur 3 (zo) mooi 4 drie 5 drie
Exercise 28
b, c, d, f
Exercise 33
1 € 1.25 2 € 1.40 3 € 0.63 4 € 1.50 5 niet
waar

B KEY TO THE QUIZ
Part 1
1 a 2 a 3 a
Part 2
1 kopen 2 ook alweer 3 nodig heeft
4 sjaal 5 druk, gek 6 roze 7 Misschien
8 een beetje 9 veel te weinig 10 weer
Part 3
1 a 2 b 3 b 4c
Part 4
1 katoenen 2 zilveren 3 rode, groene
4 gouden

Answer keys lesson 10
A KEY TO THE EXERCISES
Exercise 6
1 niet waar 2 40 3 42 4 niet waar 5 waar
Exercise 7
1 e 2 f 3 c 4 b 5 a 6 d
Exercise 8
1 maat 2 past 3 winkel 4 haast 5 staat
6 spiegel 7 rok
Exercise 9
1 goed, pas 2 aannemen, neem, prachtige
Exercise 10
1 klein 2 Voordat 3 beleefd 4 toevallig
5 mode 6 probeer 7 rondkijk
Exercise 11
1 rondkijken 2 rok 3 mode 4 klein
5 precies 6 goed 7 duur
Exercise 14
1 42 2 14 3 ?
Exercise 19
1 niet waar 2 waar 3 niet waar
Exercise 20
Verkoper: a Martin: b
Exercise 21
1 allebei 2 onder 3 strepen 4 zoeken
5 gekocht 6 trui
Exercise 22
1 d 2 f 3 e 4 g 5 a 6 c 7 b
Exercise 23
1 c 2 e 3 g 4 a 5 f 6 h 7 b 8 i 9 d
Exercise 24
Kunt u me misschien helpen?
Ja zeker, meneer.

Nee meneer, het spijt me heel erg.
Wat jammer.
Een ogenblikje, alstublieft.
Anders nog iets?
Nee, dank u.
Exercise 27
Man C, D, E, F, G
Vrouw A, B, J, K
Kind H, I
Exercise 32
1 niet waar 2 waar 3 niet waar
Exercise 33
1 c 2 c 3 b
Exercise 34
1 meenemen 2 geschiedenis 3 centrum,
plattegrond 4 bekijken 5 zwaar
6 uitgang 7 Dus
Exercise 35
1 oorlog 2 bijzonder 3 plein 4 kiezen
5 foto 6 leven 7 rustig 8 bouwen
Exercise 36
1 c 2 f 3 d 4 b 5 a 6 e
Exercise 37
1 sigarenwinkel 2 architect 3 boekwinkel
4 opsturen 5 plattegrond 6 school
Exercise 38
1 woning 2 zoeken 3 oorlog, want
4 Inderdaad, duur
Exercise 39
1 allemaal 2 bestaat uit, geschiedenis
3 schrijf 4 meenemen, rustig
Exercise 40
1 f 2 b 3 c 4 g 5 e 6 a 7 d
Exercise 41
1 geschiedenis 2 centrum 3 oorlogsjaren
4 woningen 5 alle drie / allemaal

B KEY TO THE QUIZ
Part 1
1 a 2 b 3 c 4 a 5 b 6 b
Part 2
1 toevallig 2 rondkijken 3 Voordat
4 inderdaad, architect 5 beroemde
6 rustig 7 centrum, school 8 winkels
9 plein 10 want
Part 3
Personal
Part 4
See text 15 'Een trui kopen'. Check words and
spelling.

Answer keys lesson 11
A KEY TO THE EXERCISES
Exercise 4
1 niet waar 2 waar 3 niet waar

Exercise 5
1 c 2 e 3 a 4 b 5 d
Exercise 6
1 verloren 2 tekent 3 pen 4 gebeurt
5 vinden 6 iemand 7 weg 8 fout
9 jassen 10 zak
Exercise 7
Toen, gestolen, pakken, pinpas, zak, heel erg,
politiebureau
Exercise 8
1 f 2 e 3 a 4 d 5 c 6 b
Exercise 9
1 d 2 e 3 f 4 c 5 a 6 b 7 g
Exercise 15
1 niet waar 2 waar 3 niet waar 4 niet waar
5 waar
Exercise 16
1 b 2 b 3 a 4 a
Exercise 17
1 bakker 2 oversteken 3 kapper 4 buurt
5 ergens 6 recht tegenover 7 gesloten
8 vervelende 9 brug 10 hoek
Exercise 18

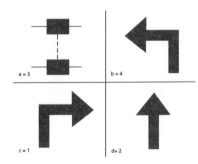

Exercise 19
1 b 2 c 3 e 4 a 5 g 6 f 7 d
Exercise 26
1 niet waar 2 niet waar 3 waar
Exercise 27
1 Kunt u 2 U kunt 3 Kunnen we 4 ik kan
5 Kan ik 6 kunt u
Exercise 28
1 postkantoor 2 Europa 3 wisselen
4 postzegel 5 loket 6 anders 7 brief
8 post 9 kaarten 10 binnen
Exercise 31
1 €1,44 2 €1,21 3 €5,34 4 €2,20 5 €1,76
Exercise 32
1 brief 2 buitenland 3 Priority 4 gewicht
5 brievenbus
Exercise 33
2x 3x 6x 9x 10x

B KEY TO THE QUIZ
Part 1
1 a 2 b 3 c 4 c 5 c 6 c
Part 2
1 vinden, ergens 2 gepakt 3 overal, weg
5 brief 6 postzegel 7 slim 8 zwaarder
9 anders 10 sluit
Part 3
1 c 2 a 3 e 4 b 5 d
Part 4
See text 12 'Is er een bank in de buurt?'.
Check words and spelling.

Answer keys lesson 12
A KEY TO THE EXERCISES
Exercise 3
1 niet waar 2 waar 3 niet waar
Exercise 4
1 muur 2 benzine 3 lucht 4 bij doen
5 rekenen 6 deur 7 contant 8 band
9 tanken
Exercise 6
1, 3, 4, 5, 6, 10
Exercise 10
1 niet waar 2 niet waar 2 waar
Exercise 11
kapot, helemaal, starten, verlichting, garage,
monteur, kenteken, repareren, beter
Exercise 12
1 bellen 2 telefoon 3 Met 4 Spreek
5 nummer
Exercise 13
1 met 2 doorverbinden, in gesprek,
terugbellen 3 Dag
Exercise 14
1 controleren 2 draden 3 wegen
4 repareren 5 terugbellen 6 halen 7 vol
8 losser 9 auto 10 probleem
Exercise 15
1 Boersma 2 Op de Middenweg bij nummer
230 3 6839233 4 LX–08–KT
Exercise 16
1 x 3 x 5 x 6 x 8 x 9 x
Exercise 23
1 Au 2 Hé 3 Bah 4 Sst/Hé 5 Binnen 6 niet
instappen
Exercise 24
1 parkeren 2 slager 3 slapen 4 zonder
5 Reizigers 6 opeten 7 genoeg 8 kloppen
9 beet
Exercise 27
1 te, ø 2 ø, te 3 ø, te
Exercise 30
1 niet waar 2 waar 3 ziekenhuizen,
zwembaden, sporthallen, (scholen) 4 15 5 c
6 waar

Exercise 31
1 verboden 2 ziekenhuis 3 zwembad
4 school 5 enzovoort 6 namelijk 7 slecht
8 dwingen 9 op dit moment
Exercise 32
1 zwemmen 2 sporten 3 roken 4 procent
5 miljoen 6 openbaar
Exercise 34
1 alle, alle, alle, al het 2 alle 3 al het 4 alle
5 alle
Exercise 36
3 worden gerepareerd 4 werd
doorverbonden 6 zijn gestolen 9 is gemaakt
10 werd gedwongen

B KEY TO THE QUIZ
Part 1
1 c 2 a 3 a 4 c 5 a 6 b
Part 2
1 vol 2 plaatsen genoeg 3 parkeren
4 gebouw, verboden 5 kenteken, slechte
6 waarschijnlijk (namelijk) 7 haal 8 dat kan
niet 9 namelijk 10 beter
Part 3
1 al het 2 moet 3 al het 4 hoef 5 alle
6 hoeft
Part 4
See text 1 'Benzine tanken'. Check words and
spelling.

Answer keys lesson 13
A KEY TO THE EXERCISES
Exercise 4
1 niet waar 2 waar 3 niet waar
Exercise 5
8.8 lbs.
Exercise 6
1 zoon 2 zwaar 3 weegt 4 heet 5 noemen
6 langsgaan, vanmorgen 7 vroeg
8 hartstikke leuk
Exercise 7
1 baby 2 oom 3 geboren 4 vanmorgen
5 vlug 6 geloof 7 noemt 8 voel 9 moe
10 flinke
Exercise 8
1 e 2 f 3 b 4 c 5 a 6 d
Exercise 11
1 Veltman 2 23 juli 1993 3 niet waar
4 waar
Exercise 14
1 zich 2 je je 3 me, me 4 ons 5 zich
Exercise 18
1 niet waar 2 niet waar 3 waar 4 waar
Exercise 19
1 baas 2 weggaan 3 verhuist 4 baan
5 bedrijf 6 plotseling 7 ruzie 8 dochter

9 verdienen 10 schijnt
Exercise 20
1 hoog 2 gemeente 3 vaste 4 blijft
5 begrijpen 6 cadeau 7 fles 8 op het werk
Exercise 21
1 d 2 f 3 e 4 a 5 b 6 c
Exercise 24
1 hoogste 2 beter dan 3 meer ... dan
4 minder dan, zwaarste 5 rijkste
Exercise 29
1 d 2 e 3 a 4 g 5 b 6 c 7 f
Exercise 30
1 tante 2 aankom 3 fijn 4 voorbij 5 mager
6 groeien 7 Tijdens
8 internationale 9 Daarom
Exercise 31
1 besloten 2 eind 3 verschillende 4 landen
5 ontbijt 6 missen 7 volgens 8 verder
Exercise 32
1 mensen 2 heerlijke, bedanken 3 sfeer
4 interessante 5 Verder, nieuws 6 Groeten

B KEY TO THE QUIZ
Part 1
1 c 2 a 3 c 4 b 5 c 6 b
Part 2
1 besloten 2 baan 3 sfeer, begrijp 4 missen
5 dan, mensen 6 verhuizen 7 eind
8 hartstikke leuk 9 schijnt 10 bij ons
Part 3
1 leuker 2 leuker 3 duur 4 de duurste
5 het zwaarst 6 zwaarder 7 goedkopere
8 de goedkoopste
Part 4
See text 1 'Een baby'. Check words and
spelling.

Answer keys lesson 14
A KEY TO THE EXERCISES
Exercise 4
1 niet waar 2 niet waar 3 waar 4 niet waar
Exercise 5
1 b 2 b 3 b
Exercise 6
1 c 2 b 3 a 4 b 5 a
Exercise 7
1 g 2 d 3 f 4 e 5 b 6 a 7 c
Exercise 8
1 droeg, zo'n 2 vreselijk 3 collega
4 familie, beide 5 zelfs, lied 7 kant
8 groetjes
Exercise 9
1 gisteren 2 vriendin 3 trouwen 4 deel
5 draag 6 zelfs 7 gelukkig
Exercise 10
1 vreemd 2 er ... uitzien 3 meestal

4 beginnen 5 feest 6 kennis 7 lied, zingt
8 lachen 9 gedanst 10 vannacht
Exercise 14
1 waar 2 niet waar 3 niet waar
Exercise 15
1 b 2 a 3 b
Exercise 16
(straat), oversteken, auto, rijden,
vrachtwagen, chauffeur, (stoppen), verkeer
Exercise 17
1 h 2 g 3 e 4 a 5 b 6 c 7 f 8 d
Exercise 18
1 buurvrouw 2 vanochtend 3 ongeluk
4 midden 5 terwijl 6 oversteken
7 waarschijnlijk 8 hard
Exercise 19
1 Nou, nou (Ach nee) 2 Ach nee 3 Nou en of
Exercise 20
1 buurman 2 rijden 3 vrachtwagen
4 zodat 5 chauffeur 6 stoppen 7 dood
8 val
Exercise 21
1 toestand 2 leven 3 leeftijd 4 verkeer
5 soms 6 gevaarlijk 7 gevaar 8 schrok
Exercise 23
1 aanhebben 2 meegaan 3 meenemen
4 aankomen 5 doorverbinden
6 terugbellen 7 voorstellen 8 uitnodigen
9 opschrijven 10 uitleggen
Exercise 28
1 niet waar 2 waar 3 niet waar
Exercise 29
1 gemiddelde 2 vrouw 3 Rond 4 als
5 verwacht, stijgen
Exercise 30
1 geworden 2 Men 3 verwacht 4 situatie
5 vergelijken 6 bewegen 7 reden 8 jong
Exercise 32
1 het concert 2 Maar we gaan toch naar de
opera? 3 mijn banden 4 mensen uit veel
verschillende landen 5 een lied over
Annemarie
Exercise 34
1 e 2 d 3 a 4 c 5 b

B KEY TO THE QUIZ
Part 1
1 a 2 b 3 a 4 c
Part 2
1 vriend 2 leeftijd 3 jong 4 vreemd
5 vergelijken 6 gelukkig 7 Nou en of
8 trouwen 9 begin
Part 3
1 Wat *doe* jij vanavond naar het feest *aan*?
2 Ik *bel* je over een halfuurtje even *terug*,
okay?

3 Waar moet ik *uitstappen* voor het Van
Gogh museum? / Waar moet ik voor het Van
Gogh museum *uitstappen*?
4 ... Dan *steekt* u de straat *over* ...
5 Ik *kom* om kwart voor zeven *aan*, gate 12.
6 Momentje, ik *schrijf* het even *op*.
7 Ik *bel* je zo meteen wel *terug*.
Part 4
See text 11 'De buurvrouw'. Check words and
spelling.

Answer keys lesson 15
A KEY TO THE EXERCISES
Exercise 3
1 c 2 f 3 a 4 b 5 d 6 g 7 e
Exercise 4
1 haar 2 ogen 3 oor/oren 4 neus 5 mond
6 gezicht 7 voeten 8 hand
Exercise 5
1 vingers 2 been 3 hart 4 hoofd 5 rug
6 armen 7 buik
Exercise 6
haar, ogen, oren , neus, mond, gezicht
Exercise 7
hoofd, haar, rug, armen, handen, vingers,
benen, (voeten)
Exercise 13
1 waar 2 niet waar 3 waar 4 waar
Exercise 14
1 c 2 b 3 c
Exercise 15
1 donker 2 bed 3 droom 4 lawaai
5 dorst, water 6 Welterusten 7 ziek
8 kussen 9 wakker
Exercise 16
1 opstaan 2 midden 3 nacht 4 koud 5 een
paar 6 vergeet 7 arme 8 dichtdoen 9 hond
Exercise 21
1 open 2 hoger 3 niet 4 niet 5 warme
Exercise 22
1 a 2 a 3 c
Exercise 23
1 e 2 g 3 b 4 a 5 c 6 d 7 f
Exercise 24
1 wassen 2 verkouden 3 open 4 dokter
5 pijn 6 vooral 7 dicht 8 zout 9 warm,
buiten
Exercise 28
1 b 2 d 3 a 4 e 5 c
Exercise 29
1 b 2 b 3 b
Exercise 30
1 apotheek 2 drop 3 recept 4 capsules
5 autorijden 6 duidelijk 7 doosje
Exercise 31
1 verkeerd 2 recept 3 boven 4 voorzichtig

5 maal 6 apotheek, drogist 7 verzekerd
Exercise 32
1 capsules 2 drie, voor 3 autorijden
4 alcohol 5 week
Exercise 33
1 Zoete 2 Verkeerde 3 Voor 4 Boven
5 Met 6 genoeg

B KEY TO THE QUIZ
Part 1
1 a 2 b 3 c 4 c
Part 2
1 hoofd 2 aspirientje 3 voorzichtig 4 vaak
5 bed 6 Welterusten
Part 3
1 vooral 2 duidelijk 3 zoet 4 verkeerd
5 arme
Part 4
See text 26 'Het recept'. Check words and
spelling.

Answer keys lesson 16
A KEY TO THE EXERCISES
Exercise 4
1 niet waar 2 niet waar 3 waar
Exercise 5
1 b 2 a 3 c
Exercise 6
1 e 2 d 3 f 4 b 5 c 6 g 7 a
Exercise 7
1 nat 2 kant 3 verder 4 molens 5 gebroken
6 duidelijk 7 enkel 8 lukt(e) 9 steen 10 pijn
11 dragen
Exercise 8
1 park 2 doorgaan 3 bewegen 4 doe ... uit
5 buigt 6 drukt 7 dienst 8 losse
9 gescheurd 10 gezond 11 grond
Exercise 9
1 hebben 2 is 3 hebt 4 heb 5 Is
Exercise 13
1 niet waar 2 waar 3 waar
Exercise 14
1 c 2 d 3 a 4 e 5 b
Exercise 15
1 knopen 2 douchen 3 wachten 4 laat
5 inpakken 6 dichtgedraaid 7
Opschieten/Schiet op 8 tas 9 kraan
10 Rustig
Exercise 16
1 roep 2 gauw 3 Anders 4 alsof
5 aankleden 6 vriendelijk 7 zeep 8 tand
9 vuil 10 gat 11 eerder
Exercise 17
een handdoek, een tandenborstel, een kam,
een tas, zeep

Exercise 18
1 to turn on 2 to unpack 3 to undress
4 coffee machine 5 tomato soup 6 eye drops
7 bus stop 8 swimming costume
Exercise 20
1 now 2 later 3 now 4 now 5 later
Exercise 21
1 d 2 b 3 a 4 c 5 e
Exercise 24
1 c 2 c
Exercise 25
1 verdriet 2 gevallen 3 vies 4 afvegen
5 bal 6 gooien
Exercise 27
1 different 2 small 3 different 4 small
5 small
Exercise 30
1 waar 2 a) Of je echt wel te zwaar bent
b) Of je goed gezond bent 3 waar 4 niet
waar 5 waar
Exercise 31
1 d 2 f 3 e 4 b 5 g 6 h 7 c 8 a
Exercise 32
1 b 2 c 3 d 4 e 5 f 6 a
Exercise 33
1 zomer 2 bepaalde 3 aantal 4 merkt
5 bewegen 6 vaak 7 rest 8 ineens
9 echter 10 korte
Exercise 34
1 maand 2 minder 3 begin 4 vraag me af
5 helft 6 enige 7 manier 8 mogelijk
9 veranderd 10 bleek 11 volgen
Exercise 35
1 twee keer zo oud als 2 drie keer zo lang
(groot) als 3 twee keer zo veel als
4 drie keer zo veel als
Exercise 39
1 zomer 2 winter 3 winter 4 lente 5 herfst
Exercise 40
Winter: januari, februari *Herfst*: september,
oktober, november *Zomer*: juni, juli,
augustus *Lente*: maart, april, mei

B key to the quiz
Part 1
1 b 2 a 3 a 4 a
Part 2
1 eerder 2 mogelijk 3 helft 4 enige, korte
5 nat 6 dragen 7 foto's 8 vriendelijk
Part 3
1 vet 2 rest 3 kort 4 merkte 5 knoop
6 opschieten 7 gauw 8 klaar
Part 4
See text 11 'Inpakken'. Check words and
spelling.

Answer keys lesson 17
A KEY TO THE EXERCISES
Exercise 3
1 niet waar 2 1 c 2 g 3 b 4 f 5 d 6 e 7 a
3 waar 4 niet waar 5 niet waar
Exercise 4
1 f 2 a 3 e 4 g 5 d 6 b 7 c
Exercise 5
1 wc 2 trap 3 licht 4 bad 5 Anderhalf
6 badkamer 7 moeite 8 eigen 9 tuin
10 meisje
Exercise 6
1 feit 2 lelijk 3 zulke 4 kamer 5 eindelijk
6 beneden 7 hangen 8 klok 9 grootouders
10 direct
Exercise 7
1 buren 2 vorige 3 verschil 4 durf 5 kast
6 kat 7 gezet 8 douche 9 hout 10 boven
11 gezin
Exercise 8
gang, deur, kelder, woonkamer, vloer, (klok),
kast, bank, wc, trap, kamer, slaapkamer,
badkamer, (douche, bad)
Exercise 9
1 licht, warme 2 donker 3 hout, klok, kast,
bank 4 boven 5 groot 6 douche
Exercise 13
1 niet waar 2 waar 3 niet waar 4 niet waar
Exercise 14
1 stad 2 plan 3 toen 4 richting 5 af en toe
6 grens 7 over 8 toevallig 9 behalve 10
huisje
Exercise 15
1 beloofd 2 onmiddellijk 3 bang 4 stoelen
5 Onthoud 6 normaal 7 verwarming
8 reserveren 9 beslissen 10 betekent
11 papier
Exercise 16
1 ø/om 2 ø/om 3 om 4 dat 5 dat 6 dat 7 dat
Exercise 17
1, 3, 7, 8, 9

Exercise 20
1 niet waar 2 waar 3 waar
Exercise 21
1 planten 2 paard 3 gras 4 plat 5 indruk
6 koeien 7 dieren 8 hoewel 9 oefenen
10 vogels
Exercise 22
1 omhoog 2 dak 3 langs 4 boom 5 droge
6 woord 7 springen 8 werkelijk 9 dorp
10 gezicht
Exercise 23
1 water 2 vogels 3 dak 4 aarde 5 horizon
6 toren 7 boerderij 8 lucht

Exercise 24
kerktoren, paarden, vogels, planten

B KEY TO THE QUIZ
Part 1
1 a 2 c 3 a
Part 2
1 stad 2 dorpje 3 Hoewel 4 vakantiedagen,
behalve 5 plan 6 bang 7 verschil 8 Vorig
9 zin hebt 10 onthouden
Part 3
1 hangen 2 boven 3 direct 4 beloofd
5 onmiddellijk 6 richting 7 betekent
8 bedoelt
Part 4
See text 18 'Wat is het hier mooi'. Check
words and spelling.

Answer keys lesson 18
A KEY TO THE EXERCISES
Exercise 3
1 waar 2 niet waar
Exercise 4
1 waait 2 weer 3 regenen 4 ophouden
5 kwijt 6 paraplu 7 zon 8 wind
Exercise 5
1 regent 2 waaien 3 wind
Exercise 8
1 18, 64 2 hagel, regen 3 regen
4 opklaringen 5 onweer
Exercise 14
1 niet waar 2 waar 3 niet waar
Exercise 15
1 f 2 b 3 a 4 e 5 g 6 c 7 d
Exercise 16
1 sterk 2 diep 3 dunne 4 leeg 5 lage
Exercise 17
zee, stranden, weg(en), temperatuur, zon,
schijnt
Exercise 18
1 op slot 2 sleuteltje, slot 3 terwijl
4 Gewoonlijk 5 geluk

Exercise 19
1 naar 2 op 3 in, rood 4 in 5 slecht
6 antwoord
Exercise 20
1 legt, zet/legt 2 zet, leg 3 Leg, zet
4 zetten 5 leggen
Exercise 21
1 unkind 2 unhealthy 3 restless 4 impolite
5 impossible 6 cheerless
Exercise 26
1 Uit het *Amsterdams Stadsblad* (van 26 mei
1993). 2 niet waar 3 niet waar 4 waar 5 niet
waar 6 waar

Exercise 27
's morgens, 's middags, 's avonds, 's nachts
Exercise 28
1 vogels 2 bloemen 3 bladeren 4 sneeuw
Exercise 29
1 gebied 2 steeds 3 elk 4 geluid
5 's morgens 6 groepen 7 soorten
8 leren
Exercise 30
1 verslag 2 anderen 3 beroep 4 persoon
5 bezig 6 tussen 7 kwartier

B KEY TO THE QUIZ
Part 1
1 c 2 a
Part 2
1 A geluid 2 B soort, 1 hobby, 2 stil
3 A kat
Part 3
waait, zonnige, leeg, wind, sterk, strand
Part 4
See text 1 'Wat een weer!' Check words and
spelling.

L'Orfeo
De Nederlandse Opera

Claudio Monteverdi 1567-1643

Favola in musica
libretto van Alessandro Striggio
wereldpremière 24 februari 1607 Palazzo Ducale Mantua

Met L'Orfeo zette Claudio Monteverdi de definitieve stap naar een nieuwe dramatische kunstvorm, de opera. Hier was sprake van een geheel nieuwe theatrale stijl, waarin de dialoog werd gezongen en zo een onvermoede uitdrukkingskracht kreeg. Het mythische verhaal over de zanger die in de onderwereld afdaalt om zijn gestorven vrouw terug te halen, wordt in deze versie in een pastoraal kader geplaatst. Orpheus' mislukte poging om Eurydice mee terug te nemen naar de wereld doet hem weliswaar in de diepste droefenis verzinken, maar wanneer hij alle toekomstige liefde afzweert, verschijnt zijn vader Apollo, die hem vermaant om bij al zijn aardse leed toch niet het onsterfelijke, hemelse leven te vergeten.

voorstellingsdata

toegangsprijzen zonder korting:

vr	31 aug	20:00	105,00*	90,00
wo	5 sept	20:00	80,00*	70,00
do	13 sept	20:00	55,00*	50,00
vr	21 sept	20:00		35,00
do	27 sept	20:00	30,00*	27,00
zo	30 sept	13:30	25,00	
di	2 okt	20:00	15,00	

*première, vr t/m zo

Het Muziektheater
* postadres: Postbus 16822, 1001 RH Amsterdam
* bezoekadres: Waterlooplein 22, Amsterdam
* ingang theather: Amstel 3, Amsterdam
* e-mail adres: info@het-muziektheater.nl